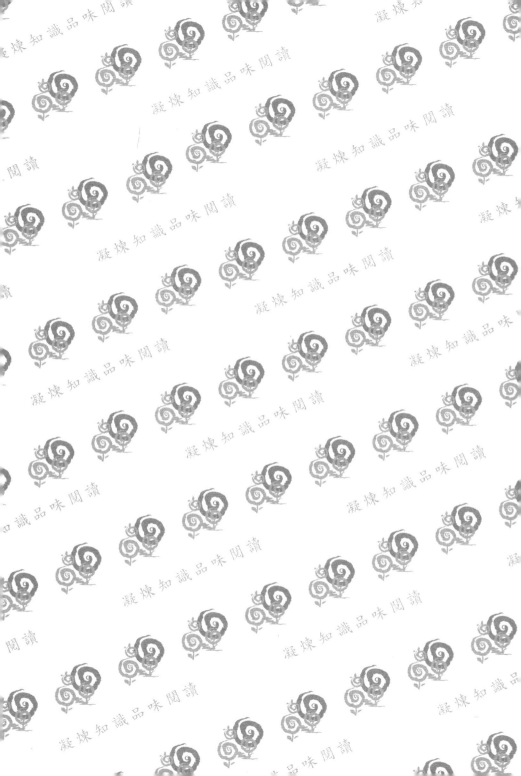

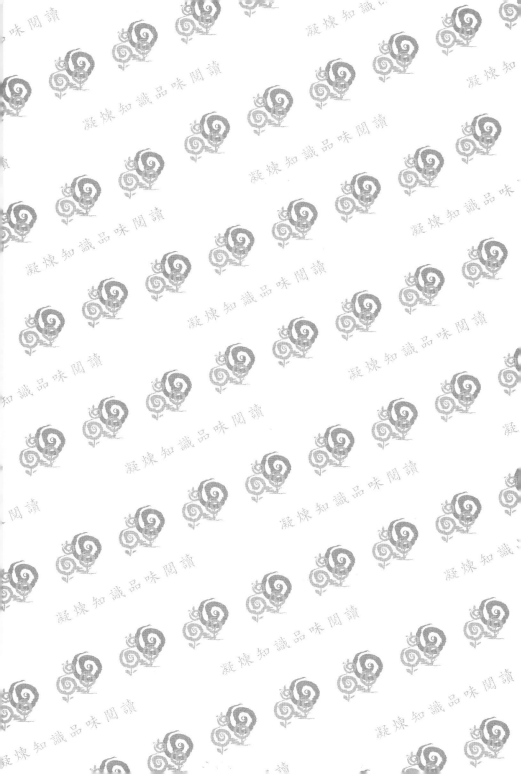

立法技術
關鍵指引

劉厚連◎編著

五南圖書出版公司 印行

序

　　「立法技術關鍵指引」是爲立法院法制幕僚、立法委員法案助理及行政機關業務承辦及法制人員等法案起草人解決法制實務問題所寫的，雖然，許多參與國家考試法制人員類科的公務人員，曾準備過「立法程序與技術」或「立法程序與法制作業」科目的考試，而非應試法制人員類科的行政機關業務承辦或立法委員法案助理，不論是否在大學法律系修過「立法程序與技術」這門課。依個人多年的觀察，大部分的人在實際參與法制作業時，最初都會感到運用教科書知識在草擬法案上的困難。因此，本書試著整理個人多年來在法制工作上，曾在實務操作上遇到的疑問及所找到的答案，提供讀者在受命草擬法律案時從準備、構思、起草到法案完成，可能遭遇到問題之具體處理建議，目的在傳遞與法制業務相關並且能解決問題的立法技術，強化法案起草人工作上的專業能力，協助立法者提升立法品質。

　　本書以實用爲定位，故省略許多立法技術與程序的理論陳述，將重點放在法案起草人，實際進行法規草擬工作時，應具備之程序理解，及從經驗上提供可能會碰到的疑難問題，以簡潔、重點式地提供處理方向之具體建議，儘量從法案起草人能碰到疑惑找得到解答的角度，採單元問題解答。單元之安排係依照一般法律體系之架構順序，每一主題陳述內容長度儘量簡短精要。法律格式體例之主題大多先提示說明規範要項，再提供法案草擬「句式」、現行法的範例，及常見錯誤作法與例子之提醒，以利掌握草擬條文之技巧。

　　由於，本書是技術導向的參考手冊，並非學術著作，故請容許筆者使用較不嚴謹的引註方式。原則上，若直接引用專書著

作的部分會在該段陳述後載明（作者，書名或篇名，頁數），其他整理、改寫自公文書性質的「行政機關法制作業實務」、「司法院法制作業參考手冊」、「人事行政法制作業錦囊」、「銓敘部法制作業手冊」及相關行政法規規定之內容部分，即不再做細部引註。復以，編者才疏學淺，本書內容有部分來自法學先進大作、網路資料，多年來以筆記方式整理，引註或有疏失，望祈見諒。

　　最後，感恩立法院給予我在法制局歷練與學習的機會，讓我能親身參與許多法律的草擬與修正過程，累積立法實務的經驗與技術，終得將這些受益於本院的體驗所得撰寫成書，回饋、分享出去。在此，謹向曾經提攜、襄助我的各位長官、同仁及好友們，致上由衷的謝意，感謝您們成為我生命中的貴人。

劉厚連 謹識

目　次

第一章

綜論

1-1 草擬法案之程序及構思重點

　　法案起草人接獲立法規劃或立法政策之指示後，應先確認立法所要實現的目的，解析現今社會環境背景下法制現況問題癥結與需要改變的事實，蒐集相關資料（現行法之架構下可否透過修正達成目的、學者專家的研究建議、外國立法例……），評估並陳報要採修正現行法或另立新法之建議。按中央法規標準法第20條之規定，1.現行法在政策或事實之需要，有增減內容之必要時；2.配合法規修正或廢止；3.主管機關或執行機關已裁併或變更；及4.同一事項規定於二以上之法規，無分別存在之必要時，得修正法律。有關立（修）法時處理的參考程序如下：

一、草擬法案之準備

1. 政策須透過立法落實的課題提出。應先考量是否可在現行法令下之行政手段處理，是否需要立法處理？
2. 明確掌握立法主要目的，考量立法的形式，修正現行法或另立新法。針對某樣已經出現在現行法而可以相互類比、或者理論上可以直接納入現行法體系的事物，未必只會採取「修改現行法」的方式來進行，也有可能會採取「另立新法」的方式來完成立法，兩者之間並沒有能夠判斷孰優孰劣之處，只是立法例上的選擇。

二、草擬法案的構思

1. 掌握現有法制在社會或行政上的實況及其困難所在、尋找達成立法目的的方法。
2. 從理論與想像理想社會狀況之指引下，顧及實際社會情況，研擬實際有效法條。
3. 背景研究與資料蒐集：應針對與立法主題有關的憲法條款、與立

法主題有關的法律條文、與立法主題有關之法院見解、法界與主管機關所發表之意見、行政機關所定相關法律規定、相關研討會與委託研究報告、國外相關問題解決的立法例及學者專家在期刊雜誌表之觀點，進行蒐集研析。

三、法案起草

1. **建構立法藍圖**：擬訂完整詳細「綱要」，將綱要上所列各點問題，逐一分析說明，並將每一事項有關法規及立法例，詳予列舉，經過研究小組討論、徵詢專家學者及有關人士意見後，做成決議，再根據決議，草擬具體條文。（參羅成典，立法技術論，頁31-35）

2. **法律形式上的要求**：法律全文應表達正確、簡潔、平易（通俗易曉）；體例統一化、標準化法案的內部編排及體例。一部法律之主要內容與典型排列順序略為：(1)法案名稱；(2)立法目的；(3)名詞界說；(4)重要性的一般規則或特別規定；(5)次要規定及例外規定；(6)罰則；(7)臨時規定；(8)保留條款；(9)分離條款（不因一部分無效而全部無效之規定）；(10)生效日期。

3. **立法內容構造應注意要點**：

   (1) 相關立法例之參酌：就體例、結構、編章、語詞及規定內容上，於不相衝突及平衡原則下，可參酌相關立法例制定。

   (2) 可參考外國立法例、國際條約之相關規定、司法解釋或判例及引用法理作為法規條文之基礎。

   (3) 注意法秩序的維持：新訂法律與其他相關法律之地位、法律相互配合、整體架構要相配合，並注意法律有無互相牴觸，應有的功能不致分散抵銷。

   (4) 避免法制的不協調：應避免子法明顯違反或超越母法、法律系統紊亂或法律間的矛盾。

4. **把握關係事實進而確定立法事實**：從即將形成或已經形成的政策基礎中之事實抽出在法上有意義的事實，再從立法的觀點確定這

個事實，亦即法律內容應著眼於實際狀況而加以描述與訂定。其檢視要點如下：

(1) 擬議立法將達成什麼目的？

(2) 哪些人將從此項立法中受益？對個人權利或財產權之影響為何？

(3) 哪些人將造成不利益？是否影響其他政府部門或公共團體之權益？

(4) 執行此項法律將負擔哪些成本？

(5) 司法機關、行政官員及民眾對此項立法可能的反應？檢視現行法有無規範功能。

(6) 涉及憲法人民基本權保障之限制條文，應遵守在實現和維護公共利益，且於必要的範圍內，才能對個人之權利和自由加以限制。該限制也要有嚴格要件，縮小其範圍在最小必要限度。

(7) 有無涉及溯及既往的事項。

四、意見徵詢

通常主管機關宜先擬具草案的原則及理由，在簽陳長官核定後，再視情形或廣徵各相關機關或業務主管的意見，並與有關機關、民意代表、專家學者、關心該法案之社團團體進行溝通協調。

1-2 行政機關法案起草人進行法案研擬之程序

應踐行程序	注意事項
準備作業	1.決定政策目標，確立可行作法，對於體系架構、應規定事項、授權法規命令內容及配套法案等有具體構想。
	2.應先整合所屬機關、單位及人員之意見。

應踐行程序	注意事項
草擬階段	1.構想完整、體系分明、用語淺顯、法意明確、名稱適當。
	2.檢討現行法律，配合研擬必要之修正或廢止，以消除法律間之分歧牴觸、重複矛盾。
研擬草案	1.制定應附草案總說明、逐條說明；修正案應附修正草案總說明、條文對照表；修正案並依規定劃線。
	2.研擬法案時，應有法制人員之參與。 (1) 設有法規委員會者，提法規委員會討論。 (2) 設有法制專責單位者，會法制專責單位表示意見。 (3) 同時設有法規委員會及法制專責單位者，提法規委員會討論或會法制專責單位表示意見。
	3.授權訂定法規命令，應確有必要，且內容具體明確，避免授權法規命令過多、內容空洞，並應同時預擬其主要內容及訂定之程序；如就違反法規命令者有加以處罰必要，應配合於法案中研擬罰則。
會商影響對象	1.所屬機關、單位及人員意見整合後，應徵詢及蒐集與法案內容有利害關係或關注相關議題之機構、團體或人員之意見。必要時，並應諮詢專家學者之意見或召開研討會、公聽會。
	2.執行法案所需之員額及經費，應有合理之預估；有增加地方自治團體員額或經費負擔者，應與地方自治團體協商。
報院審查	1.法案衝擊影響層面及其範圍，包括成本、效益及對人權之影響等，應有完整之評估。
	2.除廢止案外，應進行性別影響評估。
	3.涉及稅式支出者，應依「稅式支出評估作業應注意事項」之規定辦理。
	4.涉及其他機關或地方自治團體業務權責者，應有明確之劃分。
	5.草擬法案後，應與其他相關之機關或地方自治團體協商；未能達成共識時，應將不同意見及未採納之理由附記於法案說明欄。

（參「行政院所屬各機關主管法案報院審查應注意事項」，98年12月21日）

1-3 法律草案起草時的檢核事項

1. 「**建立規範**」**之必要性檢視（利弊分析）**：採規範限制規定應確認須政府介入的理由，應為下列情況之一，具自然獨占、外部性、市場力量的存在、資訊不足或資訊不對稱、搭便車問題、基本服務的提供、經濟主體有不平等的交易力量、對未來世代的利益考量及避免不可取之行為或結果等。

2. **檢驗所有可能的途徑**：除了規範限制外的其他手段，如提供資訊與教育、自律、提供誘因、反誘因……等。

3. **草案與現行法律關係之分析**：與現行法有無牴觸、重複、修正及廢止之處，即應斟酌與之相關法規、確立其間的相互關係。

4. **注意法體系的交疊問題**：例如涉及全民健康保險法體系與食品衛生體系之問題，應檢查其間關連、橫向與縱向、基本原則的相通，避免衝突矛盾。

5. **形成採行特定規範、途徑之理由**：特別法立法模式非必要時宜避免，且應考慮各法體系間維持諧和性。

6. **國內外相關法制或理論之分析**。

7. **立法規範之成本效益分析**：包括立法的財務負擔及環境成本等，應考慮的因素如下：
   (1) 受規範行為存在所獲得之效益超過成本，若所須付出之成本超過效益，如事實需要仍應考慮加以規範。
   (2) 因規範手段的採行，而使規範行為存在的正價值減少。
   (3) 規範手段本身帶來的成本。
   (4) 執行錯誤的成本。
   (5) 附隨成本，如完成立法必須立法者多數同意之成本。

8. **行政管制法體系之規範原則**：
   (1) 無害原則與預防原則，如山坡地管理。
   (2) 基於特殊的考量擬獎勵特殊對社會具有貢獻之行為（如以租

稅減免促進產業升級），但不得與一般法原則抵觸，採「例外從嚴原則」。

(3) 責任體系「過咎原則」：違反義務所應承受之負擔，落實「可苛責性」及「可歸責性」。

(4) 社會救助法體系：「補充性原則」即補助之金額必須限定經濟條件，且不得有過高的補助，應單純補充經濟弱勢者生活之不足。

1-4 法律草案提出前的校核事項

1. 目的：修改潤飾、刪除繁冗、彌縫缺漏、條理次序，使體例一致、文句明確。
2. 校核方式：
   (1) 重點校核：重點審核引用之立法例、外國立法例、國際條約、司法解釋或判例等之文字或翻譯是否正確。
   (2) 逐條逐項校核：依次由章至節、逐條在該章節範圍內澈底整體研究。
   (3) 章節審核：就每一章或每一條中相同部分互為比較對照，注意每一節或每一條所表示的意義，是否與其他各節或各條相配合，有無矛盾重複。每一條的文句結構、語調及所用術語是否前後一致，並將各條文互相參照、校正相關法律的引用，劃分章節的名稱或符號，是否前後一致。
   (4) 整體的審核：對整部法從頭至尾，就其語調與文字處理，加以整體的審核，並注意法規的實質與體例是否前後一致。

1-5 行政院法案應進行影響評估之操作步驟

一、強制適用法規政策影響評估（RIA）的法規項目

　　包括下列新訂、修訂的管制性法律與法規命令草案：

1. 涉及促進或不利於國際（含兩岸）貨物與服務的貿易之法規。
2. 涉及增加營利企業經營成本之法規，特別是中小型以下規模。
3. 涉及對工作機會、勞動條件、公共安全、職場安全衛生、公共衛生、環境品質、國土永續發展等產生相當不利影響之法規。
4. 涉及對農業、製造業或服務業經營者提供金錢或租稅補助，且可能有觸及國內或國際不公平競爭之法規，但非營利組織不在此限。
5. 對各地方政府增加實質財政支出負擔影響之行政作用性或人事管理法規或措施。
6. 涉及採購公平競爭、透明、他國參與投標事項的政府採購之法規。
7. 對外部人民產生拘束力或影響其權益之行政規則，例如解釋性、裁量性之行政規則。
8. 行政機關委託民間訂定但影響相關從業人員利益之產業技術、倫理等規範。

二、排除適用RIA的法規項目

　　包括下列新訂、修訂的法律與法規命令草案：

1. 涉及社會保險、社會救助或社會服務領域給付為目的之法規，例如給予低收入戶補助、老農津貼等。
2. 涉及外交、兩岸、國防軍事等屬國家高權行政、統治行為者之法規。此項觀察重點，非指排除國防部、外交部、陸委會所訂定之所有相關法規或措施，係按事務屬性具體判斷。例如各部會就國

際與中國大陸物品進口採行管制時應踐行RIA，惟處理國際談判等高權事項時，則無須踐行RIA。

3.涉行政機關內部組織性、行政庶務性之法規或措施。

三、鼓勵性適用RIA的法規項目

包括下列新訂、修訂的法律與法規命令草案：

1.涉及可能增加非營利組織營運難度之法規或措施。
2.涉行政機關內部人事管理、廉政管理、主計管理之法規或措施。
3.其他非屬強制適用和排除適用事項之法規。

四、「法規政策影響評估（RIA）作業手冊」規定操作步驟

二階段	流程	操作步驟	功能
一、第一階段（形成政策）	（一）政策分析作業	1.描述政策背景：背景發展和現況說明、政府介入的必要性、政府過去迄今的作為、政府作為或不作為的效果。	說明政府所欲處理的議題，並確實盤點現行法制規範。
		2.釐清政策問題：主要政策問題現況、問題變化和發展狀況、問題的利害關係對象、問題主要成因。	釐清現況與目標之落差，探究根本原因，以對症下藥。
		3.設定政策目標：根據政策預期解決的核心問題，陳述政策未來所欲達成的願景狀態，設定的政策目標應該屬於「結果型」或「產出型」的目標。	作為對策方案之指引及執行成效之評估標準。
		4.研擬對策方案：歸類為管制型工具或非管制性工具、完整的對策方案選項（限制程度、獎勵協助方法、維持現行方式或不作為）、標示可能受限或受惠的對象。	包括管制性、非管制性、維持現況、抑或不作為等選項、對策方案的類型選擇。

二階段	流程	操作步驟	功能
	（二）影響評估作業	5.**預評估對策方案**：具體說明方案的各項影響（經濟公平競爭）、社會（含消費者負擔）和環境（文化），對其他政府和執法機關本身的影響）、具體指陳主要利害關係者的影響狀況、各對策方案的重大影響分析（成本效益或成本效能方法）。	說明各方案之影響、主要利害關係人，進行質化或量化之成本效益分析。
		6.**諮商利害關係者**：邀請公眾諮商的對象，依諮商的目的性做選擇（直接、間接或潛在影響者，政策助益關心者）。	作成諮詢文件蒐集意見。
		7.**選定最終執行方案**：最重要的原則是，最後決定必須基於合理、清晰的論證理由。	統整回應外界意見。
		8.**執行成果的評估規劃**：必須接著務實地規劃，如何執行該對策方案的立法機制和主管機關等。同時，也應該事先規劃如何評斷政策目標是否達成的績效評估方法。	確立方案可行。
二、第二階段（形成法規草案）	草案揭露作業	9.**預告法規草案**：最後選定的是管制性法規方案，則尚應辦理法規預告步驟。	公告法規草案，機關就管理方式有最終政策決定權，但應統整回應公眾意見，才可以正式公告或向行政院提交法律草案（新訂或修訂）。

（國家發展委員會，法規政策影響評估作業手冊操作步驟之研析，2017年1月3日）

1-6 法律草案內容之檢討與評估面向

　　立法院法制局幕僚的職責之一,為針對行政部門所提法律草案,進行檢視評估,撰寫報告,提供給立法委員審議法案時之參考,幕僚人員首先要找出修(立)法內容之爭議點,通常要從過往學界與實務界對該議題論點,特別需要解決的事項,檢視相關法律原則、論據,再套用在議題實務上,得出合適的結論,據以勾勒出討論重點。同時也必須提出自己獨到見解,建議應先有具嘗試性的大膽想法,然後經過澈底地懷疑與論辯,並排除所有可能錯誤,才能獲得禁得起考驗的結論。茲將實務操作要點略述如下:

一、法案評論、批評標準

1. 立法目的是否正確。
2. 立法原則是否健全。
3. 立法政策是否允當。
4. 立法內容是否符合法規範之妥當性、一貫性及合理性。
5. 立法技術是否高明。
6. 立法效果是否顯著。

二、政策面的評量

1. 立法目的:
   (1) 立法所欲解決的問題,是否可藉由本法可以達成?
   (2) 該立法目的與上位階法或政策目標,是否相容?
   (3) 與同位階其他法律之立法目的,是否有所衝突?
   (4) 是否可從符合上位、同位階法目的及預期反彈較小的方向修改?

2. **必要性**：

(1) 對問題是否充分了解？確認立法是否有絕對必要，包括：思考確實執行目前法規，是否也可以達到此法案的目的？及有無立法以外的途徑，如行政規章即可達成？

(2) 該法案的適用範圍及拘束程度，是否符合未超過其立法之必要範圍？

(3) 法案的位階設定之妥適性？

3. **適當性**：

(1) 促使此法合乎適當性的事實情況，是否全然掌握清楚？

(2) 此法中的規定是否足以達成目的？有無其他更好的選擇？

(3) 可能的副作用會不會妨害此法上位階或相同位階法律目的的達成？

4. **可行性**：

(1) 法的架構是否妥適？

(2) 法中如有援引規定，是否在必要範圍內並注意有無相互矛盾？

(3) 條文中的法律授權規定是否妥適，有無太過或過於僵固？

(4) 此法要如何執行的過程規定是否清楚？

(5) 有無牽涉人員及組織的調整？

(6) 牽涉執行範圍、地區或不同機關之分工時，是否規定清楚？

(7) 實際執行上有無窒礙難行？有無新舊法過渡問題？是否已規定清楚？

5. **對人民的影響**：

(1) 條文中規範人民與行政機關之關係時，是否有慮及有利於人民之方法？

(2) 是否有造成人民因須提供資訊或行其他義務，承受過當之負擔？

(3) 涉及民眾權益者，人民有無適當參與的機會？

6. **成本效益的考量（成本效益相當原則）**：

(1) 該法的效益與執行成本是否適當？

(2) 該法所成就的效益爲何？

(3) 此法是否會產生其他成本？

三、立法技術面的檢查

1. **法條有無法律漏洞**：

避免該規定的事項未規定，不應規定的事項卻加以規定。造成灰色模糊空間，留下特權玩法、弄法或鑽營法律漏洞的空間。

2. **是否與上位法及同位階法規調和、不衝突**：

(1) 不應與現行法內容分歧牴觸，造成應有功能的分散抵銷（例如同法之罰則、行政處分有不同規定）。

(2) 法規的目的與規制對象，相同問題不宜差異處理，不同問題間之差異處理規定應具有合理性。

3. **條文的表達是否正確，使立法意旨能夠充分達成**：

(1) 條文用語是否符合慣用法律用語，是否明確？

(2) 法律條文內容是否過於艱澀？

(3) 法律結構之型態、格式是否符合體例？應檢查重點如下：

☆條文書寫應明確，無待專家解釋，意旨沒有含混模稜兩可。

☆授權的明確性。

☆用字簡短通俗，條目段落分明，一條中不要有太多項，一項中最好只有一個句子，每個句子最多表達一個思想。

☆應對使用之用語做積極性的定義，並且與其他法律用語一致。

——定義應具有其本質要素，不以其理想狀態爲定義要素。

——所定義的概念，不得包括被定義的概念。

——定義不得以否定句式爲之。

☆「原則」規定：法律爲使用具體的事項作爲規範內容，僅指出組織上或作用上的一般性準則。

——原則規定可以作擴張解釋。

——僅於具體規定無法適用時，始以補充條款方式適用。

　　☆「列舉」規定：就特定具體事項，直接列出作爲規範標
　　　的──「明示其一，排除其他」。

　　☆「例示」規定：列舉一事項或數事項爲例，類舉事項之末綴
　　　以概括全部事項之文句（概括規定），要「性質相關」，概
　　　括規定部分，必須有能概括全部事項之文句。

4. **法條規定是否具有作用**：

　(1) 法條內容是否對問題診斷正確，對症下藥？是否能給要處理
　　　的法律事實以「清楚的」答案？

　(2) 法條所提的對策是否正確，有無相互矛盾之規定並存，致無
　　　法達到主要立法目的。有無應規定而未規定或應除外而未除
　　　外？以法條是否達成「法規範計畫」爲標準。

　(3) 執行上可能產生之效果評估。

　(4) 法條規定是否具有強制性，以約束遵守、貫徹（例如違反者
　　　無罰則）。

　(5) 法規範是否可行及有實效性，對現實社會能夠確保有效性的
　　　拘束狀態。

　(6) 是否爲實際上不發生任何效果的法律？

　(7) 是否爲重複規定的法律？

　(8) 所發生之作用，是否會與預期正好相反或爲始料不及卻有害
　　　預定目標？

5. **規定是否過於繁瑣雜碎**：

　(1) 避免過於繁瑣雜碎的規定。

　(2) 繁瑣細節如不可避免，是否以列舉方式代之，是否適當運用
　　　一般性保留原則或以授權行政機關頒布行政命令？

6. **是否會引發爭端或有所欠缺**：

　(1) 是否有違反憲法或上位法之疑慮？

　(2) 是否採用過多保留條款或授權規定？

1-7 法制幕僚法制作業快篩清單

檢視項目	確認
1. 法規名稱、少數條文、部分條文、全部條文修正時對照表**標題**有無錯誤？	
2. 草案**總說明**、對照表**欄位**、邊線有無錯誤？	
3. 核對總統府公布之**最新條文**並檢視條文**用語**有無錯誤？	
4. 條文援引同法規其他條文或同條其他**款、項**用語有無錯誤？引用**條文**是否正確？	
5. 有無制定必要？規範之重要**概念**或**內涵**界定明確？	
6. 整部法全文研讀，掌握立法政策，法規內容和法規**名稱**內涵相符合？	
7. 有無就相關法律已有明確規定之事項，再**重複規定**？	
8. 法律之**適用**符合立法**明確性**？	
9. 涉及機關權責之條文是否明確指出哪個**機關**？	
10. 涉及**多個機關**間業務之條文，相互間之**權責**規定**明確**？	
11. 涉及其他相關部會之權責時，授權條文有無明定「**會同或會商**相關機關訂定之」？	
12. 同一法規內之同一事項，有無**前後規定**相互矛盾？**用語**是否一致？與相關**配套**之**法規**用詞相符？	
13. 規範內容**與相關法律**規範之事項或範圍是否矛盾？	
14. 修正條文之政策目的，是否**涉及其他條文**，有無一併被提出來？	
15. 法規之制（訂）定、或修正涉及重大公益須**溯及既往**適用，有無補救措施，或訂定**過渡**期間之**條款**？	
16. 研擬授權訂定法規命令時，有無於條文內**指明究竟授權訂定何種法規命令**？	
17. **處罰規定**有無符合處罰**明確性**原則？	
18. 是否只為解決少數**個案**，明定破壞維持法律秩序及公益機制之**條文**？	

檢視項目	確認
19.因應司法院**大法官解釋**意旨之要求修法者，修正之內容有無符合其意旨？	
20.研擬之行政法律是否在現行**刑法**已有規定？若有，不應**重複**規定。	
21.法條規定有無因考量行政便利性或需要，而忽略人民權益之保障？	
22.但書，專指本文之例外規定，有無將非屬但書體例之規定，**誤植為但書**？	
23.同一草案中相關**配套之法條**規定，有無相互配合對應？	
24.涉及權益之**期間規定**，有無明確規定多長一段時間？	
25.有將「並得連續處罰」改正為「並得**按次**連續處罰」規定？	
26.涉及規費之徵收時，有無與**規費法**規定牴觸？規費法已足適用時，是否還重複規定？	
27.**法規末條**規定是否正確？有無正確的配合修正？	
◎格式體例速檢： 1.**主管機關**應置於條文第2條，**用詞定義**應置於條文第3條……。 2.全案修正，其修正條文應視同新訂定之體例，原則上應將條次重新予以排列。 3.全案修正，其**末條**條文應視同新訂定之**體例**。 4.依法**移送強制執行**，應刪除，回歸行政執行法。 5.**法規末條**規定「本○○自發布日施行」，修正部分條文，若未改採另定施行日期，該末條條文可不修正。	
◎一般文字體例速檢： 1.條文中所列**日期**，應用中文數字；「第一百一十條」之條次，依**法律統一用語**表應繕為「第一百十條」。 2.**引用本法規**其他條文時，應逐書「第○條」。 3.修正法規部分條文，若**刪除條文**內容，應繕為「第○條（刪除）」。 4.**增加少數條文**時，列在適當條文之後，冠以前條「之一」、「之二」。 5.應繕為「**新「臺」幣**」。 6.「左列」、「如左」應繕為「**下列**」、「**如下**」。 7.法規條文中之**序數**，應用「法律統一用語表」中之統一用語。	

1-8 法制人員如何強化討論會的說明力

一、預擬與決策者溝通立法的面向

　　掌握法律規範之正當性說明，於研擬規範性、管制性條文應該自行檢驗與跟決策者說服的事項如下：

1. 現在面臨問題之具體描述、表明。
2. 何以規範是必要的？除了干預之外無其他方式、途徑？
3. 規範如何有助改善問題、其因果關係之密切性。
4. 規範所欲達成之目的及如何達成？

二、與會前的準備與臨場應對

1. 事前準備：
   (1) 了解各界對該法案的主要爭點，若為審議中各與會者的主要爭執點，要對議案要了解，並**預擬可能狀況，以便條紙方式，記錄回覆重點。**
   (2) 進行**意向訓練**克服焦慮：想像被詢問時的場景，所有的環境細節、人的表情、進行過程，像播放電影的方式，具體的在腦海演練一遍。
   (3) 訓練**即席談話能力**：準備模擬問題卡，隨機抽出要求自己針對該議題馬上進行自由談論3、5或10分鐘。
2. 準備會談資料時應檢視的重點：
   (1) 首先，要試著自問：「我現在應該替對方解決的『問題（主題）』是什麼？」絕對不要偏離這個主題（要確認主題）。其次，應確認所期待得到對方的反應為何？（是理解、回饋意見、建議或判斷或者採取行動？）最後，給出自己的答案（應根據事實或判斷，提出提議進行某種行動或表達評價或判斷之結論，並有具體作法之建議）。

(2) 提供有事實為證的建議，並以其能理解的順序陳述。

3. 備詢前自信的建立：

(1) 找對自己有用的方法，回想自己權力在握的體驗，在上場前擺出相關的姿勢，可以讓我們心中多一份自信。

(2) 說出能幹的形象──正確使用專業術語或行話，會讓人視我們為專家，進而信任我們。穿著打扮也要符合看起來能幹的形象。

(3) 如果要發言時很緊張、焦慮，要給予內心正面的建設說：「我可以大展身手了」不要對自己說：「冷靜」或「深呼吸」，有助完成高壓任務。

(4) 模仿者讓人感受到合作的意願，因此模仿對手（提問者）讓我們更能理解他的觀點與接受的答案。

4. 提升「說明能力」：說明應淺顯易懂。

(1) 確認清楚理解該事情。

(2) 站在詢問者的角度與觀點、可能有興趣的答案，闡述觀點要具體。

(3) 要用清晰的口吻、看著對方，在用詞、肢體語言展現自信。

(4) 好的說明順序：要開門見山，將最重要的內容及關鍵字放在前頭，再依時間長短做補充說明。

(5) 善用思考的技術：提出對照的比較法說明、用好的生動例子做比喻、用反面論證加以說明、細細推演說出他人未觀察到的事實、宏觀鳥瞰找問題、圖像解構問題及找出關連性。

5. 會場應變：

(1) 傾聽提問、整理重點並摘要，聽不清時要確認，複雜問題，整理數點回答。

(2) 觀察是誰的場子，不要與其意見衝突，最好能先爭取他的支持，所以可以用先肯定他先前意見開始陳述。

(3) 回答時若無把握就要避免直接針對問題回答，先思考架構一下，先講一些前提及條件，再提出不會出錯的說明。

第二章

草擬法案之法律格式與體例

2-1 應否立法之準據

◎**應以法律定之**：中央法規標準法第5條規定：「左列事項應以法律定之：一、憲法或法律有明文規定，應以法律定之者。二、關於人民之權利義務者。三、關於國家各機關之組織者。四、其他重要事項之應以法律定之者。」

◎**不應定為法規**：中央行政機關法制作業應注意事項第一章第一點第（三）項「……下列事項，不應定為法規：

1. 行政程序法第159條第2項第1款所定之機關內部一般性規定與第2款之解釋性規定及裁量基準。

2. 上級機關對下級機關之指示。

3. 機關於其權限範圍內之職務協助事項。」

◎**法規**（指中央法規標準法所稱法律、命令，包含行政程序法所稱法規命令）**是否應制（訂）定、修正或廢止，須以政策需要為準據。**

易犯錯誤

◎研擬法案前未就有無制定必要，深入探討，並對規範之重要概念或內涵予以明確界定。

例如：「新型流行性感冒大流行防治暫行條例草案」所稱「新型流行性感冒」是否屬「傳染病防治法」規範之傳染病？答案如為肯定，則草案規範之事項，似可依「傳染病防治法」相關規定處理或修正「傳染病防治法」即可達成規範目的，為免重複立法並違反立法經濟原則，故「新型流行性感冒大流行防治暫行條例草案」有無制定必要，容可再做完整性研析評估。

（摘自法務部「法務部95年度法制作業講習講義——讓你成為法制達人」）

◎研擬法規時，不宜就相關法律已有明確規定之事項，再重複規

定。

例如：「刑事訴訟法」第2條第1項業已明文規定：「實施刑事訴訟程序之公務員，就該管案件，應於被告有利及不利之情形，一律注意。」，則「族群平等法草案」規定「……對刑事被告有利及不利之情形，應一律注意」之規定，似可考量刪除。

（摘自法務部「法務部95年度法制作業講習講義──讓你成為法制達人」）

2-2 法規名稱的規範

◎名稱用法、律、條例、通則之區別
(1) **法**：屬於全國性、一般性或長期性事項之規定者稱之。
(2) **律**：屬於戰時軍事機關之特殊事項之規定者稱之。
(3) **條例**：屬於地區性、專門性、特殊性或臨時性事項之規定者稱之。
(4) **通則**：屬於同一類事項共通適用之原則或組織之規定者稱之。

◎**基本法**：優點為可作為政策統合之宣示，且可將各機關專業領域之基本原則原理、共通措施納入規範，作為該領域之個別法律之總則性規範。

制定基本法應避免之情形：
(1) 憲法與其他法律已經完備之事項，毋庸重複規定。
(2) 不應有設組織之規定。
(3) 不應有中央與地方權責劃分之規定。
(4) 避免有使人民產生實體上請求權之規定。
(5) 對於事屬當然之事項，毋庸再予明文規定。

◎**基本法適用上是否有優先性**：（參見「行政院法規委員會92、93年度諮詢會議有關法制室象之結論獲共識」學者專家意見）
(1) 贊成理由：

A.基本法既為綱領性、原則性或政策性之專法，其適用上自應先於一般法律。

B.若將基本法定位為總則編性質之法律，自優先於各該行政專業領域個別法律之適用。

C.部分基本法明定，該法施行後，應依該法之規定，修正、廢止或制（訂）定相關法令，故應優先於一般法律適用之。

(2) 反對理由：

A.憲法或中央法規標準法並無明文基本法優先適用於一般法律。

B.除非基本法與一般法律間有普通法、特別法之關係或前法、後法之關係，否則難認其適用上具有優先性。

◎特別條例：就法律已規定的事項，而為特別規定或暫時規定或為補充規定或就特殊事項而為規定，且一般而言都會跟著特別預算，並定有落日期間。

◎法規修正草案標題之格式：法規名稱有修正時，應以舊名稱為標題名稱；其書寫方式如下：

(1) 全案修正：修正條文達全部條文二分之一者，書明「（法規名稱）修正草案」。

(2) 部分條文修正：修正條文在四條以上，未達全部條文之二分之一者，書明「（法規名稱）部分條文修正草案」。

(3) 少數條文修正：修正條文在三條以下者，書明：「（法規名稱）第○條修正草案」或「（法規名稱）第○條、第○條、第○條修正草案」。

◎法規標題之命名：依其涵蓋規範事項之大小可分概括（例如，人事管理條例）、列舉（例如，政務人員退職撫卹條例）兩類，在立法技術上必須注意：

(1) 簡潔：使其名稱足以讓人了解其所規範之大項。

(2) 名實相符：名稱與實際規範內容應能相符，俾不致發生日後適用上之爭議。以上兩個原則，仍以簡潔為第一優先考慮。

(3) 標題不可出現標點符號。

（參游至宏，人事行政法制作業錦囊，頁18）

『體例參考』

☆**通則**：如地方稅法通則、少年觀護所設置及實施通則、駐外機構組織通則……

☆**基本法**：客家基本法、科學技術基本法、原住民族基本法、通訊傳播基本法、教育基本法及環境基本法

☆**特別條例**：

☆曾文南化烏山頭水庫治理及穩定南部地區供水特別條例（第10條：「本條例自公布日起施行六年。」）（註：105年5月11日期滿廢止）

☆莫拉克颱風災後重建特別條例（第30條：「本條例自公布日施行，適用期間為三年。本條例施行期滿未及執行部分，必要時，得經行政院核定酌予延長，延長期間最多以二年為限。」）（註：103年8月29日期滿廢止）

☆振興經濟擴大公共建設特別條例（第17條：「本條例自公布日施行至中華民國一百零一年十二月三十一日止。」）（註：101年12月31日期滿廢止）

☆水患治理特別條例（第16條：「本條例自公布日起施行，施行期間八年。本條例中華民國九十九年十一月十六日修正之條文，自九十九年十二月二十五日施行。」）（註：103年1月26日期滿廢止）

『易犯錯誤』

◎屬於地區性、專門性、特殊性或臨時性事項之規定，其法律名稱未採用「條例」。

　　例如：立法院第9屆委員為原住民的轉型正義提出「原住民族歷史正義與權利回復法草案」其適用範圍應為特定時間內之特定身分者，且其較「促進轉型正義條例」所適用對象範圍又更為限

縮，故其法律名稱採用「條例」應較「法」為合宜。

◎研擬之法規內容和法規名稱內涵未相符合。

　　例如，研擬「不動產經紀業管理條例部分條文修正草案」時，曾有建議將容積率、納骨塔使用權、不動產證券、高爾夫球會員證等亦納入不動產定義範疇，且納入不動產經紀業之專屬經營範圍。然這些項目因非屬民法不動產定義之範圍，故不宜考慮納入本法規範範圍。

　　（摘自法務部「法務部95年度法制作業講習講義──讓你成為法制達人」）

2-3 法律分編、章原則

◎法規條文較多且繁複時，按編、章、節、款、目順序（採序數方式為之，即一、二、三……），其配置視立法需要而定，不強求體例上之統一，而割裂各編、章、款、目之內容。至於單獨一、二條文，可否單列一章，應視該條文與其他各章內容有無關連定之。

◎現行法中的型態

　　1. 編下分章、節、款、目（如「民法」第四編）

　　2. 編下分章、節、款（如「民法」第二編）

　　3. 編下分章、節、目（如「民事訴訟法」第二編）

　　4. 編下分章、節（如「民事訴訟法」第一編）

　　5. 編下不再細分（如「土地法施行法」）

　　6. 僅分章、節（如「公司法」第二章）

　　7. 按章排列再不細分（如「中央法規標準法」）

　　8. 僅按條排列（如「行政院組織法」）

◎實務上30條以上須分章，20條以下不分章，20-30條視繁簡而定，內容簡單者不分，繁雜者分。

◎原則上，除「附則」章外，鮮少以一條為一章者，但如條文性質

上與前後數章不相關連時，於必要時單獨之一、二條文，仍可爲一章。惟在體例上，宜儘量避免。

體例參考

☆<u>檔案法</u>全文30條，分總則、管理、應用、罰則及附則5章。安排如下：

總則：依我國立法體例，法規首章規定各章共通適用之法則，其內容大致包括：一、立法目的；二、立法依據；三、適用規定；四、主管機關；五、定義規定；六、宣示政策等。

主要條文或章節：合理安排實質內容，包含實質規定條款及行政程序條款。

獎懲相關規定：獎懲事項規定於同一法規下，除共通性或總則之事項置於最前外，原則上獎勵規定置於懲罰規定之前。現行法律，對於懲罰規定，如有分章，其章名常以「**罰則**」**稱之**；如未分章者，則集中於法律後段。

附則：法規中的附則，又稱爲「**附屬規定**」。主要有補充法令之規定、過渡規定、授權訂定書表格式、授權訂定施行細則、施行日期之規定。

2-4 法規內容編排順序

◎一般先於特別；重要先於次要；永久先於暫時；原則先於細節；獎勵先於懲罰；實體先於程序；專門先於程序；有關法規本身置於最末，重視合乎邏輯之安排。

◎條項主要安排：一條一主題，一中心思想。

◎項的處理：一法條內容可分二條以上規定，不必以多項規定；後項以補前項之不足而設。

◎分款安排原則。按事情發生或發展次序、事物的分類、事物的歸類或依因果、條件命題、主次、近及遠等邏輯安排，其類型如

下：

(1) 符合各款要件之一，得爲某行爲或取得某資格。

(2) 符合下類各款規定之一，不得爲某行爲或任某職務。

(3) 須具各款要件，始得爲某行爲或取得某資格。

(4) 如具備各款規定之要件，即不得爲某行爲或任某職務。

(5) 分款所示平行列舉，等量齊觀。

(6) 最後一款得概括規定。

(7) 例示：「其他類似情形。」、「授權主管機關指定、公告或依其他法令規定」。

體例參考

1. 後項補前項之不足

☆司法院組織法（第7條：「司法院院長綜理院務及監督所屬機關。（第1項）司法院院長因故不能視事時，由副院長代理其職務。（第2項）司法院院長出缺時，由副院長代理；其代理期間至總統提名繼任院長經立法院同意，總統任命之日爲止。（第3項）……」）

2. 分款安排類型

☆法官法（第5條第3項：「最高法院、最高行政法院之法官及公務員懲戒委員會之委員，**除法律另有規定外，應就具有下列資格之一者任用之**：一、曾任司法院大法官，具擬任職務任用資格。二、曾任公務員懲戒委員會委員。……」）

☆社會工作師法（第10條第1項：「**有下列各款情事之一者，不得發給執業執照；已領取者，撤銷或廢止之**：一、曾受本法所定廢止社會工作師證書處分。二、經廢止社會工作師執業執照未滿一年。……」）

☆水利法（第29條第1項：「水權之登記，**應由權利人及義務人或其代理人提出左列文件**，向主管機關申請之：一、申請書。二、證明登記原因文件或水權狀。……」）

☆專利法（第124條：「**下列各款，不予設計專利**：一、純功能性

之物品造形。二、純藝術創作。……」）

☆公務人員考績法（第6條第1項：「年終考績以一百分爲滿分，分甲、乙、丙、丁四等，各等分數如左：甲等：八十分以上。乙等：七十分以上，不滿八十分。……」）

2-5 法規首章之章名及主要規範內容

◎首章之章名常用者：包括「總綱」、「總則」、「通則」及「法例」。由於「通則」一詞爲中央法規標準法第2條所規定之法律名稱，立法上在章名或節名使用「通則」者，皆非適宜。當法律有先分編，其首編大多命名爲「總則」編，其下首章則常用「法例」，通常係概括規定關於全部法律之法則。

◎只分章及條文時，首章名稱：多以「總則」章稱之，其意跟法例同，爲規範法規的共通法則。

◎首章，包含內容以下列6項最爲常見：

1. 立法之目的或依據。（立法目的應表示的內容主要爲立法之精神、宗旨、所依據之法理。目的規定大多爲宣示性之概括條款。）
2. 表示該法條係特別法或普通法之性質。
3. 表示法規規範主體的法律地位。
4. 主管機關。
5. 法規中所用的名詞定義。
6. 法規適用的範圍。（參黃守高等，我國現行法制用語及格式之研究，頁12-16）

體例參考

☆財政收支劃分法（第一章總綱；第二章收入；第三章支出；第四章附則）

☆公司法（第一章總則；第二章無限公司；第三章有限公司；第四

章兩合公司；第五章股份有限公司；第六章（刪除）；第六章之
一關係企業；第七章外國公司；第八章登記；第九章附則）

☆民法物權編（**第一章通則**；第二章所有權；第三章地上權；第四
章（刪除）；第四章之一農育權；第五章不動產役權；第六章抵
押權；第七章質權；第八章典權；第九章留置權；第十章占有）

☆<u>土地法</u>（**第一編總則－第一章法例**；第二章地權；第三章地權限
制；第四章公有土地；第五章地權調整）

2-6 立法目的及法律適用

◎立法目的應表示的內容：立法之精神、宗旨、所依據之法理。目
的規定大多為宣示性之概括條款。

◎法律適用：一般於第1條明列法律授權依據後，*毋庸再明定該法*
規與其他法規之適用順序。

◎特別法：普通法是在法域以內一般適用之法規。*倘僅適用於特定*
*對象（人）、特定地區、特定時間、處理特殊種類之事件*而頒行
者，為特別法，一般優先於普通法適用。

◎**補充規定適用順序之立法體例**：係為避免個案爭議而採用「適用
規定」方式規範，據以區分該法為普通法或特別法之性質。惟為
利整體法制整合，於制定、修正或廢止法律時，應先澈底*比對各*
相關法律規定，將可能產生適用問題之部分定明，以消除法律間
之分歧牴觸、重複矛盾。

◎**特別規定適用順序之立法體例**：按中央法規標準法第16條規
定：「法規對其他法規所規定之同一事項而為特別之規定者，
應優先適用之。其他法規修正後，仍應優先適用。」此即所謂特
別法優於普通法之原則。惟同法第11條規定：「法律不得牴觸憲
法，命令不得牴觸憲法或法律，下級機關訂定之命令不得牴觸上
級機關之命令。」故縱使於法律優位原則之精神下，此處所稱
「特別規定」，並無排除憲法、法律、或基於法律授權之法規

（司法院釋字第527號解釋）而優先適用，僅指優先適用於同位階之其他法規而言。且特別法中如無規定時，仍應以普通法補充適用之。另須注意中央法規標準法第17條：「法規對某一事項規定適用或準用其他法規之規定者，其他法規修正後，適用或準用修正後之法規。」

體例參考

1.立法目的：

◆句式：為○○○（立法目的）○○○，特制定本法（或本條例）。

2.補充規定：

◆句式：（關於）○○○，除其他法律另有規定外，依○○之規定。

☆人事管理條例（第1條：「中央及地方機關之人事管理，**除法律另有規定外**，由考試院銓敘部依本條例行之。」）

3.特別規定：

◆句式：○○○，依本法之規定；本法未規定者，適用（依）其他（或有關）法律之規定。（僅指優先適用於同位階之其他法規而言。且特別法中如無規定時，仍應以普通法補充適用之。釋527）

☆人體器官移植條例（第1條：「為恢復人體器官之功能或挽救生命，使醫師得摘取屍體或他人之器官施行移植手術，**特制定本條例。本條例未規定者，適用其他法律之規定。**」）

☆三一九槍擊事件真相調查特別委員會條例（第1條第2項：「本條例未規定者，適用**其他相關法律規定。**」）

☆土地徵收條例（第1條：「為規範土地徵收，確保土地合理利用，並保障私人財產，增進公共利益，**特制定本條例。土地徵收，依本條例之規定，本條例未規定者，適用其他法律之規定。**其他法律有關徵收程序、徵收補償標準與本條例牴觸者，**優先適用本條例。**」）

☆莫拉克颱風災後重建特別條例（第1條：「為安全、有效、迅速推動莫拉克颱風（以下簡稱颱風）災後重建工作，特制定本條例。本條例未規定者，依災害防救法及其他相關法律之規定辦理。但**其他法律規定較本條例更有利**於災後重建者，**適用最有利之法律**。重建地區位於原住民族地區者，並應依原住民族基本法相關規定辦理。」）

4.有意義的補充規定：

☆<u>企業併購法</u>（第2條：「公司之併購，依本法之規定；本法未規定者，**依公司法、證券交易法、公平交易法、勞動基準法、外國人投資條例及其他法律**之規定。金融機構之併購，依金融機構合併法及金融控股公司法之規定；該二法未規定者，依本法之規定。」）

5.適用之範圍規定：（可包含適用「對象」及「事項」等之範圍）

◆句式：本法之適用對象為○○○……

☆<u>勞工退休金條例</u>（第7條：「**本條例之適用對象為**適用勞動基準法之下列人員，但依私立學校法之規定提撥退休準備金者，不適用之：……」）

◆句式：本法於○○○、○○○及○○○等適用之……

☆<u>公務員服務法</u>（第24條：「**本法於**受有俸給之文武職公務員及其他公營事業機關服務人員，均**適用之**。」）

易犯錯誤

◎就法律之適用而言，本法未規定者，**適用其他法律之規定**，雖屬當然之理，然常在**條文內明定**。

　　例如：按「難民地位法」草案第1條第2項及「地籍清理條例草案」第1條後段規定：「本法未規定者，適用其他法律之規定。」，該「其他法律」為何？尚不明確，且本法未規定而其他法律有規定時，原即應適用其他法律之規定，似無特別加以規定之必要，故宜予刪除；如仍認為確有必要，則建請將「其他法律」予以明列，以符立法明確性。

（摘自法務部「法務部95年度法制作業講習講義——讓你成為法制達人」）

◎本法未規定者，適用其他法律之規定，有補充說明之必要者，應澈底比對各相關法律規定，將可能適用之部分定明，以消除法律間的分歧或矛盾。

例如：立法院第9屆有行政院提案「財團法人客家公共傳播基金會設置條例草案」，其中第2條規定：「本基金會之設置依本條例之規定；本條例未規定者，適用民法及相關法律之規定。」由於該基金會為財團法人，而財團法人法已制定公布，因此，若要以法律適用順序上予以補充規定，此重要的法規不宜遺漏，故則宜修正為「本基金會之設置依本條例之規定；本條例未規定者，適用民法、**財團法人法**及相關法律之規定。」

◎立法目的條文所表明之立法精神及宗旨，超出該法所規範之範圍。

例如：立法院第9屆有委員提案修正「原住民保留地禁伐補償及造林回饋條例」，將造林回饋部分移出本條例規範範圍，並修正法名稱為「原住民保留地禁伐補償條例」，然其草案第1條之立法目的仍沿用現行條文之主要內容：「為處理原住民保留地禁伐補償事宜，進而達成國土保安、涵養水資源、綠化環境、自然生態保育及因應氣候變遷、減輕天然災害之目標，並依據受益者付費、受限者補償之原則，以及配合政府造林、育林之政策、守護原住民傳統智慧，促進原住民族經濟事業之發展，特制定本條例。」劃線部分顯為現行法為「造林回饋」所揭示的立法目的，本條例既已修正限縮在規範「禁伐補償」問題，則前述劃線部分，宜予刪除，以避免立法目的與法規範內容不相符合。

2-7 主管機關與目的事業主管機關

◎**主管機關**：係指執行該法之政府機關。法條中以主管機關代替機

關之名稱，係為求立法經濟，如將來修改「主管機關」時修正該條即可，無須再對後面條文做大幅度的更動。

◎目的事業主管機關：對於特定業務依法有管理或監督之權者。

◎同法中主從關係分：中央主管機關會同目的事業主管機關、目的事業主管機關會同中央主管機關。

◎條文中之「縣市政府」改為「縣（市）政府」；將「鄉、鎮公所」改為「鄉（鎮）公所」；將「鄉、鎮（縣轄市）公所」改為「鄉（鎮、市）公所」；將「鄉、鎮（市）、區公所」改為「鄉（鎮、市、區）公所」。

◎未訂「主管機關」之情況：行政法律大部分涉及人民權利義務事項，內容常具強制性，為執行法律、為行政處分及明確受理訴願之層級，故以明定主管機關為宜。但性質上屬於立法、司法、考試、監察等非行政執行系統之法律，可不訂。又行政執行系統之法律，如屬規範各行政機關之法律，原則尚可不訂主管機關，而概稱各機關即可。

體例參考

◆句式：○○○之主管機關為○○○。

◆句式：本法所稱主管機關：在中央為○○；在○○為○○；在○○為○○。

☆人口販運防制法（第3條：「**本法所稱主管機關：在中央為**內政部；**在直轄市為直轄市政府；在縣（市）為縣（市）政府**。中央主管機關掌理下列事項：……。」；第5條：「本法所定事項，涉及中央各目的事業主管機關職掌者，由中央各目的事業主管機關辦理；其權責劃分如下：一、法務主管機關：……二、衛生主管機關：……三、勞工主管機關：……四、……五、……六、……。七、其他人口販運防制措施，由各相關目的事業主管機關依職權規劃辦理。」）

☆花東地區發展條例（第3條：「**本條例主管機關，在中央為行政院，在縣為花蓮縣政府及臺東縣政府**。」）

☆<u>離島建設條例</u>（第4條：「**本條例之主管機關：在中央爲行政院；在直轄市爲直轄市政府；在縣（市）爲縣（市）政府**。爲審議、監督、協調及指導離島建設，中央主管機關得設置離島建設指導委員會，由行政院院長召集之。前項指導委員會之主要職掌爲審議離島綜合建設實施方案及協調有關離島重大建設計畫推動等事項；其設置要點，由行政院定之。」）

☆<u>水土保持法</u>（第24條：「有第八條第一項第三款至第五款之開發、經營或使用行爲者，應繳納水土保持保證金；其繳納及保管運用辦法，**由中央主管機關會同目的事業主管機關定之**。……」）

☆<u>原住民族工作權保障法</u>（第7條第2項：「原住民合作社之籌設、社員之培訓及營運發展等事項，應由各目的事業主管機關輔導辦理；其輔導辦法，**由中央各相關目的事業主管機關會同中央主管機關定之**。」）

易犯錯誤

◎總統府逕以法律創設附屬機關，並爲作用法之主管機關，恐有違憲之疑慮。

例如：立法院第9屆委員提案「促進轉型正義外來政權統治原住民族時期原住民受損權利回復及補償條例草案」，其中第3條第1、2項規定：「本條例主管機關爲原住民族權益回復委員會（以下簡稱原權會），不受中央行政機關組織基準法第五條第三項、第三十二條、第三十六條及行政院組織法第九條之限制。原權會隸屬於總統府，準用總統府組織法第十七條。」按總統爲憲政機關，經由憲法創設，其職權自應依憲法所賦予者爲限。因此，法律不應創設憲法所未賦予之「作用法上職權」。總統府爲使總統得行使各種重要職權依組織法而設置，主要應規定有何單位及各單位組織編制等，不宜有再設附屬機關之組織法。且總統其附屬機關除憲法規定之國家安全局外，並未規定總統有另外設置附屬行政機關之職權，經由法律創設乃有違憲之疑慮（參李惠宗，憲法要義，頁510），因此，本條例之主管機關規定，並不妥適。

◎涉及機關權責之條文未明確，適用時滋生疑義。

　例如：「難民地位法」草案第3條規定：「……其他中央目的事業主管機關職掌，由主管機關協調或會同其他機關執行之。」，該「其他中央目的事業主管機關」及「其他機關」各所指為何？並不明確，是否指同一機關，亦有疑問。

　（摘自法務部「法務部95年度法制作業講習講義——讓你成為法制達人」）

◎**所定之主管機關權責，和現行法規**（或行政規則）內之既有機關**權責混淆。**

　例如：按建築物一旦被指定為古蹟後，其維護、管理等事項（性質上已屬公權力行使）已不單是建築物管理機關之權責，尚涉及古蹟主管機關職掌；另涉及古蹟影片拍攝或錄製，其申請程序之核准則屬新聞局權責，「臺灣○○○市定古蹟（○○舊監獄）受理媒體參觀採訪及拍攝影片等借用要點」草案之諸多內容，僅明定本草案內之古蹟維護、管理及影片拍攝或錄製均須經建築物管理機關核准，已與上開古蹟主管機關或新聞局之權責混淆，宜予避免。

　（摘自法務部「法務部95年度法制作業講習講義——讓你成為法制達人」）

◎法規研擬內容涉及**多個機關**間之業務，相互間之**權責應不明確。**

　例如：「原住民族保留區土地管理條例草案」有關規劃訂定各項開發、利用及保育計畫事項之規定，行政院原住民族委員會和直轄市、縣（市）主管機關之權責如何劃分？另所涉及溫泉、遊樂觀光之目的事業機關為何？權責上如何協商經營、利用？均欠明確，應予釐清明定。

　（摘自法務部「法務部95年度法制作業講習講義——讓你成為法制達人」）

◎研擬法律授權訂定之法規命令時，**授權法律已規定有主管機關者，除非有特殊理由，法規命令條文即無須再就「主管機關」為**

規定。

例如：「民宿管理辦法」係「發展觀光條例」第25條第3項授權訂定之法規命令，上開發展觀光條例第3條既已就主管機關為明定，則「民宿管理辦法修正草案」即無須就「主管機關」再為規定。

（摘自法務部「法務部95年度法制作業講習講義——讓你成為法制達人」）

2-8 名詞定義規定與用語的一致性

◎解釋名詞之條文，使用「用詞」，不使用「用辭」或「用語」。法條中名詞解釋主要針對法律中具有專門性、技術性者加以定義。解釋應具單義性，避免有多種意義或違反約定成俗。在同部法中應一體適用；一般觀念已能認識或不致產生疑義之名詞不解釋。

◎其他法規已有定義之名詞，若確有不同規範，宜採用其他名詞。

◎法律用詞之定義之體例，有將其集中於一條者，亦有散見其各條者。通常需解釋之名詞甚多時，且一般以解釋較簡略可能疑義（如名詞本身之字義為主）時，宜集中於一條規定。倘需釋義用詞少，且與條次安排順序有關，及釋義條文以「事項」之真義為多時，則可散列各條。

體例參考

◆句式：「本法用詞，定義如下：一、○○：指○○。二、○○：指○○。」（不用「係指○○」）

☆人口販運防制法（第2條：「本法用詞，定義如下：……」）

☆災害防救法（第2條：「本法專用名詞，定義如下：……」）

◆句式：稱○○○，謂○○○。

☆<u>信託法</u>（第1條：「**稱信託者，謂委託人將財產權移轉**或為其他處分，使受託人依信託之本旨，為受益人之利益或為特定之目的，管理或處分信託財產之關係。」）

易犯錯誤

◎法規內解釋名詞之說明使用需解釋內涵之語詞，造成需定義的名詞意義不明。

例如：立法院內政委員會108年5月15日審查之「原住民部落經濟發展條例草案」，草案第3條第6款規定：「部落企業：係指經中央原住民族主管機關核定之部落所經營之集體共有之企業。」惟本款之**集體共有企業**，其定性為何？責任型態為何？均屬未明，且現行法中亦無相關的用語可以理解其內涵。

◎法規內解釋名詞與其他法律規定未具一致性。

例如：立法院內政委員會108年5月15日審查之「原住民部落經濟發展條例草案」，其草案第3條第3款規定「原住民族地區」之定義，與原住民族基本法第2條第3款規定不同，宜參考該規定修正為「三、原住民族地區：係指原住民傳統居住，具有原住民族歷史淵源及文化特色，經中央原住民族主管機關核定者報請行政院核定之地區。」

2-9 解釋規定慣用語

◎名詞解釋時，用「*所稱*」，其他情形用「*所定*」。
◎要尊重現有的法律概念和法令用語。儘量不要在相似的制度中，使用同樣的名詞而表達不同的涵義，以避免混淆。

體例參考

◆句式：「本法**所稱**各級學校，指○○○」；「本法**所定**各級學校，應由教育部○○○」。

☆二二八事件處理及賠償條例（第2條：「**本條例所稱**受難者，係指人民因本事件生命、身體、自由或財產遭受公務員或公權力侵害者。……」；第10條第2項：「前項所稱檔案，係指有關二二八資料，檔案上不必然有二二八字樣。」）

☆天然氣事業法（第68條：「**本法施行前**，依其他法規規定取得煤氣事業執照，經營**本法所定**之公用天然氣事業者，應自本法施行之日起一年內，申請換發臨時供氣營業執照；……」）

◆句式：「本法所稱○○，指（或謂；包括）○○。」（不用「**所稱之○○**」；亦不用「**係指○○**」）（參銓敘部，銓敘部法制作業手冊，頁180）

☆戶籍法（第5條之1第1項：「**本法所稱戶籍資料**，**指**現戶戶籍資料、除戶戶籍資料、日據時期戶口調查簿資料、戶籍登記申請書、戶籍檔案原始資料、簿冊及電腦儲存媒體資料。」）

易犯錯誤

◎法條中應注意使用相似概念之不同用語，是否造成混淆。

例如，106年10月25日司法及法制委員會審查「刑事訴訟法部分條文修正草案」（刑法182條之1、第189條之3、第189條之4、第189條之5、第191條之2條文修正草案等5案），旨在明定處罰妨害醫療行為，以保障醫病環境安全，然條文中所提「醫療人員」在法中並無定義，經查醫療法第10條則有「醫事人員」一詞，並有明確定義為領有中央主管機關核發之醫師、藥師、護理師、物理治療師、職能治療師、醫事檢驗師、醫事放射師、營養師、藥劑生、護士、助產士、物理治療生、職能治療生、醫事檢驗生、醫事放射士及其他醫事專門職業證書之人員。如果此處「醫療人員」指稱範圍及意涵與其相同，則應以「醫事人員」稱之，不宜另用「醫療人員」一詞，造成混淆。

2-10 略稱之使用

◎法規中多次出現的冗長用語，在符合需要、明確、**約定成俗**，且**可聯**想到略稱前的用語下，以比較簡潔的表達方式。

◎以略稱方式簡化法條中重複出現的名詞時，由於略稱後的名詞與原名詞**意義上並無差別**，為免誤會加具引號後之名詞有特殊之意義，因此，條文中之用字或用語皆以**不加引號**為當。

體例參考

◆句式：「○○○○○○○○○（以下簡稱○○○）」。

☆<u>中小企業發展條例</u>（第11條第1項：「直轄市、縣（市）主管機關（**以下簡稱地方主管機關**）得視中小企業發展特性之需要，擬定輔導計畫，並編列預算負責執行。」）

☆<u>二二八事件處理及賠償條例</u>（第1條：「為處理二二八事件（**以下簡稱本事件**）賠償事宜，落實歷史教育，釐清相關責任歸屬，使國民瞭解事件真相，撫平歷史傷痛，促進族群融合，特制定本條例。」）

☆<u>勞資爭議處理法</u>（第3條：「本法於雇主或有法人資格之雇主團體（**以下簡稱雇主團體**）與勞工或工會發生勞資爭議時，適用之。但……。」）

2-11 例示、列舉規定辨異

◎**列舉規定**：解釋上應注意有「明示其一者，排除其他」及「省略規定之事項，應認有意省略」之成規。

◎**例示規定**：說明某一上位概念，非完全排除其他類似事物。通常以概括型表示方式較多，舉一、二例子，再以抽象、概括的文字，以概其餘。

◎**概括規定**：對某種應命令或禁止的行爲，不加以具體地指明其事實內容或構成要件，而以抽象的語氣，爲含混籠統之規定的法律條文。其優點是給予行政機關因應不同時空、背景，做出適當決定之空間。

◎**例示兼概括規定（折衷規定）之重要原則**：例示（列舉）事物之後，所加的概括文句，不包括與例示（列舉）事物之性質不同的事物。亦即法條例示的事物，是屬於概括文句所欲規範的事物之一，概括文句所表示之事項，不得概括其全體，須能將與列舉（例示）事項性質不同之事項除外始可，也就是受列舉（例示）事項性質之限制。故解釋概括文句時，也必須參照已列舉的事物之性質，性質不同者不爲概括文句的規範對象。

體例參考

1.列舉：

◆句式：○○○（依下列規定辦理）：
一、○○○○。
二、○○○○○。

☆<u>行政程序法</u>（第114條第1項：「違反程序或方式規定之行政處分，除依第一百十一條規定而無效者外，因**下列**情形而補正：一、須經申請始得作成之行政處分，當事人已於事後提出者。二、必須記明之理由已於事後記明者。三、應給予當事人陳述意見之機會已於事後給予者。四、應參與行政處分作成之委員會已於事後作成決議者。五、應參與行政處分作成之其他機關已於事後參與者。」）

2.例示：

☆<u>著作權法</u>（第5條：「本法所稱著作，**例示如下**：一、語文著作。二、音樂著作。三、戲劇、舞蹈著作。四、美術著作。五、攝影著作。六、圖形著作。七、視聽著作。八、錄音著作。九、建築著作。十、電腦程式著作。前項各款著作例示內容，由主管機關訂定之。」）

◆句式：○、○、○及○等。

☆勞動基準法（第84條：「公務員兼具勞工身分者，其有關任（派）免、薪資、獎懲、退休、撫卹及保險（含職業災害）等事項，應適用公務員法令之規定。但其他所定勞動條件優於本法規定者，從其規定。」）

3.概括：

☆中華民國憲法（第22條：「凡人民之其他自由及權利，不妨害社會秩序公共利益者，均受憲法之保障。」）

◆句式：必要時○○○。

☆行政執行法（第6條第1項：「執行機關遇有下列情形之一者，得於**必要時**請求其他機關協助之：一、須在管轄區域外執行者。二、無適當之執行人員者。三、執行時有遭遇抗拒之虞者。四、執行目的有難於實現之虞者。五、執行事項涉及其他機關者。」）

◆句式：得視○○○需要。

☆發展觀光條例（第5條第1項：「觀光產業之國際宣傳及推廣，由中央主管機關綜理，應力求國際化、本土化及區域均衡化，並**得視**國外市場**需要**，於適當地區設辦事機構或與民間組織合作辦理之。」）

◆句式：正當理由○○○。（所謂正當理由指具備足夠的合理化事由）

☆勞動基準法（第42條：「勞工因健康或**其他正當理由**，不能接受正常工作時間以外之工作者，雇主不得強制其工作。」）

◆句式：特殊情形○○○。

☆護照條例（第20條：「持照人護照遺失或滅失者，得申請補發，其效期為五年。但有下列情形之一者，依其規定：一、因天災、事變或**其他特殊情形**致護照滅失，經主管機關或駐外館處查明屬實者，其效期依第十一條第一項規定辦理。……。」）

4.例示兼概括：

◆句式：○○、○○及其他○○○。

☆行政程序法（第111條：「行政處分有下列各款情形之一者，無效：一、不能由書面處分中得知處分機關者。二、應以證書方式作成而未給予證書者。三、內容對任何人均屬不能實現者。四、所要求或許可之行為構成犯罪者。五、內容違背公共秩序、善良風俗者。六、未經授權而違背法規有關專屬管轄之規定或缺乏事務權限者。七、其他具有重大明顯之瑕疵者。」）

易犯錯誤

◎條文內規定「具有下列情形者，應……」，究指其中之一種情形符合即可？抑或所有情形都須具備？未明確訂定。

例如：土地徵收條例修正草案第16條第1項序文稱「除有下列情形」，析其真意，應係具有下列各款情形之一即足，為免滋生疑義，建請修正為「除有下列各款情形之一者」，以期明確。又依「○○○獎勵辦法修正草案」修正條文第3條序文末句「應具備條件如下」之文字以觀，似指本條之人員應同時具備每款之條件，方能接受獎勵，惟實際情形並非如此，應作修正。

（摘自法務部「法務部95年度法制作業講習講義——讓你成為法制達人」）

2-12 但書、除書、除外規定

◎但書：法條中本文之下，指出例外、附加限制或補充，而以「但」字開端之文句，但書前之規定為原則法，「但」字後之規定為例外法。

但書相對於本文，有例外性質、限制性質或輔助性質三種，然但書仍繼續於本文之末書寫，不另成一個條項，以保持與本文之間的連續性。

◎除書：原則上和但書的意義相同。

◎除外規定（除書）：可置於法條之上、法條中間、法條之下

「除○○○外」、「（但）○○○不在此限」、「○○○不適用之○○○」、「得○○○不受○○○限制」。

體例參考

◆但書句式

一、○○○。但○○○。

二、○○○。但○○○為限。

三、○○○。但○○○者，不在此限。

四、○○○。但○○○，得○○○。

☆民法（第86條：「表意人無欲為其意思表示所拘束之意，而為意思表示者，其意思表示，不因之無效。但其情形為相對人所明知者，**不在此限**。」──**例外性質**。）

☆票據法（第48條：「付款人於執票人請求承兌時，得請其延期為之。但以三日**為限**。」──**限制性質**）

☆刑事訴訟法（第123條：「搜索婦女之身體，應命婦女行之。但不能由婦女行之者，**不在此限**。」──**輔助性質**）

☆中華民國刑法（第17條：「因犯罪致發生一定之結果，而有加重其刑之規定者，如行為人不能預見其發生時，**不適用之**。」──**除書**）

易犯錯誤

◎「除外規定」的立法技術上，可不採列出排除法條，以避免法條變動時，本條亦須注意提出修正之困擾。

　　例如：立法院第9屆委員提案「財團法人客家公共傳播基金會設置條例草案」，其第3條第3項規定「本基金會得委託經營無線廣播、電視之機構播送客家廣播及電視之節目及廣告，不受廣播電視法第四條第二項及公共電視法第七條第二項規定之限制。」之除外規定，廣播電視法第4條第2項及公共電視法第7條第2項規定皆是「電波頻率不得租賃、借貸或轉讓的限制」，本條為了排除該限制，在立法技術上可直接排除明定之，而不採列出排除法

條，即修正為「本基金會得委託經營無線廣播、電視之機構播送客家廣播及電視之節目及廣告，不受廣播電視法及公共電視法中規定電波頻率不得租賃、借貸或轉讓之限制。」方可避免法條變動時，本條亦須注意提出修正之困擾。

2-13 法條種類之基本用語

◎嚴格法條：「應」，必須之意、義務之意。
◎衡平法條：「得」，主管單位可加以裁量者。
◎禁止法條：「不得」，主管單位不可加以裁量者。禁止法條應配合有罰則規定，否則易形同具文。
◎引用性法條：「適用……之規定」、「本法於……時適用之」、「準用……之規定」、「比照……之規定」、「……亦同」、「……有同一效力」、「依……之規定」。
◎擬制性法條：「視為」、「視同」、「以……論」。

體例參考

◆句式：應（得、不得、適用、視同）○○○○○。
☆人口販運防制法（第7條：「辦理人口販運案件之查緝、偵查、審理、被害人鑑別、救援、保護及安置等人員應經相關專業訓練。」）
☆人口販運防制法（第11條第3項：「司法警察、檢察官於人口販運被害人鑑別中，必要時，得請求社工人員或相關專業人員協助；疑似人口販運被害人亦得請求社工人員或相關專業人員協助。」）
☆人口販運防制法（第21條第2項：「政府機關公示有關人口販運案件之文書時，不得揭露前項人口販運被害人之個人身分資訊。」）
☆人口販運防制法（第20條：「為疑似人口販運被害人或人口販

運被害人之兒童或少年，有下列情形之一者，優先**適用**兒童及少
年性剝削防制條例予以安置保護；該條例未規定者，適用本法之
規定：一、……。二、……。」）

☆入出國及移民法（第89條：「入出國及移民署所屬辦理入出國
及移民業務之薦任職或相當薦任職以上人員，於執行非法入出國
及移民犯罪調查職務時，分別**視同**刑事訴訟法第二百二十九條、
第二百三十條之司法警察官。……。」）

2-14 申請與聲請之適用事項

◎申請與聲請皆指就某事項對機關加以說明並請求。為期適用上
有明確之分別，對法院或司法性質事項之請求用「聲請」；對行
政性質事項請求用「申請」，此外，於準司法性質者，亦用「聲
請」。

體例參考

☆<u>規費法</u>（第15條：「訂有繳納期限之規費，繳費義務人因天
災、事變或其他不可抗力之事由，不能於規定期限內繳納者，
除其他法律另有規定者外，得於其原因消滅後十日內提出具體證
明，**向徵收機關申請**准予延期繳納，其延期繳納期間不得逾一
年。」）

☆勞資爭議處理法（第50條第1項：「當事人本於第四十八條第一
項裁決決定之請求，欲保全強制執行或避免損害之擴大者，得於
裁決決定書經法院核定前，**向法院聲請**假扣押或假處分。」）

2-15 代表、代理之區別

◎代表，指法人之董事或其他代表機關，代法人為意思表示或第三
人以對於法人之意思表示對於董事或其他代表機關為之。故代表

人之行爲即法人之行爲。

◎**代理**，乃代理人所爲直接對本人發生效力之行爲，即代理人爲本人所爲之行爲純粹屬於代理人之行爲，僅其效果依代理制度直接歸屬於本人而已。

◎**代理人**之行爲，僅其法律上之效果直接歸屬本人，而**代表**則代表人之行爲，視爲本人之行爲；且代理僅得就法律行爲或準法律行爲爲之，而代表則就法律行爲以外之事實亦得爲之。

體例參考

☆發展觀光條例（第28條第2項：「外國旅行業在中華民國境內所置**代表**人，應向中央主管機關申請核准，並依公司法規定向經濟部備案。但不得對外營業。」）

☆專利法（第11條第1項：「申請人申請專利及辦理有關專利事項，得委任**代理**人辦理之。」）

2-16 審查、審核、審議等語詞之使用

◎**審核**重在「核對」；**審查**重在「調查，檢查」。審核主要是基於文書來進行；而審查除了文書可能會使用其他方式，如電話調查，函件調查，實地調查等。

◎**審議**：審議是一種深思熟慮、嚴謹的理性溝通過程，目的透過討論，以解決問題，達成共識。

體例參考

☆土地徵收條例（第15條：「中央主管機關爲**審議**徵收案件，應遴聘（派）專家學者、民間團體及相關機關代表，以合議制方式辦理之。」）

☆土地徵收條例（第13條：「申請徵收土地或土地改良物，應由需用土地人擬具詳細徵收計畫書，並附具徵收土地圖冊或土地改

良物清冊及土地使用計畫圖，送由核准徵收機關核准，並副知該管直轄市或縣（市）主管機關。中央主管機關為前項之**審核**，應**審查**下列事項：……。」）

易犯錯誤

◎條文中採用審核、審查等語詞，應先確定法條的主要規範內涵，依目的選用。

例如：立法院第9屆委員提案修正「都市計畫法部分條文修正草案」，其中第20條第1項現行條文為：「主要計畫應依下列規定分別層報核定之：一、首都之主要計畫由內政部核定，轉報行政院備案。二、直轄市、市之主要計畫由內政部核定。三、縣政府所在地及縣轄市之主要計畫由內政部核定。四、鎮及鄉街之主要計畫由內政部核定。五、特定區計畫由縣（市）政府擬定者，由內政部核定；直轄市政府擬定者，由內政部核定，轉報行政院備案；內政部訂定者，報行政院備案。」草案新增第2項為「內政部為前項之**審核**，應審查下列事項：……」其中採「審核」一詞，除依第1項之規定應為「核定」外，另深究其語意層次，既然「審核」本來是基於文書來進行，但此項又要求其要進行文書外其他調查方式，乃有矛盾之疑慮，亦有未妥。

2-17 備查、核備、核定、查照之使用情況

◎**備查**：指下級機關對上級機關或業務主管機關所為之陳報或通知，僅為使其知悉之性質，上級機關或主管機關不必有所作為，且未予備查並不影響該事項之法律關係或效力。

◎**核定**：指下級機關對上級機關或業務主管機關所為之陳報，而被陳報機關須對其事項加以**審查並作成決定**，該事項始生法律效力，如未經核定則該事項即無從發生效力。

◎**核備**：意為核准備案，意即被陳報機關對於陳報之事項**審查**

後，而予以備查，為核備之機關，對於所報事項，如無違法，原則上應表示其同意，亦即核備僅限於有無違反法規而不能對於是否妥當加以審查或監督。因其究為核定或備查，意義並不明確，且於實務操作上，多為備查或備案之誤用，故應避免使用核備一詞。

◎查照：平行機關就其得全權處理之業務，依法完成法定效力後，轉照平行機關知悉之謂。

體例參考

☆大眾捷運法（第28條：「大眾捷運系統營運機構應擬訂服務指標，提供安全、快速、舒適之服務，以及便於身心障礙者行動與使用之無障礙運輸服務，報請地方主管機關核定，並核轉中央主管機關備查。」）

☆大眾捷運法（第38條第1項：「大眾捷運系統營運機構增減資本、租借營業、抵押財產或移轉管理，應先經地方主管機關核准，並報請中央主管機關備查。」）

☆土石採取法（第29條第1項：「土石採取人應指定土石採取場負責人及土石採取場技術主管，並報直轄市、縣（市）主管機關核備；變更時，亦同。」）

☆地方制度法（第27條第3項：「直轄市、縣（市）、鄉（鎮、市）自治規則，除法律或基於法律授權之法規另有規定外，應於發布後分別函報行政院、中央各該主管機關、縣政府備查，並函送各該地方立法機關查照。」）

2-18 特許、許可、核准、認可之區別

◎**特許**：乃國家就專屬於國家之權利，而在自然自由範圍以外之行為，予特定人得為該行為之權利，為一種權利的設定。

◎**許可**：法令規定，欲為某種行為，須得行政機關之許可，即係禁

止一般人為之之特定作為，對於特定人，或關於特定事件，解除其禁止，使其得以適法為之之行為，為義務（不作為）之免除。

◎核准：表示有權機關之同意，類似核定、核可、同意、認可、認定等詞，目的在單純表現有權機關的同意而已，對象未必為人民，亦未必為行政處分，不必須具備一定的要件或程序，且未必有一定的後續方式來代表同意。

◎認可：當事人之法律行為，倘不得國家同意，即不能有效成立時，國家予以同意，以完成其效力之行政處分，稱之為「認可」。

體例參考

☆土地法（第232條第2項：「前項改良物之增加或繼續工作，該管直轄市或縣（市）地政機關認為不妨礙徵收計畫者，得依關係人之聲請特許之。」）

☆公務人員協會法（第48條：「公務人員協會與外國公務人員團體之聯合或締結聯盟，應經會員或會員代表大會之議決，並函報主管機關許可。」）

☆公務人員交代條例（第16條：「各級人員移交，應親自辦理，其因職務調動必須先行離開任地，或有其他特別原因者，經該管上級機關或其機關首長核准，得指定負責人代為辦理交代，所有一切責任，仍由原移交人負責。……」）

☆公教人員保險法施行細則（第11條第2項：「要保機關之認可與變更，除私立學校另依第十二條規定辦理外，應由要保機關敘明經權責主管機關准予成立或變更之名稱與生效日期，以及組織編制之公（發）布與核備或備查文號，報本保險主管機關認定之。」）

2-19 善意、無過失、惡意、故意之用法

◎**善意**：指**不知情**，非指道德上的良善。如「善意第三人」（民法第27條第3項、第87條第1項等），又如民法第107條所稱之善意，指不知其代理權受限制及撤回而言。

◎**無過失**：指**不違反注意義務之行為**。

◎**惡意**：通常不是指道德的善惡，而僅單純使用於**明知**的情形；或與故意相同而與「重大過失」並用；使用於道德的害意情形（如民法第1052條：「……夫妻之一方以惡意遺棄他方在繼續狀態中者。……」）

◎**故意**：跟惡意一樣指**明知**的情形。明知而有意使構成犯罪之事實發生，或預見構成犯罪之事實，且不違背本意旨者以故意論。

體例參考

☆專利法（第59條第1項第5款、第7款：「……五、非專利申請權人所得專利權，因專利權人舉發而撤銷時，其被授權人在舉發前，以**善意**在國內實施或已完成必須之準備者。……七、專利權依第七十條第一項第三款規定消滅後，至專利權人依第七十條第二項回復專利權效力並經公告前，以**善意**實施或已完成必須之準備者。」）

☆公司法（第58條：「公司對於股東代表權所加之限制，不得對抗**善意**第三人。」）

☆勞動基準法（第29條：「事業單位於營業年度終了結算，如有盈餘，除繳納稅捐、彌補虧損及提列股息、公積金外，對於全年工作並**無過失**之勞工，應給與獎金或分配紅利。」）

☆保全業法（第15條第2項：「保全業於其保全人員因執行職務不法侵害委任人之權益時，與行為人負**無過失**之連帶損害賠償責任。」）

☆民法（第959條：「善意占有人自確知其無占有本權時起，為惡意占有人。善意占有人於本權訴訟敗訴時，自訴狀送達之日起，視為惡意占有人。」）

☆戶籍法（第76條：「申請人故意為不實之申請或有關機關、學校、團體、公司、人民故意提供各級主管機關及戶政事務所不實之資料者，處新臺幣三千元以上九千元以下罰鍰。」）

2-20 類推適用（比照）、準用、參照、推定、視為之差異

◎**類推適用（比照）**：針對某種具體事項，因現行法規上並未設有任何規定可供直接採用，因此以比附援引與其他性質相類似的規定，作為適用基礎。乃立法時避免法條文字之繁複，特將某種事項，明定比照其類似事項已有之規定而處理。

◎**準用**：法律明定於性質許可之範圍內為避免立法之重複，類似之事項可以何種方式，或就特定事項，法律規定應援用其他法律或其他條文之規定者。

◎**參照**：其涵義及適用上除少數例外情形外，原則上同於「準用」，惟較不具拘束力。

◎**推定**：因某事實之存在，依一般情事，推測當事人之意思，認為有另一事實存在，如有反證則失其效力，稱之。並無法制上擬制的效力，故得由法律上利害關係人提出反證加以推翻。

◎**適用**：法律明文規定某事項應完全適用某項法律規定，以事件的性質，適合採用已規定之法律。「適用……規定。」、「依……規定。」。

◎**視為（視同、以……論）**：具有法律擬制之效力，在立法技術上為擬制性之法條通常使用之用語，有直接將事實A認定具有事實B的法律效果，且不能為舉證推翻。除「視為」為一般常見之用語外，「視同」、「以……論」等用語，其法律效果與「視為」相同。

體例參考

☆<u>香港澳門關係條例</u>（第38條：「民事事件，涉及香港或澳門者，**類推適用**涉外民事法律適用法。涉外民事法律適用法未規定者，適用與民事法律關係最重要牽連關係地法律。」）

☆<u>香港澳門關係條例</u>（第29條第2項：「香港或澳門法人、團體或其他機構有臺灣地區來源所得者，應就其臺灣地區來源所得**比照**總機構在中華民國境外之營利事業，依所得稅法規定課徵所得稅。」）

☆<u>土地徵收條例</u>（第48條：「區段徵收之程序及補償，本章未規定者，**準用**第二章及第三章規定。」）

☆<u>土地法</u>（第113條：「承租人不能按期支付應交地租之全部，而以一部支付時，出租人不得拒絕收受，承租人亦不得因其收受而**推定**爲減租之承諾。」）

☆<u>民法</u>（第9條第1項：「受死亡宣告者，以判決內所確定死亡之時，**推定**其爲死亡。」）

☆<u>勞資爭議處理法</u>（第23條：「勞資爭議經調解成立者，**視爲**爭議雙方當事人間之契約；當事人一方爲工會時，**視爲**當事人間之團體協約。」）

易犯錯誤

◎按「**比照**」之涵義究爲「適用」或「準用」**尚欠明確**，故研擬條文時應儘量**避免**使用此用語。

　　例如：按「比照」之涵義究爲「適用」或「準用」尚欠明確，故「保安處分執行法部分條文修正草案」第4條之1第4款「宣告多數強制工作者，比照第一款規定執行之」，此之「比照」究爲「適用」或「準用」？宜請釐清修正。

　　（摘自法務部「法務部95年度法制作業講習講義──讓你成爲法制達人」）

◎法制上稱「**準用**」，係指非全部適用，而**僅就性質相同部分規定**

予以援用而言，故研擬法規時，如性質上係適用，即不應規定爲「準用」。

例如：「保安處分執行法部分條文修正草案」修正條文第6條第2項有關「懷胎五個月以上或分娩未滿二月者，得準用前項規定」，其眞意如係指適用第1項全部，則宜修正爲「懷胎五個月以上或分娩未滿二月者」並納入第1項前段內，俾免滋生疑義。

（摘自法務部「法務部95年度法制作業講習講義——讓你成爲法制達人」）

2-21 組成任務編組之審議組織

◎作用法內任務編組：依中央行政機關組織基準法第5條第3項規定辦理，作用法均不得規定機關或其內部單位之設立。至於有關於作用法內規定設置任務編組部分，則僅於有特殊考量時，方得例外予以規定，惟不稱「委員會」（而稱「會」），亦不得於作用法條文出現「設置」、「設立」或「設」等語。（參「行政院法規委員會辦理法制業務之共識規定」第3點）

◎任務編組名稱：依中央行政機關組織基準法第27條規定，一級、二級及三級機關得依法設立掌理調查、審議、訴願等單位，原則上以任務編組組成，其名稱原則稱爲「會」，所需人員應由相關機關人員派充或兼任。

◎任務編組之成員，如無適當稱謂可仍稱「委員」，惟主其事者不得稱「主任委員」、「副主任務委員」，可改稱「召集人」、「副召集人」。

◎非設置行政機關內部者：專技人員法制中之「懲戒委員會」及「覆審委員會」，因並非設於行政機關內部，非基準法規範範圍，無須要求更名，惟法律中不宜規定「由主管機關設置」，以免誤會。

體例參考

新法體例：

☆天然氣事業法（第32條第2項：「中央主管機關爲前項價格計算
　方式之核定前，應邀集學者專家、消費者保護等民間團體組成**審
　議會審查**，必要時得依行政程序法辦理**聽證會**。」）

☆資恐防制法（第3條第2項、第3項：「主管機關應設資恐防制**審
　議會**（以下簡稱審議會），爲個人、法人或團體列入制裁名單或
　除名與相關措施之審議；由法務部部長擔任**召集人**，並爲當然委
　員；其餘委員由下列機關副首長兼任之：……。審議會之組成、
　運作及相關事項之辦法，由主管機關定之。」）

舊法體例：

☆人工生殖法（96年）（第4條：「主管機關應邀集相關學者專家
　及民間團體代表，斟酌社會倫理觀念、醫學之發展及公共衛生之
　維護，**成立諮詢委員會**，定期研討本法執行之情形。前項委員會
　成員之女性委員人數不得少於全體委員人數二分之一。」）

☆土地法（90年）（第34條之2：「直轄市或縣（市）地政機關爲
　處理本法不動產之糾紛，應設**不動產糾紛調處委員會**，聘請地
　政、營建、法律及地方公正人士爲調處委員；其設置、申請調處
　之要件、程序、期限、調處費用及其他應遵循事項之辦法，由中
　央地政機關定之。」）

易犯錯誤

◎作用法內規定設置任務編組部分，非因特殊需要仍以「委員
　會」稱之。
　　例如：立法院第9屆第1會期有委員提案修正「住宅法修正草
　案」，該草案第6條規定：「各級主管機關爲諮詢、審議住宅計
　畫、評鑑社會住宅事務、監理住宅基金，受理住宅與居住權益申
　訴協調事宜，應邀集相關機關、民間相關團體及專家學者成立**住
　宅委員會**；其中民間相關團體及專家學者之比例，不得少於二分
　之一。本委員會非屬中央行政機關組織基準法第六條所定之行政

機關。前項住宅委員會,成立辦法由中央主管機關定之。」仍採
「委員會」為臨時編組之名稱,未盡妥適,嗣於立法院第9屆第
2會期內政委員會第5次全體委員會議審查本草案時法制人員建
議將條文修正為:「第6條:主管機關為諮詢審議住宅計畫、評
估提供經濟或社會弱勢者入住比率及區位分布、評鑑社會住宅事
務等,應邀集相關機關、民間相關團體及專家學者成立**住宅審議
會**,其中民間相關團體及專家學者之比例,不得少於二分之一。
前項住宅審議會設置辦法,由各級主管機關定之。」

2-22 不得以作用法規定機關之組織

◎按「組織法」(機關法)不等於「行為法」,故行政機關不得逕
以組織法作為限制人權的依據,司法院釋字第530號、第570號
解釋闡釋此兩種法律保留之間的微妙關係。
◎行政法領域中,大多將組織法與作用法分立,原則上先有組織法
才有作用法,但在立法實務及從比較法認識上,仍有例外情形存
在。組織法一般係規範行政機關內部運作,以適用於機關內部為
多;作用法則以對外施行為主,此可作為兩者之分野標準。
◎組織法所規定者常為具有訓示性質之「權限」,大都以抽象、
概括或宣示性質出現;作用法所規定者厥為具有實踐性之「職
權」,大都具有干預性質,是權利或權力性質,須有法令具體授
權基礎。因此,行政機關僅得依作用法,而不得依組織法內有關
職權之規定,訂定涉及人民權利義務之法規命令。至於傳統實務
見解認為行政官署為維持公共利益,對特定事件,在職權範圍
內,可為一定之處置,或認為「有組織法即有作用法之授權」之
認知,實不足採。(參李震山,行政法導論,頁104)
◎中央行政機關組織基準法第5條第3項明定:「本法施行後,除
本法及各機關組織法規外,不得以作用法或其他法規規定機關之
組織。」

2-23 協議、決議之辨別

◎**協議**：當事人的意思表示須合致，亦即主體、內容、參與者等須有完全一致之意思表示。
◎**決議**：參與會議者有一定比例出席，與一定比例之可決即成立，其並不要求全體同意。

體例參考

☆土地徵收條例（第11條第1項：「需用土地人申請徵收土地或土地改良物前，除國防、交通或水利事業，因公共安全急需使用土地未及與所有權人協議者外，應先與所有權人**協議**價購或以其他方式取得；所有權人拒絕參與協議或經開會未能達成協議且無法以其他方式取得者，始得依本條例申請徵收。」）
☆水下文化資產保存法（第28條第1項：「主管機關經水下文化資產審議會之**決議**，認其應以保護區方式保護特定水下文化資產者，應會商有關機關，於該水域範圍內，劃設水下文化資產保護區，並辦理公告，現地保存之。」）

2-24 成立基金之規範

◎根據預算法第4條規定，政府特種基金包括營業基金、債務基金、信託基金、作業基金、特別收入基金以及資本計畫基金等六類。除了營業基金與信託基金外，其餘統稱為非營業基金。主管機關應依預算法第21條規定，擬具收支保管及運用辦法，由行政院審查核定後送立法院。
◎應於基金設立法律依據修正時，配合刪除基金之收支保管及運用辦法由行政院或中央主管機關定之之規定，另新基金設立法律依據亦不應再明列收支保管及運用辦法由行政院定之等條文，嗣後

一切均回歸預算法第21條（政府設立之特種基金，除其預算編製程序依本法規定辦理外，其收支保管辦法，由行政院定之，並送立法院。）之規範。（行政院主計處函中華民國94年12月7日處孝三字第0940008979號）

體例參考

1.基金成立的完整形式：

☆土壤及地下水污染整治法（第28條：「中央主管機關為整治土壤、地下水污染，得對公告之物質，依其產生量及輸入量，向製造者及輸入者徵收土壤及地下水污染整治費，並成立土壤及地下水污染整治基金。前項土壤及地下水污染整治費之物質徵收種類、計算方式、繳費流程、繳納期限、委託專業機構審理查核及其他應遵行事項之辦法，由中央主管機關定之。第一項基金之用途如下：……」）

☆土壤及地下水污染整治法（第29條：「土壤及地下水污染整治基金之來源如下：……」）

☆土壤及地下水污染整治法（第30條：「前條土壤及地下水污染整治基金應成立基金管理會（以下簡稱管理會）負責管理及運用，該管理會得依下列需要設置工作技術小組：……」）

2.一般形式：

☆身心障礙者權益保障法（第88條第2項：「前項罰鍰收入應成立基金，供作改善及推動無障礙設備與設施經費使用；基金之收支、保管及運用辦法，由中央目的事業主管機關定之。」）

☆離島建設條例（第15條：「依本條例所為之離島開發建設，由中央政府編列預算專款支應，若有不足，由離島開發建設基金補足之。」）

☆離島建設條例（第16條：「為加速離島建設，中央主管機關應設置離島建設基金，基金總額不得低於新臺幣三百億元，基金來源如下：一、中央政府分十年編列預算或指定財源撥入。二、縣（市）主管機關編列預算撥入。三、基金孳息。四、人民或團體

之捐助。五、觀光博弈業特許費。六、其他收入。離島建設基金
之收支、保管及運用辦法，由行政院定之。」）

2-25 委任、委託、委辦之用法

◎隸屬不同行政主體之各級政府或行政機關間之權限移轉：
1. 中央機關得依地方制度法第2條第3款委辦規定將權限移轉地方
   政府；地方政府得依地方制度法第2條第3款委辦規定將權限移
   轉下級地方政府。
2. 地方各級政府不宜將權限移轉予中央機關，下級地方政府不宜
   將權限移轉上級地方政府，以免紊亂地方自治監督體系（含民
   意機關之監督）、行政救濟體系及國家賠償責任之歸屬。至請
   中央機關代為辦理之事務，不涉及權限移轉者，自非法所不
   許，亦無庸以法規授權；如為明確計，認須以法規明文規範，
   建請使用「委由」文字，以與委託、委辦之概念區辨。
3. 無層級關係之地方政府間得為權限移轉，例如臺北市政府得委
   託新北市政府辦理河川整治及管理事項，又此類權限移轉之程
   序、要件類推適用行政程序法第15條第2項及第3項委託規定辦
   理。
◎不涉及權限移轉：無論中央或地方政府，不涉及權限移轉，各機
   關間，得請他方代為辦理事務，並使用「委由」二字。包括下級
   機關得請上級機關，或地方政府（或機關）得請中央機關，或下
   級地方政府（或機關）得請上級地方政府（或機關）代為辦理事
   務。

体例參考

◆句式：法定委任（託）條款
　本○○所稱之主管機關為○○，並委任（託）○○執行。
☆天然氣事業法（第15條第3項：「中央主管機關於必要時，得將

前二項規定之事項，**委辦**直轄市、縣（市）主管機關核准或備查。」）

☆<u>民用航空法</u>（第35條第2項：「前項航空站，屬於國營者，其噪音防制工作，由民航局辦理，**並得由民航局委辦當地直轄市、縣（市）政府辦理**；非屬國營之航空站，其噪音防制工作，由經營人辦理。」）

◆句式：職權委任（託）

○○將下列業務委任（託）○○：

一、有關（○○權限事項）

二、有關（○○權限事項）

三、主管機關得委任（託）執行

☆<u>商業登記法</u>（第2條：「本法所稱主管機關：在中央為經濟部；在直轄市為直轄市政府；在縣（市）為縣（市）政府。直轄市政府、縣（市）政府，必要時得報經經濟部核定，將本法部分業**務委任或委辦**區、鄉（鎮、市、區）公所或**委託**直轄市、縣（市）之商業會辦理。」）

2-26 委任、委託、委辦法律關係

◎按行政院法規委員會92、93年度諮詢會議有關法制事項之結論或共識（93年第8次會議，93年5月14日）如下：

1. 行政程序法第15條、第16條之委任、委託，權限應移轉。

2. 委辦雖不在行政程序法第15條、第16條規範範圍，而屬地方制度法之領域，但仍應有法規依據。

3. 有關委任、委託或委辦事項，其法規依據應採列舉而非概括方式規定。

4. 不同行政主體間僅有委辦而無委託可能；有隸屬關係機關間亦僅得委任，不得委託。

◎研修現行法規時，其涉及「授權」或「委由」之用語，如涉及權

限移轉時，**宜究明其性質是否為行政程序法第15條第1項之「委任」**、第2項之「委託」或第16條之「行政委託」，並作文字上修正。

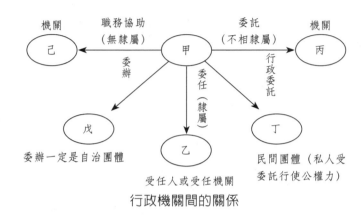

行政機關間的關係

2-27 法人的種類

◎法人係指依據法律所創設的一種權利義務主體，法人就其創設所依據法律之不同，可區分為公法人與私法人兩大類。
◎公法人係依據公法設立而具有公法上權力能力的**行政主體**，即有資格以自己名義享受公法上權利、負擔公法上義務者。我國現有之「公法人」如下：中華民國、地方自治團體、農田水利會、行政法人。（另依原住民基本法第2條之1經核定之原住民部落，為公法人。）
◎私法人是以實現利益為目的依私法設立的組織。

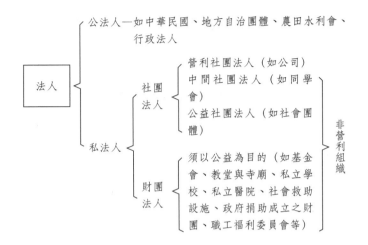

2-28 機關、機構、組織之差異

◎機關：依中央行政機關組織基準法第3條第2款之規定，係指就法定事務，有決定並表示國家意思於外部，而依組織法律或命令（以下簡稱組織法規）設立，行使公權力之組織。其具有三大特徵：1.有單獨之組織法規；2.獨立之人員編制及預算；3.印信。

◎機構：依中央行政機關組織基準法第3條第3款之規定，係指機關依組織法規將其部分權限及職掌劃出，以達成其設立目的之組織。可知機構是設在機關之下的單位，並無機關所需之組織法規、人員編制及預算、印信等特徵，其位階大致與單位相同，只是處理的業務性質比較特殊而已。

◎其他中央行政機關組織法規首條不援引其他法律規定作為設立依據，而以訂定「機關設立目的」來加以涵蓋。

體例參考

「機關」與「機構」的範例：

☆各縣市的衛生局一般均為「機關」，但它們為了辦理血液、

DNA等檢驗業務，會在衛生局下設「檢驗室」等「機構」，例如：臺北市衛生局。

2-29 授權明確性的審查基準

◎**最寬鬆**：細節性、技術性，且不涉及人民自由權利之事項。以概括方式授權，或依法律整體所表現之關連意義為判斷，足以判定其授權之意思。（司法院釋字第402、547、538號解釋）

◎**中等程度**：一般事項。授權之目的、範圍與內容應具體明確。（司法院釋字第346、394、514號解釋）

◎**較嚴格**：通常涉及裁罰性處分。授權之目的、範圍與內容具體明確性外，仍要求當事人有可預見性。（司法院釋字第491、522、524號解釋）

體例參考

1. **最寬鬆**：以概括授權的方式授權訂定**施行細則**，亦限於祇能就執行母法有關之細節性及技術性事項加以規定，尚不得超越法律授權之外，逕行訂定制裁性之條款。

☆<u>農業發展條例</u>（第76條：「本條例施行細則，由中央主管機關定之。」）

2. **中等程度**：

☆<u>大眾捷運法</u>（第34條：「大眾捷運系統之經營、維護與安全應受主管機關監督；監督實施辦法，由中央主管機關定之。」）

3. **較嚴格**：

☆<u>農業發展條例</u>（第18條第5項：「前四項興建農舍之農民資格、最高樓地板面積、農舍建蔽率、容積率、最大基層建築面積與高度、許可條件、申請程序、興建方式、許可之撤銷或廢止及其他應遵行事項之辦法，由內政部會同中央主管機關定之。」）

易犯錯誤

◎授權辦法擬定程序，應考慮其周延可行。

例如：內政委員會108年5月15日審查之「原住民部落經濟發展條例草案」，其草案第10條規定「原住民部落經濟發展區範圍內之土地容許使用項目、認定基準、土地使用強度、建築風貌、管理監督方式、審核程序及其他應遵行事項之辦法，由中央主管機關會商部落居民擬定。」惟前揭事項宜否僅由原住民族委員會會商部落居民擬定？而毋庸會同中央目的事業主管機關？若認為訂定辦法時須諮商原住民族或部落，參照原住民族基本法第21條、第22條規定，似宜規定為「應諮商並取得原住民族或部落同意或參與」，較為妥適。

2-30 規定舉辦聽證或公聽會之差異

◎公聽會的舉辦，主要在於彙整利害關係人的意見（參加者含單純反射利益受影響之人、專家、學者等等）。然因公聽會為一種非正式的程序，利害關係人於公聽會中所陳述的意見，僅提供主管機關參考，主管機關既不受約束，也無答辯說明的義務；再者，公聽會紀錄亦僅記載大概情形。

◎聽證的舉辦，參加者只限於當事人及利害關係人也就是「法律上的權利」實際受影響之人，聽證紀錄則需載明利害關係人陳述或發問的內容，以及其提出的文書、證據及聲明異議的事由。聽證結果具有約束主管機關的效力，主管機關對於利害關係人所有的陳述，有說明採納或不採納的義務。（林明鏘，都更條例何去何從？都市更新簡訊，第58期，2013年，頁4-7）

◎聽證依照行政程序法規定，僅有本法及其他法規規定時始適用，目前行政程序法僅有行政處分、法規命令、行政計畫等方有適用。而公聽會並無適用限制。

◎公聽會與說明會用於廣泛蒐集人民意見，比較像是一般的座談

會。換句話說，政府舉辦公聽會與說明會的目的只在聽而不在回答，所以程序較為寬鬆，最終決策也不受到在公聽會與說明會蒐集到的意見拘束。

體例參考

☆都市更新條例（第33條第1項：「各級主管機關依前條規定核定發布實施都市更新事業計畫前，除有下列情形之一者外，應**舉行聽證**；各級主管機關應斟酌聽證紀錄，並說明採納或不採納之理由作成核定：一、於計畫核定前已無爭議。二、依第四條第一項第二款或第三款以整建或維護方式處理，經更新單元內全體土地及合法建築物所有權人同意。三、符合第三十四條第二款或第三款之情形。四、依第四十三條第一項但書後段以協議合建或其他方式實施，經更新單元內全體土地及合法建築物所有權人同意。」）

☆國土計畫法（第12條第2項：「國土計畫擬訂後送審議前，應公開展覽三十日及**舉行公聽會**；公開展覽及公聽會之日期及地點應登載於政府公報、新聞紙，並以網際網路或其他適當方法廣泛周知。人民或團體得於公開展覽期間內，以書面載明姓名或名稱及地址，向該管主管機關提出意見，由該管機關參考審議，併同審議結果及計畫，分別報請行政院或中央主管機關核定。」）

2-31 賠償與補償用語之區別

◎**賠償**：指公務員或行政機關之「**違法**」行為侵害人民權利，國家對其所為之賠償。

◎**補償**：指行政機關基於公益目的，依法所為之「**合法**」行為造成人民權利之損害，國家對其所為之補償。

體例參考

☆二二八事件處理及賠償條例（第2條：「本條例所稱受難者，係指人民因本事件生命、身體、自由或財產遭受公務員或公權力侵害者。受難者應於中華民國八十四年十月七日起七年內，依本條例規定申請給付賠償金。……」）

☆土地法（第216條：「征收之土地，因其使用影響於接連土地，致不能爲從來之利用，或減低其從來利用之效能時，該接連土地所有權人，得要求需用土地人爲相當補償……」）

2-32 「情節重大」如何認定

◎「情節重大」，係不確定之法律概念。是否情節重大，應從個案情節程度判斷，於法條中立法方式及後續認定有三種途徑：

1. **主管機關個案認定，未另規定認定辦法**：如民國104年5月1日全文修正前之公務員懲戒法第4條第2項規定：「主管長官對於所屬公務員，依第19條之規定送請監察院審查或公務員懲戒委員會審議而認爲『情節重大』者，亦得依職權先行停止其職務。」公務員懲戒委員會曾於84年8月31日作成84台會議字第2891號函釋：「公務員懲戒法第四條所稱：『情節重大』，係不確定之法律概念。是否情節重大，應由公務員懲戒委員會或被付懲戒人之主管長官就具體案件，斟酌被付懲戒人違失行爲之動機、目的、手段以及對公務秩序所生之損害或影響是否重大等認定之，不宜訂定具體標準。」而採個案認定其「行爲之動機、目的、手段以及對公務秩序所生之損害或影響是否重大」。如保全業法第16條第2項：「有前項各款情事之一，經限期改善，而屆期未改善或再次違反者，主管機關得處停止營業一個月以上一年以下；其情節重大者，廢止其許可。」

2. **主管機關另規定認定辦法，以爲裁罰準則**：食品安全衛生管理法第44條第2項「前項罰鍰之裁罰標準，由中央主管機關

定之。」據此頒定之「違反食品安全衛生管理法第15條第1項、第4項及第16條情節重大認定原則」（民國106年12月21日）。

3. **法條中規定何種情況為情節重大**：如法官法第22條第2項規定：「被監督之法官有前條第一項第二款之情事（按即違反職務上之義務，怠於執行職務或言行不檢者），經警告後一年內再犯，或經警告累計達三次者，視同情節重大。」

◎爭議處理——依照事實舉證，由法官來認定。

2-33 使用不確定法律概念是否符合「法律明確性原則」

◎**法條中使用不確定法律概念**：指法律用語抽象不具體，構成要件不明確，於適用法律時，須先將不確定的法律概念，經過解釋並具體化。然不確定法律概念在法律用語中，隨處可見，甚至較確定法律概念為數更多。（陳櫻琴，行政適用之一般法理，行政法裁判百選，頁354）主要存在於法律構成要件範圍，其解釋與適用，係法律構成要件之認知以及具體事實是否符合該構成要件之認定問題，亦即是涵攝之問題其種類可區分為二種：

1. **描述性不確定法律概念（經驗性）**：依一般經驗法則即可確定，即依一般社會通念或經驗加以確定者，可客觀確定者。例如：雨天、天黑等；而可以依一般社會通念確定者，例如：危險、干預等。

2. **評價性不確定法律概念（價值性、待認定性）**：須依法適用者個人主觀之價值判斷或決定，固有稱為須價值補充之概念。例如：公共利益、重大事由、妨害公序良俗、猥褻等。值得注意的是，通常價值概念才是司法審查密度強弱所要關切的難題，而經驗概念只要是客觀理性個人即可判斷得出，此時可受全面審查，較無「專業判斷空間」理論適用上的困難。

◎司法院釋字第432號解釋：「……法律明確性之要求，非僅指法律文義具體詳盡之體例而言，立法者於立法定制時，仍得衡酌法律所規範生活事實之複雜性及適用於個案之妥當性，從立法上適當運用不確定法律概念或概括條款而為相應之規定。有關專門職業人員行為準則及懲戒之立法使用抽象概念者，苟其意義非難以理解，且為受規範者所得預見，並可經由司法審查加以確認，即不得謂與前揭原則相違。」

2-34 條文間之引稱

◎法律條文中，引用本法其他條文時，不寫「『本法』第○條」。而逕書「第○條」；引用本條其他各項規定時，不寫「本條第○項」，而逕書「第○項」。

◎在引用同法或其他法規數條、項、款及目時，宜將所引用的各該條、款、項、目明確地寫出，並以「第○條」、「第○項」、「第○款」、「第○目」之方式書寫。

◎條文不分項而僅分款者，稱某款時，不須冠以項次；分項又分款時，或分項、款、目者，則須先引項次，再依序引款次、目次。

◎引述「第○條之規定」字樣，應刪除「之」字，改為「第○條規定」，項、款、目準此。

◎因中央法規標準法中並無法規條文得分為「段」之規定，雖現行法中有分前段、後段之體例，且在司法判解中有引稱之例，但前段、後段之分法尚無統一的法則可資遵循，所以立法時宜避免於引用法規條文時，以前段、後段稱之。倘非引用前段、後段無法表明者，為避免適用時滋生疑義，其所引條文之段落務必明確。

體例參考

◆引用其他法律：依（法律名稱）第○○條規定……。

◆引用母法條文：（依）本法第○○條規定……。

◆引用同法其他條文：（依）第○○條規定……。
◆引用同條其他項：第○○項（規定）……。
◆引用**數條、項、款、目**：第○○條、第○○項、第○○款、第○○目。
☆<u>公務人員退休資遣撫卹法</u>（第25條第3項：「第一項人員於所定六個月應辦理期限內死亡者，其第四十三條所定遺族得申請依一次退休金之標準核發給與。但其已達得擇領月退休金條件者，其**遺族得依第四十三條至第四十八條規定，擇領遺屬一次金或遺屬年金。**」）

【易犯錯誤】

◎法律條文中引用本法其他條文時，宜正確引稱。
　例如：立法院第9屆有委員提案「財團法人客家公共傳播基金會設置條例草案」，該草案第29條第1項規定：「公眾不服客家廣播、電視電臺依第二十七條及前條規定處置時……」由於所稱第27條及前條，即是第29條的前二條，法制用語上則宜修正為「公眾不服客家廣播、電視電臺依**前二條**規定處置時……」。

2-35 貨幣金額

◎法規於制（訂）定或修正時，涉及我國貨幣單位，一律採新臺幣為準，並應逐條冠以新臺幣。

【體例參考】

☆**勞動基準法**（第78條：「未依第十七條、第十七條之一第七項、第五十五條規定之標準或期限給付者，處**新臺幣**三十萬元以上一百五十萬元以下罰鍰，並限期令其給付，屆期未給付者，應按次處罰。違反第十三條、第十七條之一第一項、第四項、第二十六條、第五十條、第五十一條或第五十六條第二項規定者，

處**新臺幣**九萬元以上四十五萬元以下罰鍰。」）

易犯錯誤

◎同一條文中重複提及貨幣金額時，各出現處仍須冠以「**新臺幣**」。

例如：立法院第9屆委員擬具「國家安全法第五條之一條文修正草案」，該草案修正條文第1項為「意圖危害國家安全或社會安定，為外國行政、軍事、黨務或其他公務機構或其設立、指定機構或委託之民間團體刺探、蒐集、交付或傳遞關於公務上應秘密之文書、圖畫、消息或物品，或發展組織者，處三年以上十年以下有期徒刑或拘役，得併科**新臺幣**一百萬元以下罰金。」並增訂第2項為「為大陸地區為前項行為者，處三年以上十五年以下有期徒刑或拘役，得併科二百萬元以下罰金。」雖第1項科處罰金額度已出現「新臺幣」，但依法制體例第2項科處罰金額度前**仍應載明貨幣單位**。

2-36 計算倍數之稱法

◎「倍」之算法，應以所倍之數字與原基準數相乘計算，此有司法院院字第2618號解釋可據。故稱「一倍」，即基準數乘以1，「二倍」即基準數額乘以2，以此類推。故「一倍」實際上即表示基準數額本數之意。

◎就法制上，除非有對稱之必要，否則，似可省略此「一倍」之稱法。

體例參考

☆全民健康保險法（第85條：「扣費義務人未依第三十一條規定扣繳保險對象應負擔之補充保險費者，保險人得限期令其補繳外，並按應扣繳之金額處一倍之罰鍰；未於限期內補繳者，處三

倍之罰鍰。」）

2-37 罰則規定之原則

◎以**專條或專章**規範為原則。

◎**僅處罰故意**時，應明定「故意」或類似表彰具有故意始予處罰之文字。

◎罰則規定，應按下列**順序**為之：

1. 先規定刑罰，再規定行政罰。

2. 先規定罰責較重者，再規定罰責較輕者。

3. 依違反條次之先、後，排列罰責規定。

◎訂定行政罰時，不論是名稱或用詞，應儘量與行政罰法所定用語或用詞一致。

◎關於罰鍰方面：

1. 罰鍰上、下限應有固定倍數。

2. 刑度及額度應與其他相關法律衡平及配合。

3. 應審酌違反行政法上義務行為應受責難程度、所生影響及因違反行政法上義務所得之利益，並得考量受處罰者之資力。

4. 違反行政法上義務之可非難程度較低者，應儘量考慮訂定最高額新臺幣3,000元以下之罰鍰，俾使行為人於違犯情節輕微時，得由行政機關審酌具體情形，不予處罰，並改以糾正或勸導措施，導正人民行為。

◎關於行政執行罰、行政秩序罰種類：

1. 行政執行罰：怠金。

2. 行政秩序罰：申誡、拘留、罰鍰、罰役、沒入、沒收、勒令歇業、停止營業、停止發行、扣留物品等類處分。

體例參考

☆民事訴訟法（第409條：「當事人無正當理由不於調解期日到場

者，法院得以裁定處**新臺幣**三千元以下之**罰鍰**；其有代理人到場而本人無正當理由不從前條之命者亦同。」）

☆<u>社會秩序維護法</u>（第68條：「於政府機關或其他辦公處所，任意喧嘩或兜售物品，不聽禁止者，處新臺幣三千元以下罰鍰**或申誡**。」）

【易犯錯誤】

◎法律規範人民應做或不應做的行為時，宜同時規定違反法律的人應受的處罰（相應的法律效果）。

例如：立法院第9屆第3會期第14次院會交付審查委員提案「天然氣事業法增訂第三十三條之一條文草案」只在規定天然氣生產或進口事業於雙方合意時，得進行天然氣之代輸儲業務。該條第3項規定「天然氣生產或進口事業應於每年一月十五日前，將前一年所有輸儲設備最高使用容量、實際使用容量、預估當年實際使用及其他相關資料，報請中央主管機關備查。」然此項規定並未配合於本法罰則中對於違反規定者處以罰鍰，造成該項法條缺乏強制力，無法達成立法的目的。

◎研擬法規時不應將性質上非屬罰則之規定，列入罰則章節內。

例如：「國土測繪法草案」第53條、第56條後段有關負擔重建或改建費用之規定，因非屬行政裁罰，宜移列至罰則章以外適當之處另定。

（摘自法務部「法務部95年度法制作業講習講義——讓你成為法制達人」）

2-38 罰則規定的內容與用語

◎**為刑法者**：主刑（死刑、無期徒刑、有期徒刑、拘役及罰金）、從刑（褫奪公權、沒收）。刑罰用語：「處」五年以下有期徒刑，屬自由刑之處分，用「處」；「科」五千元以下罰金。

違反行政上義務之行爲科處罰金時，除該行政法規有特別規定排除刑法總則之適用外，尚有刑法總則有關規定之適用（參刑法第11條）。

◎爲行政罰者：散見各法令總類名目繁多。用語：「處」五千元以下罰鍰。

◎刑法與行政法並列者：

1. 對於違法行爲，依其情節輕重分別處以行政罰或刑罰。

2. 對於違法者，同時處以刑罰及行政罰之雙重處罰。

◎原則上行政秩序罰係由行政機關自爲處分，而行政刑罰均由法院論罪科刑，是以於立法體例上，兩者不宜併列在法規條文同一條、項、款、目中，避免混淆。

◎法務部刑法研究修正小組爲兼顧罪刑均衡及避免恣意，就相關刑罰級距決議如下：

1. 刑罰與罰金刑級距

　(1) 5年以下有期徒刑：50萬元以下罰金。

　(2) 7年以下有期徒刑：70萬元以下罰金。

2. 加重結果犯刑度級距

　(1) 本罪處5年以下有期徒刑者：因而致人於死者，處3年以上10年以下有期徒刑；致重傷者，處1年以上7年以下有期徒刑。

　(2) 本罪處1年以上7年以下有期徒刑者或處7年以下有期徒刑者：因而致人於死者，處5年以上12年以下有期徒刑；致重傷者，處3年以上10年以下有期徒刑。

體例參考

1. 並列的例子

☆水利法（第93條第1項：「違反本法或主管機關依法所發有關水利管理命令，而擅行或妨礙取水、用水或排水者，處四千元以上二萬元以下罰鍰；因而損害他人權益者，處三年以下有期徒刑、拘役或科或併科四千元以上二萬元以下罰金。」）

☆<u>保險法</u>（第167條之1：「為非本法之保險業或外國保險業代理、經紀或招攬保險業務者，**處**三年以下**有期徒刑**，得併科新臺幣三百萬元以上二千萬元以下**罰金**；情節重大者，得由主管機關對保險代理人、經紀人、公證人或兼營保險代理人或保險經紀人業務之銀行停止一部或全部業務，或廢止許可，並註銷執業證照。法人之代表人、代理人、受僱人或其他從業人員，因執行業務犯前項之罪者，除處罰其行為人外，對該法人亦科該項之罰金。未領有執業證照而經營或執行保險代理人、經紀人、公證人業務者，處新臺幣九十萬元以上九百萬元以下**罰鍰**。」）

> [!易犯錯誤]

◎刑罰與罰金刑級距若非有為特別公共利益之政策目的，不宜跳脫一般刑罰之規定。

例如：鑑於環境犯罪型態日漸多元，為維護環境正義，避免污染危害到後代子孫，立法院第9屆第5會期有多件委員提案修正刑法第190條之1，加重處罰來遏止犯罪行為，除了加重刑期外也加重罰金，然現行環境行政法中罰鍰額度很高，而行政罰與刑罰競合結果，反而優先適用罰金額度較低的刑法，有難以遏止環境犯罪之問題，故委員提案修法之罰金額度皆超過刑罰刑與罰金刑級距的一般規定，因此法務部為兼顧罪刑均衡及避免恣意，就相關刑罰級距提出符合刑期的相應罰金額度之修正意見，惟最後委員合議仍決議採與環境行政罰鍰相當的高額度罰金，以達到遏止犯罪之目的，此乃因特別公共利益之政策目的所為之立法特例，不宜視為通例。

2-39 處罰構成要件以法律明定

◎對人民違反行政法上義務之行為科處罰鍰，涉及人民權利之限制，其處罰之構成要件及數額，應由法律定之。若法律就其構

成要件，授權以命令為補充規定者，授權之內容及範圍應具體明確，然後據以發布命令，始符憲法第23條以法律限制人民權利之意旨。（司法院釋字第313號解釋）

◎刑罰法規關係人民生命、自由及財產權益至鉅，自應依循罪刑法定原則，以制定法律之方式規定之。法律授權主管機關發布命令為補充規定時，**須自授權之法律規定中得預見其行為之可罰**，其授權始為明確，方符刑罰明確性原則（司法院釋字第522號解釋參照）。其由授權之母法整體觀察，已足使人民預見行為有受處罰之可能，即與得預見行為可罰之意旨無違，不以確信其行為之可罰為必要。（司法院釋字第680號解釋）

體例參考

☆民用航空法（第63條之1：「民用航空運輸業之營業項目、資格條件之限制、籌設申請與設立許可、許可證之申請、登記、註銷與換發、資本額、公司登記事項之變更、航空器之購買、附條件買賣、租用、機齡限制、航線籌辦、航線暫停或終止、停業或結束營業、飛航申請、聯營許可、證照費與包機申請費收取、營運管理、及其他應遵行事項之規則，由交通部定之。」）（罰則規定於第112條第2項第12款）

☆土壤及地下水污染整治法（第9條：「中央主管機關公告之事業有下列情形之一者，應於行為前檢具用地之土壤污染評估調查及檢測資料，報請直轄市、縣（市）主管機關或中央主管機關委託之機關審查：……前條第一項及前項土壤污染評估調查及檢測資料之內容、申報時機、應檢具之文件、評估調查方法、檢測時機、評估調查人員資格、訓練、委託、審查作業程序及其他**應遵行事項之辦法，由中央主管機關定之**。」）

☆土壤及地下水污染整治法（第34條：「污染行為人、潛在污染責任人、污染土地關係人、檢測機構從業人員及第八條、第九條所定評估調查之人員，對於依本法作成之文書為虛偽記載者，處三年以下有期徒刑、拘役或科或併科新臺幣一百萬元以下罰金。

中央主管機關公告之事業代表人依第八條、第九條規定提供或檢具之土壤污染評估調查資料為虛偽記載者，科新臺幣一百萬元以下罰金。」）

易犯錯誤

◎研擬法規時，處罰規定未符合**處罰明確性**原則。

　例如：「○○○管理條例修正草案」修正條文第○○條序文有關「如有違反本條例相關法令或章程，……業團體主管機關得為下列之處罰」之內容，過於抽象籠統，受規範者將無從自此規定中預見其行為之可罰性，顯然有違處罰明確性原則。

　（摘自法務部「法務部95年度法制作業講習講義——讓你成為法制達人」）

◎基於**刑罰謙抑思想**，有關特別刑法之制定，應予謹慎考量。倘「刑法」構成要件已可涵攝者，應無制定特別刑法之必要。

2-40 處罰、處分之用法

◎**處罰**：指依法規予以懲治或制裁。
◎**處分**：處罰外尚有特定之涵義，**民法上之處分行為**，指直接以財產權之消滅或變更為其標的之法律行為，包含物權行為及準物權行為，但不包含債務負擔行為。**民、刑訴訟法上之處分**，指法院之意思表示。**行政法**上之行政處分是行政機關一方面的意思表示，不必經相對人同意，就具體之實在事件，以發生法律效果之單獨行為。

體例參考

☆國家公園法（第27條之1：「國家自然公園之變更、管理及違規行為**處罰**，適用國家公園之規定。」）
☆水利法（第96條第1項：「本法所稱之罰鍰，由主管機關**處罰**

之，並得於行政執行無效果時，移送法院強制執行。」）

☆民事訴訟法（第240條第1項：「法院書記官所爲之**處分**，應依送達或其他方法通知關係人。」）

☆刑事訴訟法（第416條第1項：「對於審判長、受命法官、受託法官或檢察官所爲下列**處分**有不服者，受處分人得聲請所屬法院撤銷或變更之。處分已執行終結，受處分人亦得聲請，法院不得以已執行終結而無實益爲由駁回：……」）

☆戶籍法（第81條：「本法有關罰鍰之**處分**，由戶政事務所爲之。」）

☆社會救助法（第9條第2項：「受社會救助者有下列情形之一，主管機關應停止其社會救助，並得以書面**行政處分**命其返還所領取之補助：……」）

2-41 期日、期間之用法

◎期日：指法律上不可分或視爲不可分之時間點。

◎期間：期間在法律上是指確定或可得確定的一定範圍內的時間。

◎表示時間之基本單位及定期日、期間之用法：

1. 「秒」及「分」因單位過小，實例上甚少，故除有專門性、技術性之規範外，宜儘量避免使用。

2. 「小時」係用於計算時間，如「3小時」；「時」則用於表示1日中之某一時刻，如「當日12時前」；且1日爲24小時，爲明確計，「上午」及「下午」宜避免使用。

3. 法規中稱「日」，不宜用「天」。

4. 除習慣用法或專有名詞外，用「星期」而不稱「週」。且如有計算之必要，似可逕用「日」計算，如「7日」。

5. 儘量避免用「月初」、「月中」或「旬」、「季」等單位，且用以計算時間經過時，或表示期間者，在30日以內，除有對稱

之必要或爲配合其他法規條文者外，宜逕以日計算之。如不宜用「2星期」而應逕規定爲「14日」，或不用「1個月」而稱「30日」。

6. 「月」表示1年中之月份，如「翌年1月」；「○個月」表示計算期間，如「停業6個月」。但刑罰宜參照刑法之規定，不稱「處6個月以上有期徒刑」，而均稱「處6月以上⋯⋯有期徒刑」。

7. 表示「第2日」或「第2年」時，稱「次日」或「次年」。

8. 日期或期間之前後、時段或表示期限時，除用「以上」、「以下」、「○○以上○○以下」或「逾」、「超過」、「滿」、「未⋯⋯」者外，稱「前」、「後」、「內」者，原則上不冠「以」字，且「前」、「後」二字，一般用於特定時間或發生特定事實之下，如稱「年底前」、「送達後30日」。「內」字則用於表示期間內，如「30日內」。

◎期間、期限之比較：兩者均在表示時間的經過。但期間是著重在表示時間經過事實或某一時段，該期間在表示應作爲或不作爲之時間依據，故亦稱「行爲期間」。至於期限則含有指明特定時間（即始期、終期）計算之時段，所應爲或不應爲之意義，並著重在表示其所附隨之法律效力之發生或消滅，係繫於將來確定到來之時間。（參黃守高，我國現行法制用字用語及格式之研究，頁187）

體例參考

☆性別工作平等法（第18條第1項：「子女未滿二歲須受僱者親自哺（集）乳者，除規定之休息時間外，雇主應每日另給哺（集）乳時間六十分鐘。」）

☆公務人員週休二日實施辦法（第2條第1項：「公務人員每日上班時數爲八小時，每週工作總時數爲四十小時。」）

☆公務人員協會法（第11條第4項：「公務人員協會應於成立大會召開後三十日內，檢具章程、會員名冊、理事、監事及會務人員

簡歷冊各一份，報請主管機關許可。合於本法規定者，由主管機關發給立案證書及圖記。」）

☆公務員服務法（第9條：「公務員奉派出差，至遲應於一星期內出發，不得藉故遲延，或私自回籍，或往其他地方逗留。」）

☆公務人員請假規則（第7條第2項：「初任人員於二月以後到職者，得按當月至年終之在職月數比例於次年一月起核給休假；其計算方式依第3條第二項規定。第三年一月起，依前項規定給假。」）

☆公務人員俸給法（第24條第2項：「現職人員取得較高考試及格資格，申請改敍俸級者，應於取得考試及格證書之日起三個月內辦理。依限申請改敍核准者，其為免經訓練、實習或學習程序之考試及格人員，自考試榜示及格之日改支；其為須經訓練、實習或學習期滿成績及格，始完成考試程序之人員，自訓練、實習或學習期滿成績及格之次日改支。逾限申請而核准者，自申請之日改支。」）

☆公務人員考績法施行細則（第2條第1項：「公務人員年終考績，於每年年終辦理，其確有特殊情形不能如期辦理者，得由考績機關函經銓敍部同意展期辦理。但以不逾次年六月底為限。」）

☆公務人員協會法（第24條第3項：「定期會議及臨時會議，應分別於十五日及五日前將召開會議之事由、時間、地點連同議程通知各會員或會員代表，並報請主管機關備查。」）

☆行政程序法（第98條第3項：「處分機關未告知救濟期間或告知錯誤未為更正，致相對人或利害關係人遲誤者，如自處分書送達後一年內聲明不服時，視為於法定期間內所為。」）

☆中央選舉委員會組織法（第5條第2項：「本會委員應超出黨派以外，依法獨立行使職權，於任職期間不得參加政黨活動。」）

☆勞資爭議處理法（第56條：「爭議行為期間，爭議當事人雙方應維持工作場所安全及衛生設備之正常運轉。」）

☆中央行政機關組織基準法（第21條第1項：「獨立機關合議制之

成員，均應明定其任職**期限**、任命程序、停職、免職之規定及程序。但相當二級機關之獨立機關，其合議制成員中屬專任者，應先經立法院同意後任命之；其他獨立機關合議制成員由一級機關首長任命之。」；第36條第1項：「一級機關為因應突發、特殊或新興之重大事務，得設臨時性、過渡性之機關，其組織以暫行組織規程定之，並應明定其**存續期限**。」）

易犯錯誤

◎研擬法規時，**涉及權益之期間規定，不明確**。

例如：「難民地位法」草案第10條第2項規定：「持有難民證明文件者，得申請外僑居留證及難民旅行文件，**居留滿一定期間**者，得申請永久居留或歸化」，上開「一定期間」係多久，或如何認定未臻明確，因其效果涉及持有難民證明文件者申請永久居留或歸化之權利，故應明確規定。

（摘自法務部「法務部95年度法制作業講習講義——讓你成為法制達人」）

2-42 屆期、逾期用語之使用

◎屆期：在一定期間內必須行為者，使用「屆期」，不用「逾期」如：「……應限期令其改善；屆期不改善者……。」

◎逾期：表達已過一定期限之事實，則使用「逾期」；「……請求權之行使，以二年為限，逾期不予受理。……」

體例參考

☆人口販運防制法（第38條：「違反第二十二條規定者，由各該目的事業主管機關處新臺幣六萬元以上六十萬元以下罰鍰，並得沒入該條所定物品或採行其他必要之處置；其經命限期改正，**屆期不改正者，得按次處罰之**。但被害人死亡，經目的事業主管機

關權衡社會公益，認有報導必要者，不在此限。」）
☆土地徵收條例（第8條：「有下列各款情形之一者，所有權人得於徵收公告之日起一年內向該管直轄市或縣（市）主管機關申請一併徵收，**逾期**不予受理：……」）

2-43 以上、以下；滿、未滿；逾之計數

◎法規中稱「以上」、「以下」、「以內」者：用以計數，是否俱連本數計算，除刑法第10條第1項定有明文外，尚無統一規定；惟以往慣例均採刑法規定，即俱連本數計算。
◎未滿、未達：指未及之意，自不包括本數計算。
◎逾：不包含成為基數的本數，如逾一百萬元出售，即指要超過一百萬元，如僅出一百萬元即不出售。

體例參考

☆電業法（第5條第2項：「設置核能發電之發電業與容量在二萬瓩以上之水力發電業，以公營為限。但經電業管制機關核准者，不在此限。」）
☆電業法（第68條第1項：「設置裝置容量二千瓩以上自用發電設備者，應填具用電計畫書，向電業管制機關申請許可；未滿二千瓩者，應填具用電計畫書，送直轄市或縣（市）主管機關申請許可，轉送電業管制機關備查。」）

2-44 比例、比率的使用辨別

◎比例：表達兩數相比之比值之意（前2數相除等於後2數相除。如3：6＝4：8，故其比例為1比2）。
◎比率：一事物對一事物就整體而言所占的百分比（同類的2數相除所得之數值。如負債5百萬，淨值為5千萬，則負債與淨值之比

率即為500/5000，等於0.1）。

體例參考

☆平均地權條例（第40條第4項：「公告土地現值，不得低於一般
正常交易價值之一定**比例**。」）

☆勞動基準法（第56條第1項：「雇主應依勞工每月**薪資總額**百分
之二至**百分之十五範圍內**，按月提撥勞工退休準備金，專戶存
儲，並不得作為讓與、扣押、抵銷或擔保之標的；其提撥之**比
率**、程序及管理等事項之辦法，由中央主管機關擬訂，報請行政
院核定之。」）

易犯錯誤

◎研擬法條時，未辨明要表達「兩數相比之比值」或「一事物對一
事物就整體所占的百分比」之意。
例如：立法院第9屆委員提案「財團法人客家公共傳播基金會設
置條例草案」第25條條規定：「本基金會應積極製播客語節目。
客家語言節目之比例應逐年增加，每年占整體節目之比率應增加
百分之十以上，至增加占百分之九十為止。」前段「客家語言節
目之**比例**應逐年增加」若指的是「客家節目」與「非客家節目」
兩者之比值用「比例」，然若指後段所敘明客家節目就整體節目
所占的百分比而言，則應修正為「**比率**」為宜。

2-45 罰鍰條文之設計規則

◎行政罰鍰為裁罰性的不利益處分，從行政罰之處罰法定主義，
要求**以法律明定**。有關行政罰鍰設計，首要考慮的是**刑度及額度
應與其他相關法律衡平及配合**，另審酌違反行政法上義務行為應
受責難程度、所生影響及因違反行政法上義務所得之利益，並得
考量受處罰者之資力為罰鍰額度之設計。但在**罰鍰上、下限之倍**

數,並無法律明確規範,然目前研擬法規草案(包括新訂案或修正案)的一般原則是**同一部法之罰鍰上、下限應有固定倍數**,另通常法規上對裁罰有上下限之規定,一般原則是**3至5倍間,儘量不宜超過10倍**。但立法者也可視立法目的之需要,而有其他之倍數之設計,例如,公平交易法第6章罰則中,有處罰上、下限倍數爲25倍者(第39條第1項)、10倍者(第39條第2項、第44條)、500倍者(第40條第1項、第42條),因此,提案中所定之處罰罰鍰在符合衡平及比例原則之下,法制上並無不可。

◎應審酌違反行政法上義務行爲應受責難程度、所生影響及因違反行政法上義務所得之利益,並得考量受處罰者之資力。

體例參考

☆天然氣事業法(第57條:「未依第十條第一項規定取得供氣營業執照,擅自經營公用天然氣事業之業務者,**處新臺幣三百萬元以上一千五百萬元以下罰鍰**,並命其停止供氣行爲。」)

☆動物保護法(第25條之2:「違反第二十二條第一項規定,未經直轄市或縣(市)主管機關許可,擅自經營特定寵物之繁殖場、買賣或寄養業者,**處新臺幣十萬元以上三百萬元以下罰鍰**,並令其停止營業;拒不停止營業者,按次處罰之。」)

2-46 撤銷與廢止在法條中之差異

◎撤銷:行政處分的撤銷,則係指行政機關將已生效的違法行政處分予以廢棄,使其失去效力之謂。(用於資格、決議、權利或證照之剝奪或使失效力)其除得由原處分機關作成外,其上級機關亦得爲之。

◎廢止:合法行政處分因所依據之事實或法律狀態有變更或因該處分之繼續存在已缺乏利益,基於法律政策或事實上之原因而予以廢棄,使其向將來失其效力。廢止係針對合法之行政處分,故

當行政機關在為廢止時，應衡量人民信賴利益、社會公益與法安定性等因素。同時應由原處分機關予以廢止（行政程序法第122條、第123條）。而行政處分之廢止其性質亦屬於行政處分之一種，換言之，其廢止本身亦得成為爭訟之客體。

◎廢止與撤銷之不同：從客體上言，撤銷係對違法處分使其效力歸於消滅，廢止則係針對合法處分。皆屬行政處分均適用行政處分各種法則。在效力上，通說認為撤銷是溯及既往，而廢止則係向將來失效。唯在例外情形下，違法行政處分之撤銷，為維護公益或避免受益人財產上損失，為撤銷之機關得另定失其效力之日期（參照行政程序法第118條但書）而廢止之情形，受益人未履行負擔致行政處分。受廢止者，得溯及既往失其效力（參照行政程序法第125條）。

體例參考

☆山坡地保育利用條例（第26條：「依本條例承租之公有山坡地，不得轉租；承租人轉租者，其轉租行為無效，由主管機關**撤銷**其承租權，收回土地，另行處理；土地之特別改良及地上物均不予補償。」）

☆建築法（第41條：「起造人自接獲通知領取建造執照或雜項執照之日起，逾三個月未領取者，主管建築機關得將該執照予以**廢止**。」）

易犯錯誤

◎行政處分之「撤銷」主要在糾正原來之錯誤，而「廢止」通常是配合新事實或法律發展所為的調整，現行法律用語中常有混淆使用之現象。

例如：現行「原住民保留地禁伐補償及造林回饋條例」第9條第1項規定：「執行機關於核准造林人之申請時，應於核准文件內載明有下列各款情事之一者，**廢止**其禁伐補償金及造林獎勵金之核准；……。」但行政院於108年10月17日送請立法院審議之

「原住民保留地禁伐補償及造林回饋條例」修正草案第7條第1項規定：「禁伐補償金核發後，有下列情形之一者，地方執行機關**應撤銷**禁伐補償，並命受領人按月依比例返還當年度之禁伐補償金：……。」業將「廢止」禁伐補償金修改為「撤銷」禁伐補償金，主要是參照法務部92年12月10日法律字第○九二○○四五○六七號函意旨，認為禁伐補償金是屬於具有持續效力、定期金錢給付之授益性行政處分，則於該處分有效期間內，如有發生本條所定情形時，該授益處分之消極要件顯已發生，**自該消極要件發生時起，構成原處分之部分違法**，從而該違法部分有行政程序法第117條以下有關**職權撤銷**規定之適用。

2-47 撤回、無效與註銷、吊銷之區別

◎撤回：對於未生效力之行為，阻止其效力發生之意思表示。
◎無效：於作成意思表示或法律行為時，因重大瑕疵等原因，為當然確定自始無效。
◎註銷：我國行政法制上常會使用「註銷」一詞，做為**取消後續法律效果**或溯及失效之法定用語。例如，因取得我國國籍而「註銷」其外僑居留證（或永久居留證）；人事派令後當事人不報到，原發派令機關須將派令「註銷」；另依考試法第21條規定：「撤銷其考試及格資格，並註銷其及格證書。」（原則上指**與處罰無關的剝權處分**）
◎吊銷：依行政罰法規定屬於其他種類行政罰之剝奪或消滅資格、權利之處分（吊銷證照）（**常以證照為對象，且吊銷意在使已發給之證照繳回**）。

體例參考

☆公職人員選舉罷免法（第78條：「罷免案於未徵求連署前，經提議人總數三分之二以上同意，得以書面向選舉委員會**撤回**

之。」）

☆公職人員選舉罷免法（第25條：「二種以上公職人員選舉同日舉行投票時，其申請登記之候選人，以登記一種為限。為二種以上候選人登記時，其登記均無效。」）

☆公務人員考試法（第22條：「應考人有下列各款情事之一，考試前發現者，撤銷其應考資格。考試時發現者，予以扣考。考試後榜示前發現者，不予錄取。榜示後至訓練階段發現者，撤銷其錄取資格。考試及格後發現者，撤銷其考試及格資格，並註銷其及格證書。……」）

☆公路法（第40條：「汽車運輸業自領得汽車運輸業營業執照之日起，公路汽車客運業自領得營運路線許可證之日起，均應於一個月內開始營業或通車營運。除因天災、事變或其他不可抗力，得報請該管公路主管機關核准，俟其原因消失後即開始營業或通車營運者外，逾期廢止其汽車運輸業營業執照或營運路線許可證，並吊銷其全部營業車輛牌照。」）

2-48 歇業、停業之用法

◎歇業：表示長久性的結束營業、執業。被動之歇業常寫為歇業處分，主動之歇業時則以自行歇業或歇業表示，一經歇業該事業體不再存在，如重新經營，是否用復業則有待斟酌。

◎停業：或停止營（執）業代表短期性。被動性的停業常寫成停業處分，主動之停業則以自行停業或停業表示，因其為短期性，除主動停業者，基於行政上管理之需要，得考慮規定最長期間之限制外，如屬被動之處罰，為保障人民權益並確定權利義務關係，應同時在法規中明定停業之期間。

體例參考

☆商業登記法（第7條：「商業之經營有違反法律或法規命令，受

　　勒令歇業處分確定者，應由處分機關通知商業所在地主管機關，廢止其商業登記或部分登記事項。」）

☆<u>證券投資信託及顧問法</u>（第98條第2項：「經撤銷或廢止證券投資信託或證券投資顧問業務許可之證券投資信託事業或證券投資顧問事業，就其了結前項之證券投資信託或證券投資顧問業務範圍內，仍視為證券投資信託事業或證券投資顧問事業；因命令停業或自行歇業之證券投資信託事業或證券投資顧問事業，於其了結停業或歇業前所為之證券投資信託或證券投資顧問業務之範圍內，視為尚未停業或歇業。」）

☆<u>營造業法</u>（第61條第1項：「營造業專任工程人員違反第三十四條、第三十五條第一款至第七款規定之一、第四十一條第一項規定或違反各該技師公會章程，按其情節輕重，予以警告或二個月以上二年以下停止執行營造業業務之處分；其停業期間，並不得依技師法或建築師法執行相關業務。第六十六條第四項之技師有違反各公會之章程情節重大者，亦同。」）

2-49 處罰對象之特例

◎行政法規對於法人從業人員的違規行為，除處罰行為人外，也常一併處罰法人。亦即承認法人的犯罪能力，而對之處罰罰金。
◎現行法中出現處罰對象態樣有：負責人犯罪，兼罰法人；對僱用該行為人之法人或自然人亦罰；及處罰負責人並對法人處罰。（過去曾發生過民營前之中華工程公司發生職災，卻罰董事長罰金，然因工地有負責人，後來提非常上訴，改判罰僱用者，認為要罰實際的負責人。）

體例參考

☆<u>職業安全衛生法</u>（第41條：「有下列情形之一者，處一年以下有期徒刑、拘役或科或併科新臺幣十八萬元以下罰金：一、違反

第六條第一項或第十六條第一項之規定，致發生第三十七條第二項第二款之災害。二、違反第十八條第一項、第二十九條第一項、第三十條第一項、第二項或第三十七條第四項之規定。三、違反中央主管機關或勞動檢查機構依第三十六條第一項所發停工之通知。法人犯前項之罪者，除處罰其負責人外，對該法人亦科以前項之罰金。」）

☆菸酒管理法（第49條：「法人之代表人、法人或自然人之代理人、受僱人或其他從業人員，因執行業務，犯第四十五條第二項、第四十七條第二項至第四項或第四十八條第二項之罪者，除依各該條規定處罰其行為人外，對該法人或自然人亦處以各該條之罰金。」）

☆水土保持法（第34條：「因執行業務犯第三十二條或第三十三第三項之罪者，除依各該條規定處罰其行為人外，對僱用該行為人之法人或自然人亦科以各該條之罰金。」）

2-50 法人犯罪處罰之體例

◎我國現行法人犯罪（自然人為執行法人業務或為法人利益所為犯罪行為，或法人自己為犯罪行為人）之立法體例，是以依附於刑法典以外之其他相關法律內之「附屬刑法」方式規定法人犯罪，在行政法領域，實務上係以「行政刑法」稱之。其立法型態，有如下幾種：

1. 以執行業務自然人為正犯之執行業務兩罰規定。

體例參考

☆就業服務法（第63條第2項：「法人之代表人、法人或自然人之代理人、受僱人或其他從業人員，因執行業務違反第四十四條或第五十七條第一款、第二款規定者，除依前項規定處罰其行為人外，對該法人或自然人亦科處前項之罰鍰或罰金。」）

2. 同時處罰「其負責人」與「法人」，採自己責任故「其負責人」應為實際負責人。

體例參考

☆職業安全衛生法（第40條第2項：「法人犯前項之罪者，**除處罰其負責人外，對該法人亦科以前項之罰金。**」）

3. 同時處罰「其行為人」與「法人」。

體例參考

☆公平交易法（第37條第2項：「法人之代表人、代理人、受僱人或其他從業人員，因執行業務違反第二十四條規定者，除依前項規定**處罰其行為人外，對該法人亦科處前項之罰金。**」）

4. 同時處罰「其行為負責人」與「法人」（**建議採用**）──若採罰**負責人可能產生是否為轉嫁代罰的問題，而行為人概念可能較為狹隘，限於從事構成要件文義形式所描述行為之人。其行為負責人在解釋上可與刑法正犯概念做相同的理解，並透過犯罪支配理論掌握其內涵而認為是故意使法人犯罪之自然人，或者或對法人犯罪具有未盡注意義務之監督過失。意為法人內部具備犯罪支配能力之自然人。**（蔡蕙芳，我國法人犯罪立法之檢視與理論建構，東吳法律學報，第28卷第4期，2017年4月，頁18-20）

體例參考

☆石油管理法（第39條第4項：「法人犯前項之罪者，除**處罰其行為負責人外，對該法人亦科以前項之罰金。**」）

5. **違法者為法人，處罰其負責人；法人違反本法之規定者僅處罰其行為之負責人。**（現實務見解103年度臺上字第4441號判決，認為處罰為行為之負責人非屬代罰，若是處罰其負責人或負責人時，則以轉嫁代罰法理來解釋。）

體例參考

☆銀行法（第125條第3項：「法人犯前二項之罪者，**處罰其行爲負責人。**」）

☆證券交易法（第179條：「法人及外國公司違反本法之規定者，除第一百七十七條之一及前條規定外，依本章各條之規定**處罰其爲行爲之負責人。**」）

2-51 連續處罰之性質

◎「按日連續處罰」屬行政秩序罰性質者（著重在對於過去違反行爲的處罰，而非用以迫其履行義務）：宜以行政處分切割爲數行爲，則每日均爲另一違反行政義務之行爲，對於違法後未改善前的違法事實，爲一違反秩序行爲而逐一按日處罰，方能不違背一事不二罰原則。

◎認「按日連續處罰」之性質係屬行政上強制執行之怠金（目的在於督促行爲人履行其義務），即以不斷累積的金錢負擔造成其壓力，迫使違反義務者履行義務或改變違法狀態，而非對過去的違反行爲加以處罰，故怠金得連續處罰，沒有「一行爲不二罰」原則之適用。

體例參考

1. 行政秩序罰之句式：

☆水污染防治法（第40條第1項：「事業或污水下水道系統排放廢（污）水，違反第七條第一項或第八條規定者，處新臺幣六萬元以上二千萬元以下罰鍰，並通知限期改善，屆期仍未完成改善者，**按次處罰**；……。」）

2. 行政上強制執行之句式：

☆飲用水管理條例（第24條：「飲用水水質違反第十一條第一項規定者，處新臺幣六萬元以上六十萬元以下罰鍰，並通知限期改

善，屆期仍未完成改善者，**按日連續處罰**；情節重大者，禁止供飲用。」）

易犯錯誤

☆法律罰則文內，使用「並得連續處罰」之規定，有欠周延。

例如：「消費者保護法」第58條：「企業經營者違反主管機關依第三十六條或第三十八條規定所為之命令者，處新臺幣六萬元以上一百五十萬元以下罰鍰，並得連續處罰」，上開「並得**連續處罰**」，文意既欠明確亦欠周延，宜修正為「並得**按次連續處罰**」，俾彰顯出並非對舊行為重複處罰，而係對新的違反義務行為進行再一次的處罰（最常見的情形是對行為人的違反行為處罰後，行政機關令其改善，惟行為人仍不改善，遂對繼續違反的行為按次連續處罰）。

（摘自法務部「法務部95年度法制作業講習講義——讓你成為法制達人」）

2-52 原本、正本、繕本、節本之區別

◎原本：原來或最初作成之文書。
◎繕本：依照原本所作成，將原本之內容，完全照錄。
◎正本：文書之繕本，對外與原本有同一效力者，稱為正本，乃為代替原本而被賦予與原本同一效力之文書。
◎節本：節錄原本內容一部分之文書。

體例參考

☆行政訴訟法（第210條：「判決，應以正本送達於當事人。前項送達，自行政法院書記官收領判決原本時起，至遲不得逾十日。……」）
☆民事訴訟法（第119條：「書狀及其附屬文件，除提出於法院者

外，應按應受送達之他造人數，提出繕本或影本。前項繕本或影本與書狀有不符時，以提出於法院者為準。」）

☆民事訴訟法（第151條第2項：「除前項規定外，法院應命將文書之繕本、影本或節本，公告於法院網站；法院認為必要時，得命登載於公報或新聞紙。」）

2-53 移送司法（檢察）機關處理

◎屬注意規定、提示規定。針對有犯罪嫌疑或涉及刑事責任之較重大事項，可規定移送司法（檢察）機關。

体例參考

◆句式：○○○涉及刑責者，移送司法（檢察）機關處理。
☆勞工保險條例（第70條：「以詐欺或其他不正當行為領取保險給付或為虛偽之證明、報告、陳述及申報診療費用者，除按其領取之保險給付或診療費用處以二倍罰鍰外，並應依民法請求損害賠償；其涉及刑責者，移送司法機關辦理。特約醫療院、所因此領取之診療費用，得在其已報應領費用內扣除。」）
☆典試法（第21條第2項：「應考人應試，有違規舞弊情事，應依規定予以扣考、扣分或不予計分，如涉及刑事責任，移送檢察機關辦理。」）

易犯錯誤

◎研擬行政法規條文時，對於屬行政裁處的業務，未有特殊理由，規定由檢察官為之。
例如：按行政機關本得依職權調查事實、證據及扣留證據（行政程序法第36條至第43條及行政罰法第36條、第37條參照），故消費者保護法第34條：「直轄市或縣（市）政府於調查時，對於可為證據之物，得聲請檢察官扣押之」，容應檢討修正。

（摘自法務部「法務部95年度法制作業講習講義——讓你成爲法制達人」）

2-54 移送強制執行條款應否訂定

◎可以不訂。因爲，理論上是公法上金錢給付義務之強制執行，當然回歸行政執行法，只不過以往爲了提醒非法制人員之其他行政機關人員或讓一般民眾知道，才加上現行通例之移送執行條款，即「依法移送強制執行」。但是，要注意不是每個給付都可移送執行，如滯納金之繳納有的是裁罰性，有的是利息性質的，是行政事件或民事事件？仍要區別。

◎另外，**規費可否強制執行**？還有健保費、勞保費之欠繳，依民事訴訟或行政救濟訴訟？前幾年，才解釋爲可強制執行，因爲學者傾向此基於公法上目的或公益目的，和民間的保險不同。**可爲行政救濟標的才能爲行政強制執行**。

體例參考

1.○○○○，**移送法院強制執行**。
☆農業科技園區設置管理條例（第41條：「依本條例所處之罰鍰，經限期繳納者，**屆期未繳納者，依法移送強制執行**。」）
☆規費法（第20條：「各機關對逾期繳納規費者，除法律另有規定外，每逾二日按滯納數額加徵百分之一滯納金；逾三十日仍未繳納者，除徵收百分之十五**滯納金外，並依法移送強制執行**。」）
2.未訂：
☆職業安全衛生法（第42條：「違反第十五條第一項、第二項之規定，其危害性化學品洩漏或引起火災、爆炸致發生第三十七條第二項之職業災害者，處新臺幣三十萬元以上三百萬元以下罰鍰；經通知限期改善，屆期未改善，並得按次處罰。雇主依第

十二條第四項規定通報之監測資料,經中央主管機關查核有虛偽不實者,處新臺幣三十萬元以上一百萬元以下罰鍰。」)

易犯錯誤

◎研擬法規時,將私法上之權利義務關係,以公法上強制手段促其實現。現行法律規定之「本法所定之罰鍰,經限期繳納後,屆期仍未繳納者,**依法移送強制執行**」,**均應刪除,回歸行政執行法**。

例如:依據行政院94年1月11日院臺規字第0940080608號函頒之「行政院法案重行送請立法院審議處理原則」第3點第1款及第2款,有關「本法所定之罰鍰,經限期繳納後,屆期仍未繳納者,依法移送強制執行」之規定,均應刪除,回歸行政執行法。

(摘自法務部「法務部95年度法制作業講習講義——讓你成為法制達人」)

2-55 移送行政執行

◎目前凡行政上公法義務之強制執行,均依行政執行法之規定辦理。按該法第1條規定:「行政執行,依本法之規定;本法未規定者,適用其他法律之規定。」及第2條規定:「本法所稱行政執行,指公法上金錢給付義務、行為或不行為義務之強制執行及即時強制。」

體例參考

◆句式:○○○,依法移送行政執行。

☆<u>消費者保護法</u>(第62條:「本法所定之罰鍰,由主管機關處罰,經限期繳納後,屆期仍未繳納者,**依法移送行政執行**。」)

2-56 授權訂定法規命令規定

◎授權法規內容不應違反憲法位階之原理原則或牴觸母法或相關法律規定。

◎法律授權訂定之法規，涉及其他相關部會之權責時，授權條文須明定「會同或會商相關機關訂定之」；如條文已明定「會同訂定之」，則發布時應會銜發布。

◎於法律中研擬授權訂定法規命令時，宜於條文內指明究授權訂定何種法規命令。

體例參考

☆關稅法（第10條之1第3項：「第一項關港貿單一窗口之營運、管理、收費基準與資料之拆封、蒐集、處理、利用及其他相關實施事項之辦法，由財政部會商有關機關定之。」）

易犯錯誤

◎授權法規之內容增加母法所無之限制。

例如：行政院院環境保護署95年7月7日訂定發布之「環境用藥專供試驗研究教育示範專案防治或登記用申請作業準則」，係依環境用藥管理法（以下稱本法）第23條第1項規定訂定，而本法第5條第1項第5款、第6款規定，本法所稱環境用藥製造業或環境用藥販賣業，不以具法人資格者為限，然該準則第3條第3款規定申請登記用環境用藥之資格條件為「具法人資格之環境用藥製造業或環境用藥販賣業」，增加法律所無之限制。

（摘自法務部「法務部95年度法制作業講習講義——讓你成為法制達人」）

◎授權規定的條文書寫，不符體例。

例如：立法院第9屆委員提案「財團法人客家公共傳播基金會設

置條例草案」第30條第2項規定：「有關扶助客家傳播影音文化產業之辦法，由主管機關另訂之」。宜修正為，「有關扶助客家傳播影音文化產業之辦法，由主管機關定之」。

2-57 授權命令之擬訂、核定權責機關之體例

◎明定授權命令之名稱或授權事項之範圍，並明定權責機關者：此種方式充分考量授權對象之權責分明、名實相符、符合機關體制與層級分工，最為合宜。

◎明定授權命令之名稱或授權事項之範圍，但未明定權責機關者：由於究由何機關為之，未臻明確，此種體例頗值爭議，宜避免。

◎所定權責機關分為命令之擬訂及核定機關：何種命令要用此種體例，尚無定論，但要報上級機關核定的原因，可能是涉及國家重大事項、與人民權益關係密切或涉及其他機關的事項較多時，選此體例宜先詳究其立法理由並考量解釋法令之權責問題。

◎授權另訂命令之機關非該法規的主管機關：此種體例，較不符合權責分明及破壞行政體系之完整，宜避免。因法規之主管機關，即為執行機關與權責機關，授權命令多為執行法律所必須，故宜採主管機關單獨或會同、或會商他機關。

◎同一法規中不同條文授權另訂命令，若有二種以上性質相近或得以容納之命令時，基於規範內涵未必相同，且為法制上便於區別及作業（如修正時）之考量，原則上不應合併為一法規。但如法律授權之文字僅提示某事項另定之，並未明定命令之名稱為何，且授權對象相同時，為精簡法令而在施行細則中一併規定，或將性質相近者合併為依命令，則似無不可。

（本節參黃守高，我國現行法制用語及格式之研究，頁107）

體例參考

☆替代役實施條例（第26條之1：「替代役役男服役期間出境，應
　經主管機關核准；其申請與審查程序、核准之次數、期間、限制
　及其他應遵行事項之辦法，由主管機關定之。」）

☆印信條例（第16條第2項：「印信之製發、啓用、管理、換發及
　廢、舊印信之繳銷辦法，以命令定之。」）

☆國家公園法（第29條：「本法施行細則，內政部擬訂，報請行
　政院核定之。」）

2-58 授權訂定附件

◎附表、附件、程式、格式或附圖之規定內容，因大多具技術性或
　多變性，故常以授權立法方式另爲規定，避免內容變更時必須時
　常修法，增加作業負擔，並維持法律的安定性。

體例參考

◆句式：○○○所適用（須）○○○，其格式由○○○定之。

☆民事訴訟法（第436條之10：「依小額程序起訴者，得使用表格
　化訴狀；其格式由司法院定之。」）

2-59 授權命令之名稱內涵之區別

◎中央法規標準法第7條之「法規命令」（授權命令），依同法第
　3條，得依其性質稱「規程、規則、細則、辦法、綱要、標準或
　準則」。從而以上述七種名稱之一命名者，可歸類於「法規命
　令」。而依法定職權所訂定之「行政規則」，係上級機關對下級
　機關，或長官對屬官，依其權限或職權爲規範機關內部秩序及運
　作，所爲非直接對外發生法規範效力之一般、抽象規定，其名稱

用語，不若法規命令有法定之特定名稱，通常以「要點」、「注意事項」、「須知」或逕以發令函之文號稱之。由於法規命令可用之名稱有限，若採用法規名稱做為區辦標準，自可提升法規體系的清晰度。

◎命令應就其規定之內容，依下列規定定其名稱。

1. 規程：屬於規定機關組織或處理事務之準據者稱之，如「組織規程」、「處務規程」。

2. 規則：屬於規定應行遵守或應行照辦之事項者稱之，如「會議規則」、「管理規則」。

3. 細則：屬於規定法律施行之細節性、技術性、程序性事項或就法律另作補充解釋者稱之，如「施行細則」、「辦事細則」。

4. 辦法：屬於規定辦理事務方法、權限或權責者稱之，如「實施辦法」、「處理辦法」。

5. 綱要：屬於規定一定原則或要領者稱之，如「計畫綱要」、「組織綱要」。

6. 標準：屬於規定一定程度、規格或條件者稱之，如「審核標準」、「估價標準」。

7. 準則：屬於規定作為之準據、範式或程序者稱之，如「編製準則」、「測量準則」。

2-60 授權訂定施行細則

◎為配合法律及其子法於修正時，可能因末條之規定體例，導致適用上之疑義，故宜採取統一體例。

◎（母法）第○條本法施行日期，由行政院定之。（子法）第○條本細則自發布日施行。上開體例，其子法之發布日期應與母法之指定施行日期配合；其細則之修正如係配合母法之修正而修正時，亦同。

體例參考

◆句式：本法施行細則，由○○○定之。

◆句式：本法施行細則，由○○○會同○○○定之。

☆人口販運防制法（第44條：「**本法施行細則，由中央主管機關定之。**」）

☆人體器官移植條例（第24條：「**本條例施行細則，由中央衛生主管機關定之。**」）

☆土地稅法（第58條：「**本法施行細則，由行政院定之。**」）

☆大學法（第41條：「**本法施行細則，由教育部定之。**」）

☆工業團體法（第69條：「**本法施行細則，由內政部會同經濟部定之。**」）

易犯錯誤

◎施行細則之內容，僅得就母法未規定之細節性、技術性、補充性加以規範，不得逾越授權母法。

例如：有關「都市計畫法臺灣省施行細則部分條文修正草案」第29條之1第1項後段規定「核准設置之各項設施不得擅自變更使用，並應提供相當之回饋措施」是否妥當，容應探討，蓋查「都市計畫法」並無相關條文規定應提供相當之回饋措施，該法第39條及第85條亦未明確授權於本細則訂定前揭事項，而細則依其性質僅能就母法規定之細節性、技術性、補充性加以規範，不得逾越。故上開提供相當回饋措施之規定，宜再斟酌。

（摘自法務部「法務部95年度法制作業講習講義——讓你成為法制達人」）

2-61 保留規定（條款）

◎規範目的在使法律所授予之權利或所為之認許，得因某種情勢之發生而使之歸於消滅或撤銷；亦即在法律上一方面授予權利或某

種承認，而另一方面又規定倘發生某種情事，則所授予之權利歸於消滅，或所認可的行為予以撤銷。

體例參考

◆句式：○○○有下列情形之一者，喪失其○○權利。

☆軍人撫卹條例（第31條：「撫卹受益人，具有下列情形之一者，喪失其請領撫卹金之權利……」）

2-62 規費收取之立法方式

◎各業務主管機關依規費法第10條第1項規定所定徵收規費之規定，係基於法律授權，對多數不特定人民就一般事項所作抽象之對外發生法律效果之規定，為行政程序法第150條第1項規定所稱「法規命令」性質。

◎規費法第10條第1項所稱收費「基準」，並非法規名，各業務主管機關依上開規定訂定規費收費基準時，應以中央法規標準法第3條所定七種命令名稱如「標準」、「準則」或「辦法」等為之，並應洽商中央規費主管機關財政部同意後，依中央法規標準法第七條規定，以令發布同時送立法院查照。

體例參考

☆公司法（第438條：「依本法受理公司名稱及所營事業預查、登記、查閱、抄錄、複製及各種證明書等之各項申請，應收取費用；其費用之項目、費額及其他事項之準則，由中央主管機關定之。」）

☆土壤及地下水污染整治法（第55條：「各級主管機關依本法應收取規費之標準，由中央主管機關定之。」）

易犯錯誤

◎研擬法規時，涉及規費之徵收時，倘規費法已足適用者，即無庸另行規定。

例如：有關規費之徵收，「規費法」不但定有規費之項目（規費法第7條、第8條），並明定有訂定、調整收費原則、程序及相關之同意暨備查機制；故研擬法規時有關規費徵收之規定，不可與上開規費法規定牴觸。倘欲規定之內容係與規費法規定相同，即無另定之必要，從而「融資公司法草案」有關「融資公司營業執照之核發及換發，應繳納執照費；其費額，由主管機關定之」之規定，似無規定必要。

（摘自法務部「法務部95年度法制作業講習講義──讓你成為法制達人」）

2-63 特定施行區域

◎按中央法規標準法第15條之規定「法規定有施行區域或授權以命令規定施行區域者，於該特定區域內發生效力。」屬法律在什麼地方具有效力的特別規定，現行立法例中施行區域都是規定由行政院定之。

體例參考

☆土地稅法（第57條：「本法施行區域，由行政院以命令定之。」）
☆國家公園法（第28條：「本法施行區域，由行政院以命令定之。」）
☆國有財產法（第75條：「本法施行區域，由行政院以命令定之。」）

2-64 是否須設過渡條款及其範例

◎受規範對象如已在因法規施行而產生信賴基礎之存續期間內，

對構成信賴要件之事實，有客觀上具體表現之行為，且有值得保護之利益者，即應受信賴保護原則之保障。立法者如應設而未設「限制新法於生效後適用範圍之特別規定」，即過渡條款，以適度排除新法於生效後之適用，或採取其他合理之補救措施，而顯然構成法律之漏洞者，基於憲法上信賴保護、比例原則或平等原則之要求，司法機關於法律容許漏洞補充之範圍內，即應考量如何補充合理之過渡。

◎過渡條款之目的在使主管機關得充分準備及於過渡時期為必要措施之時間，俾使新舊法律秩序變革不致對於社會造成過大衝擊。

◎信賴保護原則：依司法院釋字第525號、第529號解釋，行政法規公布施行後，制定或發布法規之機關依法定程序予以修改或廢止時，應兼顧規範對象信賴利益之保護。……其因公益之必要廢止法規或修改內容致人民客觀上具體表現其因信賴而生之實體法上利益受損害，應採取合理之補救措施，或訂定過渡期間之條款，俾減輕損害，方符憲法保障人民權利之意旨。

體例參考

◆句式：

1. 本○○○施行前，已○○○者，應（或依規定辦理）。
2. 本○○○公布後，○○○與本法規定不符者，應○○○。
3. ○○○實施前之○○○，除本○○○另有規定外，仍適用○○○。

☆專利法（第148條第1項：「本法中華民國八十三年一月二十一日修正施行前，已審定公告之專利案，其專利權期限，適用修正前之規定。但發明專利案，於世界貿易組織協定在中華民國管轄區域內生效之日，專利權仍存續者，其專利權期限，適用修正施行後之規定。」）

☆公職人員選舉罷免法（第131條：「本法修正施行前已發布選舉公告之選舉，或已向主管選舉委員會提出之罷免案，仍適用修正前之規定。」）

☆法官法（第100條：「本法施行前已依司法人員人事條例第四十條第一項或第二項停止辦理案件之實任法官、檢察官，支領現職法官、檢察官之俸給，不適用第七十七條第三項之規定。」）

☆中央行政機關組織基準法（第35條第2項：「本法公布後，其他各機關之組織法律或其他相關法律，與本法規定不符者，由行政院限期修正，並於行政院組織法修正公布後一年內函送立法院審議。」）

☆勞工退休金條例（第9條第2項：「勞工選擇繼續自本條例施行之日起適用勞動基準法之退休金規定者，於五年內仍得選擇適用本條例之退休金制度。」）

2-65 後法普通法、前法特別法的優先適用之處理

◎後法優先適用原則，須前後兩法律居同一順位，也就是同為普通法或同為特別法。所謂「特別」法就是因有特別的「人」、「事」、「時」或「地」之因素，使得必須制定特別的法律來規範，即是為了特別情況而量身訂作的法規，遇到特別情況發生時，自應優先適用普通法。

◎中央法規標準法第16條規定：「法規對其他法規所規定之同一事項而為特別之規定者，應優先適用之。其他法規修正後，仍應優先適用。」係指在同一事件，如普通法和特別法均有規定時，應優先適用特別法。如果新修的法為普通法，而想要優先於現存的特別法適用，則應在新修普通法中明文排除前法的適用。

◎不同位階之法規間：上位規範效力優於下位規範。但適用順序上應是位階最低的最先適用，乃因位階低者內容愈具體與個案關係最直接，亦最便於解決問題（參吳庚，行政法之理論與實用，頁76）。

◎基本上不論大法官解釋文用語為「自本解釋公布日起不再適用」、「應即失其效力」或「應不予適用」等，都係立即失效，

未確定之案件不再適用該法令。

☆政治獻金法（第35條：「總統副總統選舉罷免法第三十七條、第三十九條、第四十條第二項至第四項、第八十三條、第九十五條之規定，及人民團體法第五十一條、第六十二條規定，**自本法施行日起不再適用。**」）

☆大學法（第37條：「教育人員任用條例第二十五條、第二十六條及第三十七條規定**與本法相牴觸之部分，應不再適用。**」）

☆證券投資信託及顧問法（第121條：「自本法施行之日起，證券交易法第十八條及第十八條之一所定證券投資信託事業及證券投資顧問事業之規定，及第十八條之二與第十八條之三規定，**不再適用。**」）

2-66 溯及既往立法應注意事項

◎法治國家無法期待人民遵守未來所制訂的法律：原則上亦不容許國家經由立法對於既已發生的事實重新給予法律評價。因此，立法者不得隨意制訂具有溯及效力的法律，且行政機關亦不得隨意將法律溯及適用。然立法機關基於公益之考量仍得制定溯及既往的法律。但仍不得侵害人民的既得權（特定人依據舊法之特別法律行為所取得的確定權利）。

◎中央法規標準法第18條規定：「各機關受理人民聲請許可案件適用法規時，除依其性質應適用行為時之法規外，如在處理程序終結前，據以准許之法規有變更者，適用新法規。但舊法規有利於當事人而新法規未廢除或禁止所聲請之事項者，適用舊法規。」

◎當立法者在調整法秩序的內容時，於充分考量「立法目的追求」與「信賴保護」之後，可以在修法時納入「溯及適用條

款」，明白宣示新法秩序溯及適用的範圍（案例類型）。

◎通常於法令增訂各類「期間限制規定」時，可能的溯及適用態樣
大致有以下三種：

1. **完全的溯及**：新法令所規定的期限不但溯及適用於新法令生效
前已成立的法律行為；且該期限自本案事實起始日起算，不作
任何調整。

2. **最小程度的溯及**：新法令所規定的期限雖然溯及適用於新法令
生效前已成立的法律行為；但新法令所規定的期限自新法生效
日才起算（參見司法院釋字第142號解釋）。

3. **折衷溯及**：新法令所規定的期限不但溯及適用於新法令生效前
已成立的法律行為；且該期限自本案事實起始日起算。該期限
於新法生效時若尚未屆滿，固應繼續計算；若該期限於新法生
效時已經屆滿，則以新法生效日作為期限屆滿之日。最高法院
95年3月份庭長法官聯席會議，針對民法債編第756條之3應如
何溯及適用於修正施行前所已經成立的人事保證契約之爭議問
題，即是採「折衷溯及說」。（參林三欽，信賴保護原則與法
令不溯既往──兼評最高法院六十四年度判字第一四四號判
決，政大法學評論，第100期，2007年，頁56）

體例參考

☆民法債編施行法（第35條：「新增第二十四節之一之規定，除
第七百五十六條之二第二項外，於民法債編修正施行前成立之人
事保證，亦適用之。」）

2-67 特定一個或數個條文有特定施行日期必要時之體例

◎施行日期宜盡量於草案末條統一規定。如仍須於各該條文規定施
行日期，應將「修正」與「施行」分開敘述，規定為：「中華民

國○年○月○日修正之條文施行前」、「中華民國○年○月○日修正之第○條施行前」，不再使用「生效」或「公布」等文字，但特殊情形非使用「公布」無法達成立法目的者，不在此限。而實際施行之日期，則依各該法律末條之規定認定。（行政院秘書長函92年11月6日院臺規字第0920092174號）

◎宜於該特定條文增列一項或另列一專條，以明定其施行日期。

體例參考

◆句式：

第○條　……。前項關於○○事項，其施行日期，由○○（機關名稱）定之。

第○條　第○條、第○條……及第○條，其施行日期，由○○（機關名稱）定之。

☆促進民間參與公共建設法（第27條第4項：「第一項開發、處理及被徵收土地所有權人領回土地、建築物之折算計價基準辦法及**其施行日期，由主辦機關會商有關機關擬訂，報請行政院核定之。**」）

個別條款規定施行日期

☆專利法（第148條第2項：「本法中華民國92年1月3日**修正之條文施行前**，已審定公告之新型專利申請案，其專利權期限，適用修正前之規定。」）

☆毒品危害防制條例（第35條：「於中華民國92年6月6日本條例修正施行前繫屬之施用毒品案件，於修正施行後，適用修正後之規定，並依下列方式處理：……」）

2-68 法規修正時修正條文之施行日及是否應另定施行日

◎法規制定時以自公布日為施行日時：

1. 修正條文，**無另有準備期間之必要時**，原施行日期之條文無須加以修正，當然解修正條文係自修正公布日施行。

2. 修正之條文有準備期間之必要時，要同時修正施行日期之條文，增訂一項以規定修正條文之施行日期，另為免日後再修正之施行日期在另為規定，以授權、以命令定施行日之方式規定較妥，此時原規定之「本法自公布日施行。」此項仍不宜刪除，以免未修正條文之施行失其依據。（以上兩點參考黃守高等，我國現行法制用語及格式之研究，頁97-98）

3. 如有特定條文不自公（發）布日施行，宜於各該條文或另增列條文明定其施行日期，其末條並採左列體例：

「本法（本辦法）除已另定施行日期者外，自公（發）布日施行。」

◎法規施行日係授權以命令定之時：

如非確有必要，似**不必修正原規定施行日期之條文**。則修正條文之施行日期，可解為同樣須另以命令定之。

◎法規明定自某年某月某日施行者：

1. 以同時修正原規定施行日期之條文，增訂一項規定修正條文施行日期為宜。

2. 如子法施行日期，原規定依母法之施行日期者，該母法如有修正，而子法未有修正，此時，子法之施行日期應仍以子法訂定時母法之施行日期為準，不必修正子法之條文。反之，如母法不論修正與否，而子法修正時，仍宜修正子法原規定施行日之條文。

3. 擬溯及生效或往後生效，有特定施行日期之必要者，宜採體

例：「本法施行日期，由○○○定之。」、「本法自中華民國
○年○月○日施行。」

易犯錯誤

◎法規的施行日期，應考量實務上之需求給予主管機關準備時
間。

例如：立法院第9屆有委員提案修正「民事訴訟法第二百五十四
條」修正草案，主張刪除持法院證明向地政機關辦理「訴訟繫屬
事實登記」制度，並配合提案修正民事訴訟法第12條第7項規定
為「自公布日施行」，由於本次修正目的在取消於地政機關之
「訴訟繫屬事實登記」，則實務上必須給予司法院宣導的時間或
設立公告專區系統之建置時間，以廣為對民眾宣導，修法通過
後，應至何處查詢，故法制作業上應審酌給予一段時間後再施行
為宜。

2-69 法規末條施行日期之體例

1. 制定時自公布日施行；部分條文修正時，另定施行日期。

體例參考

☆國史館組織條例（第15條：「本條例自公布日施行。本條例修
正條文施行日期，由**總統府會同行政院以命令定之。**」）

☆預算法（第100條：「本法自公布日施行。本法修正條文施行日
期，由**行政院於修正條文公布後兩個會計年度內定之。**」）

☆地方制度法（第85條：「本法自公布日施行。本法中華民國
九十六年六月十四日修正之條文，自九十六年一月一日施行；
九十八年五月十二日修正之條文，自九十八年十一月二十三日施
行；一百零三年一月十四日修正之第四章之一及第八十七條，其
施行日期，由行政院定之。」）

2. 制定時，自公布日施行，但有部分條文另定施行日期。

體例參考

☆營造業法（第73條：「本法除另定施行日期者外，自公布日施行。」）

3. 制定時，自特定日施行。

體例參考

☆洗錢防制法（第23條：「本法自公布後六個月施行。本法修正條文自公布日施行。」）

☆香港澳門關係條例（第62條：「本條例施行日期，由行政院定之。但行政院得分別情形定其一部或全部之施行日期。本條例中華民國九十五年五月五日修正之條文，自中華民國九十五年七月一日施行。」）

4. 自特定日施行（包括二種特定日之體例）。

體例參考

☆加值型及非加值型營業稅法（第60條：「本法施行日期，除中華民國八十八年六月二十八日修正公布之第十一條、第二十一條自八十八年七月一日施行，一百零六年五月二十六日修正之條文自公布日施行外，由行政院定之。」）

☆公司法（第449條：「本法除中華民國八十六年六月二十五日修正公布之第三百七十三條及第三百八十三條、一百零四年七月一日修正公布之第五章第十三節條文、一百零七年七月六日修正之條文之施行日期由行政院定之，及九十八年五月二十七日修正公布之條文自九十八年十一月二十三日施行外，自公布日施行。」）

5. 制定時，自特定日施行；部分條文修正時，自公布日施行。

體例參考

☆期貨交易法（第125條：「本法施行日期，由行政院定之。本法修正條文自公布日施行。」）

6. 只有少數條文自公布日施，其餘均自特定日施行。

體例參考

☆公務人員退休資遣撫卹法（第95條：「本法除第七條第四項及第六十九條自公布日施行外，其餘條文自中華民國一百零七年七月一日施行。自中華民國一百零七年七月一日起，原公務人員退休法及原公務人員撫卹法不再適用。」）

7. 只有少數條文自特定日施行，其餘均自公布日施行。

體例參考

☆財政收支劃分法（第39條：「本法除已另定施行日期者外，自公布日施行。」）

☆就業服務法（第83條：「本法施行日期，除中華民國九十一年一月二十一日修正公布之第四十八條第一項至第三項規定由行政院以命令定之，及中華民國九十五年五月五日修正之條文自中華民國九十五年七月一日施行外，自公布日施行。」）

☆貨物稅條例（第37條：「本條例自公布日施行。但中華民國八十六年五月七日修正公布之第三條、第五條、第十三條至第十五條、第十七條、第十八條、第三十二條及九十年十月三十一日修正公布之第十二條之施行日期，由行政院定之。」）

8. 施行定有起迄日期，並可延長。

體例參考

☆臺灣省政府功能業務與組織調整暫行條例（第22條：「本條例

自中華民國八十七年十二月二十一日**起施行**，至中華民國八十九年十二月三十一日止。本條例施行期限，**於到期前經立法院同意，得再延長一年。**」）（註：95年2月4日期滿廢止）

☆嚴重急性呼吸道症候群防治及紓困暫行條例（第19條：「本條例施行日期，自中華民國九十二年三月一日至九十三年十二月三十一日止。本條例**施行期限屆滿，得經立法院同意延長之。**」）（註：93年12月31日期滿廢止）

9. 施行定有起迄日期，部分條文並特定施行日期。

體例參考

☆臺灣省政府功能業務與組織調整暫行條例施行期間員工權益處理辦法（第13條：「本辦法除**另定施行日期者外**，自中華民國八十七年十二月二十一日**起施行**，至本條例施行期限屆滿時止。」）（註：94年12月31日期滿廢止）

10. 有施行期間之情況

　　落日條款：就特定事項應於某期限內完成，逾期即失法律效力之規定。

體例參考

例一：第○條　本法施行期間，自中華民國○年○月○日起，至○年○月○日止。

例二：第○條　本條例自中華民國○年○月○日施行，至○年○月○日止。
　　　　　　　本條例施行期限，於到期前經立法院同意，得再延長○年。

例三：第○條　本法自公布施行日起適用○年。

☆中小企業發展條例（第40條：「本條例自公布日施行。但第三十五條、第三十五條之一及第三十六條之二施行期間自中華民國一百零三年五月二十日起十年止。」）

☆<u>水患治理特別條例</u>（第16條：「**本條例自公布日起施行，施行期間八年**。本條例中華民國九十九年十一月十六日修正之條文，自九十九年十二月二十五日施行。」）（註：103年1月26日期滿廢止）

☆<u>流域綜合治理特別條例</u>（第16條：「**本條例自公布日施行至中華民國一百零八年十二月三十一日止。**」）

☆<u>莫拉克颱風災後重建特別條例</u>（第30條：「本條例自公布日施行，適用期間為三年。本條例施行期滿未及執行部分，**必要時，得經行政院核定酌予延長，延長期間最多以二年為限。**」）（註：103年8月29日期滿廢止）

[易犯錯誤]

☆法規末條規定特定日施行者，嗣後該法規其餘條文修正而非自該特定日施行時，末條施行日期應配合修正。

☆現行條文（非末條）中定有特定施行日期者，嗣後該條文有所修正且非自該特定日期施行時，原定施行日期亦應配合修正。

☆法規末條規定「本○○自發布日施行」，經多次修正部分條文，該末條條文均未修正，嗣再修正末條時改採另定施行日期，增訂第2項應明確指明本次修正之條文係中華民國○年○月○日修正發布之條文。

2-70 生效日期之計算

◎自「公布日施行」者：定明為「本法中華民國○年○月○日**公布施行前，……**」或「本法中華民國○年○月○日**修正施行前，……**」時，上開日期係均指總統「制定公布」或「修正公布」**當日，不算至第3日之生效日**；但如明確定為「本法中華民國○年○月○日**公布生效前，……**」或「本法中華民國○年○月○日**修正生效前，……**」，則上開日期應係指算至第3日之生效

日。

◎自特定日施行者：均定明「本法中華民國○年○月○日公布，
○年○月○日施行前，……」或「本法中華民國○年○月○日
修正公布，○年○月○日**施行前，……**」（上開施行日即指生效
日）。

◎修正條文所載○年○月○日之空白欄位，原則上係指立法院三讀
日期，無須再以括號加註說明。發布法規其施行日期與相關配套
法規之施行日期應一致。

◎司法院釋字第161號解釋文：「中央法規標準法第13條所定法規
生效日期之起算，**應將法規公布或發布之當日算入**。」

易犯錯誤

◎若須於各該條文規定施行日期，應注意將「修正」與「施行」分
開敘述。

例如：立法院經濟委員會107年4月2日審查委員提案「工廠管理
輔導法第三十三條、第三十四條條文修正，新增第三十四條之一
條文修正草案」第33條第1項「為輔導未登記工廠合法經營，中
央主管機關應會商有關機關擬定相關措施辦理之；輔導期間自中
華民國○年○月○日修正施行後十年止」。為期符合體例宜修正
為「……；輔導期間自<u>本法</u>中華民國○年○月○日修正<u>之條文施
行之日起</u>十年止。」

2-71 日出條款與落日條款

◎「日出條款」，指的是法律生效日期，就是將已完成立法程序的
法律，准許延至若干時間後生效，**設定法律生效緩衝期**，以便執
行機關充分準備，配合新法規範措施。

◎「落日條款」，係指某一法規或法規內某**些條文就特定事項應某
期限內完成**，逾期及施其法律效用之規定。

體例參考

☆行政院功能業務與組織調整暫行條例（第21條：「本條例除第六條、第七條、第十一條至第十九條施行日期，由行政院以命令定之外，自中華民國一百零一年一月一日施行，均至中華民國一百十一年一月三十一日止。」）

☆中小企業發展條例（第40條：「本條例自公布日施行。但第三十五條、第三十五條之一及第三十六條之二施行期間自中華民國一百零三年五月二十日起十年止。」）

☆水患治理特別條例（第16條：「本條例自公布日起施行，施行期間八年。本條例中華民國九十九年十一月十六日修正之條文，自九十九年十二月二十五日施行。」）（註：103年1月26日期滿廢止）

易犯錯誤

◎新法僅能向後生效，若欲處理現行已發生社會重大案件之追訴權時效問題，應於法條施行日期有配套之規定。

例如：立法院第9屆委員提案修正「刑法第八十一條、第八十三條及刑法施行法第八條之二」案，有關刑法第80條追訴權時效，各提案均認為應有例外之罪，可排除追訴時效之進行，但有委員提案「針對已發生，時效未完成之犯罪行為適用新法規定」則應配套將刑法施行法第8條之2條文寫成：「於中華民國○○○年○月○日刑法修正施行前，其追訴權時效已進行而未完成者，適用○○○年○月○日修正施行之刑法第八十條（及第八十三條）規定。」以達立法之目的。

2-72 法規之公布、發布或下達

◎公布、發布均是公開宣告、昭示週知之意。惟憲法第37條規定：「總統依法公布法律，發布命令」**對法律用公布字樣，對命**

令用發布字樣，中央法規標準法亦然。

◎**法律生效之要件**：中央法規標準法第4條：「法律應經立法院通過，總統公布。」公布之方式，目前均以刊登總統府公報之方式為之，以總統府公報刊登之當日為法律之公布日。

◎**命令之形式生效要件**：中央法規標準法第7條：「各機關依其法定職權或基於法律授權訂定之命令，應視其性質分別下達或發布，並即送立法院。」命令究應採發布或下達方式頒行，目前規定尚有欠缺。惟認知上，命令規定的內容規範者涉及機關與人民團體間、機關與不相隸屬之機關間或內容有對不特定之對象公開之必要者，似宜採發布方式。如果該命令是針對本機關及所屬機關為之，則可採下達之方式。

體例參考

☆公務人員任用法（第40條第2項：「本法修正條文，自公布日施行。」）

☆各機關機要人員進用辦法（第9條：「本辦法自發布日施行。」）

易犯錯誤

◎公布、發布雖有公開宣告、昭示周知之意，惟有其法定意涵，故於法條中應謹慎使用。

例如：立法院第9屆委員提案制定「刑事案件確定後去氧核醣核酸鑑定條例」草案，其中第9條規定：「司法院就依本條例提出之聲請、裁定、再審之聲請及結果，應成立專責之研究委員會。前項之委員會應於每年九月公佈年度研究報告。」其第2項宜修正為「前項之委員會應於每年九月提出年度研究報告並公開。」不宜使用「公佈（布）」，以避免混淆（本條已於審查過程中刪除，並於後立法院三讀時確定）。

第三章

法律提案書案例解說

「優生保健法」修正草案[1]總說明

「優生保健法」（以下簡稱本法）自74年[2]1月1日施行，迄今已逾20年[3]，由於醫學科技日新月異，社會環境及家庭結構變遷，現行規定已無法符合實際需求，有進行全面檢討之必要。

鑑於現行本法之名稱，外界迭有易生歧視身心障礙者意味之批評，乃將名稱修正為「生育保健法」，另配合人工流產方法及醫療技術發展趨勢，酌修人工流產定義，並區分情節分別規定得實施人工流產之事由及其應踐行程序，維護胎兒生命權及婦女身體自主權，同時由醫療機構提供諮詢協助，以降低人工流產對婦女心理健康或家庭生活之不良影響，爰擬具「優生保健法」修正草案，其修正要點如下[4]：

一、配合未來人工流產方法及醫療技術發展趨勢，增列藥物為人工流產之方法。（修正條文第4條[5]）

---

[1] 本案例係以行政院101年2月23日院臺衛字第1010008889號函送本院審議擬具「優生保健法」修正草案為範例，惟本案並未完成修法程序。

[2] 敘述民國年代時，毋庸寫「中華民國」、「民國」二字。

[3] 敘述立法沿革時，如該法制定、修正均係「自公布日施行」者，則寫為：「○○法自○年○月○日公布施行後，曾於○年○月○日及○年○月○日二次修正施行。茲配合……」。如該法係自特定日施行者，則寫為：「○○法自○年○月○日公布，○年○月○日施行後，曾於○年○月○日修正公布，○年○月○日施行；……」。

[4] 總說明末句的撰寫體例：制定案時：「本草案分為○○，計○○條，其要點如次：……」；修正案之格式：「本修正草案合計修正○○條，刪除○○，新增○○，其修正要點如次：……」。新訂案之要點或修正案之修正要點，均以臚列重點為原則，不必逐條列點，修正案必須顯示出「修正」重點。

[5] 修正總說明所列各修正要點，其後括弧內所引之條文，僅需列明條次即可，不需載明修正的項次。

二、增訂遺傳疾病防治服務相關規定。（修正條文第6條、第7條及第9條）

三、增訂主管機關應建立生育保健相關諮詢、輔導諮商服務網絡。（修正條文第8條）

四、~~明定~~[6]得依懷孕婦女自願實施人工流產之具體事由；醫療機構應於實施人工流產前提供相關諮詢。（修正條文第10條）

五、因懷孕或生產將影響其心理健康或家庭生活而自願實施人工流產者，醫療機構應先提供諮詢，並於三日後經懷孕婦女簽具同意書，始得爲之。有配偶者，並應於簽具同意書前告知其配偶，但告知配偶顯有危害懷孕婦女安全之虞者，不在此限。（修正條文第11條）

六、未滿十八歲之未婚婦女依相關規定實施人工流產，須法定代理人同意，並經輔導諮商。法定代理人不能行使同意權或有停止親權或監護權之事由時，由當地社政主管機關，依其最佳利益行使同意權。（修正條文第12條）

七、配合相關規定修正，酌修罰則。（修正條文第15條至第18條）

6　每點首句避免使用「明定……」之「明定」二字。

優生保健法修正草案[7]條文對照表

修正名稱[8]	現行名稱	說明[9]
<u>生育</u>保健法	優生保健法	「優生」一詞本具有正面之意涵,惟現行「優生保健法」之名稱,外界迭有易生歧視身心障礙者意味之批評,為宣示本法制定,乃係為促進生育保健、確保懷孕婦女及胎兒之健康及安全,爰將本法名稱修正為「生育保健法」。
修正條文	**現行條文[10]**	**說明[11]**
第一章[12] 總則	第一章 總則	未修正。
第一條[13] 為促進生育保健、確保懷孕	第一條 為實施優生保健,<u>提高人口素</u>	一、現行條文第一項所定立法目的,常遭曲解為歧視身心障礙、特殊

---

[7] 全案修正(修正條文在全部條文二分之一以上者);部分條文修正(修正之條數在4條以上,未達全部條文二分之一者)寫為「○○法部分條文修正草案」;少數條文修正(修正條文在3條以下)寫為「○○法第○條修正草案」、「○○法第○條、第○條修正草案」或「○○法第○條、第○條、第○條修正草案」。

[8] 法規修正名稱變更較為少見,未修正時本欄不列。修正名稱修正條文列為第一欄,現行名稱及現行條文置於其後之第二欄。

[9] 第2頁以後表頭不再重複書寫。

[10] 應照最近一次修正條文,仔細核對,以避免誤漏而影響修正條文。

[11] 說明立法意旨時,宜明確宣示政策及依據(包括法令、法理、國內外立法例等依據),文義不明、專門用語,應特加敘明。各條文間有關者,一併表明。條文對照表之說明欄內明確敘述立(修)法意旨,不能只重複條文內容。

[12] 內容複雜,條文較多之重要法規,通常予以分章。本法雖條文不多、內容簡單,但為求醒目易明及便於立法草擬,故有章名。

[13] 法規條文應分條書寫,冠以「第某條」字樣,並得分為項、款、目。項不冠數字,空二格書寫。

婦女及胎兒之健康及安全，特制定本法。	質，保護母子健康及增進家庭幸福，特制定本法。 ~~本法未規定者，適用其他有關法律之規定。~~[14]	疾病、遺傳性疾病者，而使其終止懷孕，以提高人口素質，爰酌作文字修正。 二、本法與其他法律之適用順序關係仍需個案判斷，並不因為第二項之規定而取得相對於其他法律之特別地位，反易因此衍生爭擾，爰依現行法制作業通例刪除第二項規定。
第二條[15]　本法所稱主管機關：在中央為行政院衛生署；在直轄市為直轄市政府；在縣（市）為縣（市）政府。	第二條　本法所稱主管機關：在中央為行政院衛生署；在直轄市為直轄市政府；在縣（市）為縣（市）政府。	本條未修正。[16]
第三條　中央主管機關為推行生育保健，得邀集相關學者專家及民間團體代表，提供本法相關事項之研議及諮詢。 　前項學者專家及民間團體代表之女性人數，不得少於全體人數二分之一。	第三條　中央主管機關為推行優生保健，諮詢學者、專家意見，得設優生保健諮詢委員會，研審人工流產及結紮手術之標準；其組織規程，由中央主管機關定之。 　直轄市、縣（市）主管機關為推行優生保健，得設優生保健委員會，指導人民人工	一、按現行之優生保健諮詢委員會係屬任務編組，依中央行政機關組織基準法第五條第三項規定，除該法及各機關組織法規外，不得以作用法或其他法規，規定機關之組織事項，爰酌修第一項。 二、維護婦女生育保健乃本法基本目的所在，爰增訂第二項，規定學者專家及民間團體代表女性人數之最低比例，以資彰顯。 三、配合全國經濟永續發展會議有關作用法不規定地方組織之共同意見，刪除現行第二項。

---

[14] 整項刪除者於現行條文欄劃線。

[15] 研擬法律案時，如規定有主管機關及用詞定義之條文者，主管機關應置於條文第2條，用詞定義則置於條文第3條。

[16] 全文修正案應照列，不宜省略。

	流產及結紮手術；其設置辦法，由直轄市、縣（市）主管機關定之。	
第四條　本法所稱人工流產，指經醫學上認定，胎兒在母體外不能自然存活之期間內，以醫療技術或藥物，使胎兒及其附屬物排除於母體外之方法。 　本法所稱結紮手術，指不除去生殖腺，以醫療技術，將輸卵管或輸精管阻塞或切斷之方法。	第四條　稱人工流產者，謂經醫學上認定胎兒在母體外不能自然保持其生命[17]之期間內，以醫學技術，使胎兒及其附屬物排除於母體外之方法。 　稱結紮手術者，謂不除去生殖腺，以醫學技術將輸卵管或輸精管阻塞或切斷，而使停止生育之方法。	一、隨著醫療技術發展，週數小之胎兒存活率，已較以往提高，現行條文第一項規定「胎兒在母體外不能自然保持其生命之期間內」，係屬概念定義，較具彈性，爰予維持，並將「自然保持其生命」酌作文字修正為「自然存活」。另鑑於行政院衛生署業於八十九年底核准人工流產口服藥mifepristone（俗稱RU486）上市，考量未來人工流產方法，將隨著醫療技術發展，而陸續有運用藥品或醫療器材等情形，並增列「藥物」作為人工流產方法。 二、第二項酌作文字修正。
第二章　生育健康促進	第二章　健康保護及生育調節	本章內容在規範生育健康促進事項，爰配合修正章名。
第五條[18]　主管機關於必要時，得實施婚前或生育保健有關之健康檢查。 　前項檢查，除一般健康檢查外，並包括遺傳性疾病、傳染性疾病及精神疾病之檢查，其範圍由中央主管機關定之。	第六條　主管機關於必要時，得施行人民健康或婚前檢查。 　前項檢查除一般健康檢查外，並包括左列檢查： 一、有關遺傳性疾病檢查。 二、有關傳染性疾病檢查。	條次變更，並作文字修正。

---

[17] 現行條文於修正時部分刪除者，請於現行條文欄劃線。發布令附之條文不應劃線。
[18] 條文調次變更，於條次劃線，並於說明欄載明「條次變更」。

	三、有關精神疾病檢查。 　前項檢查項目，由中央主管機關定之。	
第六條　有礙生育健康之遺傳性疾病，其檢驗、診治及諮詢服務，非經中央主管機關認可之機構，不得為之。 　前項遺傳性疾病範圍、機構之認可、管理及其他應遵行事項之辦法，由中央主管機關定之。		一、本條新增[19]。 二、遺傳性疾病之檢驗、診治及諮詢之正確與否，影響個案之身心、家庭及社會關係重大，為確保遺傳醫學服務品質，爰規定須經中央主管機關認可之機構，始得為之。
第七條　主管機關得獎勵、補助醫療或研究機構從事遺傳性疾病防治工作。		一、本條新增。 二、為促進遺傳性疾病之防治，明定主管機關相關獎勵與補助規定。
第八條　主管機關應推動下列[20]事項： 一、[21]計劃生育服務及指導。 二、孕前、產前、產期、產後衛生保健服務及指導。	第七條　主管機關應實施左列事項： 一、生育調節服務及指導。 二、孕前、產前、產期、產後衛生保健服務及指導。	一、條次變更。 二、第一款酌作文字修正，俾利民眾瞭解規定意涵。 三、配合修正條文第九條至第十二條規定醫師或醫療機構應提供生育保健相關諮詢、輔導諮商服務，爰增列第四款，明定主管機關應建立生育保健相關諮詢、輔導諮

---

[19] 全文修正草案，新增條文條文撰寫方式為重新排列，不應出現「第○條之一」或「第○條（刪除）」之條文。在法案部分修正時，條次未重新編排，新增條文其條次之撰寫為「第○條之○」。

[20] 法規條文中之「左列」、「如左」應繕為「下列」、「如下」。

[21] 法規條文中有數款規定者，應分列書寫。修正條文列有款、目者，其「款」次及「目」次之數字，應分　依中央法規標準法第8條第1項規定，冠以一、二、三及（一）、（二）、（三）。

三、嬰、幼兒健康服務及親職教育。 四、生育保健相關諮詢、輔導諮商服務網絡之建立。	三、嬰、幼兒健康服務及親職教育。	商服務網絡。
22	第八條　避孕器材及藥品之使用，由中央主管機關定之。	一、本條刪除。 二、避孕器材及藥品之使用，回歸一般醫療器材及藥品之管理，爰予刪除。
第九條　醫師發現罹患有礙生育健康之遺傳性疾病、傳染性疾病或精神疾病者，應告知本人或其法定代理人，並提供諮詢或轉介。 　　醫師為懷孕婦女實施產前檢查，發現胎兒異常，應告知本人或其法定代理人，並提供諮詢或轉介。	第十一條　醫師發現罹患有礙優生之遺傳性、傳染性疾病或精神疾病者，應將實情告知患者或其法定代理人，並勸其接受治療。但對無法治療者，認為有施行結紮手術之必要時，應勸其施行結紮手術。 　　懷孕婦女施行產前檢查，醫師如發現有胎兒不正常者，應將實情告知本人或其配偶，認為有施行人工流產之必要時，應勸其施行人工流產。	一、條次變更。 二、醫師發現罹患有礙生育健康之遺傳性、傳染性及精神疾病時，除應善盡告知義務外，並應提供諮詢。若限於專長或設備，無法提供完整治療或諮詢服務時，則應主動協助病人轉介至其他機構接受進一步之診治諮詢。對於無法治療者，是否應施行結紮手術，則宜尊重病人之意願，爰修正第一項規定。 三、為尊重婦女之身體自主權，醫師為懷孕婦女實施產前檢查，發現胎兒異常時，應告知懷孕婦女（或其法定代理人），由其自行決定是否告知其配偶以及是否施行人工流產，並由醫師提供諮詢及轉介等協助，爰修正第二項規定。

第三章　　人工流產及結紮手術	第三章　　人工流產及結紮手術	未修正。
第十條　懷孕婦女經診斷或證明有下列情事之一者，醫療機構得依其自願實施人工流產。但應<u>於實施前提供相關諮詢</u>[23]： 一、本人或其配偶經診斷罹患有礙生育健康之遺傳性疾病、傳染性疾病或精神疾病。 二、本人或其配偶之四親等以內之血親經診斷罹患有礙生育健康之遺傳性疾病。 三、有醫學上理由，足以認定懷孕或生產有招致生命危險或危害身體或精神健康。 四、有醫學上理由，足以認定胎兒有畸型發育之虞。 五、因被強制性	第九條　懷孕婦女經診斷或證明有下列情事之一，得依其自願，施行人工流產： 一、本人或其配偶患有礙優生之遺傳性、傳染性疾病或精神疾病者。 二、本人或其配偶之四親等以內之血親患有礙優生之遺傳性疾病者。 三、有醫學上理由，足以認定懷孕或分娩有招致生命危險或危害身體或精神健康者。 四、有醫學上理由，足以認定胎兒有畸型發育之虞者。 五、因被強制性交、誘姦或與依法不得結婚者相姦而受孕者。	一、條次變更。 二、懷孕婦女經診斷或證明有本條修正條文第一款至第五款所列情形者，其面臨繼續或終止懷孕之重大抉擇，必須具有充分之資訊，包括醫學（尤其是遺傳醫學）資訊等，爰規定醫療機構為懷孕婦女實施人工流產前，應提供相關諮詢服務。 三、現行條文第一項第五款所定「依法不得結婚者」，意義不甚明確。目前係於施行細則第十三條規定「依法不得結婚者，其範圍依民法第九百八十三條之規定」，爰修正現行條文第一項第五款規定，使臻明確。 四、現行條文第一項第六款「因懷孕或生產將影響其心理健康或家庭生活者，得依其自願，實施人工流產」之事由及第二項是否應取得配偶同意之規定，修正移列第十一條。 五、現行條文第一項各款所定得依其自願實施人工流產情事之認定，宜依醫療專業個案認定，爰將第三項規定刪除。

---

[23] 修正條文與現行條文不同部分，於修正條文欄劃線。

交、誘姦或與依民法第九百八十三條規定不得結婚者性交而受孕。	六、因懷孕或生產將影響其心理健康或家庭生活者。 　未婚之未成年人或受監護或輔助宣告之人，依前項規定施行人工流產，應得法定代理人或輔助人之同意。有配偶者，依前項第六款規定施行人工流產，應得配偶之同意。但配偶生死不明或無意識或精神錯亂者，不在此限。 　第一項所定人工流產情事之認定，中央主管機關於必要時，得提經優生保健諮詢委員會研擬後，訂定標準公告之。	
第十一條[24]　懷孕婦女無前條各款所定事由，因懷孕或生產將影響其心理健康或家庭生活者，醫療機構得依其自願，實施人工流產。 　醫療機構依前	第九條第一項第六款懷孕婦女經診斷或證明有下列情事之一，得依其自願，施行人工流產： 六、因懷孕或生產將影響其心理健康或家庭生活者。	一、第一項規定由現行條文第九條第一項第六款移列。 二、第二項所定醫療機構應提供諮詢，其內容包括手術前：人工流產時機、生產與手術之風險及收（出）養管道；手術後：身體照顧、避孕措施與心靈重建等。又為使懷孕婦女於醫療機構提供諮詢後，能有一段緩衝時間決定繼

---

[24] 二條文合併爲一條，內容有修正之體例。「第一百一十條」之條次，依法律統一用語表應繕爲「第一百十條」。

項規定實施人工流產，應先提供諮詢，並於三日後經懷孕婦女簽具同意書，始得為之。 　　依第一項規定接受人工流產，有配偶者，應於簽具同意書前告知其配偶。但配偶生死不明或無意識或精神錯亂，或因告知配偶顯有危害懷孕婦女安全之虞者，無須告知。 　　第二項同意書格式及諮詢之內容，由中央主管機關定之。	第九條第二項　未婚之未成年人或受監護或輔助宣告之人，依前項規定施行人工流產，應得法定代理人或輔助人之同意。有配偶者，依前項第六款規定施行人工流產，應得配偶之同意。但配偶生死不明或無意識或精神錯亂者，不在此限。	續或終止懷孕，經邀集相關領域代表，召開多次會議協商，明定醫療機構依第一項規定實施人工流產，應先提供諮詢，並於三日後經懷孕婦女簽具同意書，始得為之。 三、第三項規定由現行條文第九條第二項後段移列。基於尊重婦女身體自主權，且考量婦女本身係懷孕或生產風險之最大承受者，爰將其接受人工流產，應得配偶同意之規定，修正為「應於簽具同意書前告知其配偶」。另為保護弱勢婦女，如配偶有犯罪前科、家暴、夫妻感情不睦或其他因告知配偶顯有危害懷孕婦女安全之虞者，則無須踐行告知程序。
第十二條　未滿十八歲之未婚婦女，依前二條規定實施人工流產者，應得法定代理人之同意。但法定代理人不能行使同意權或有停止親權或監護權之事由時，由當地社政主管機關，依其最佳利益行使同意權。 　　依前項規定實施人工流產，懷孕婦女應經輔導諮商，始得為之。	第九條第二項　未婚之未成年人或受監護或輔助宣告之人，依前項規定施行人工流產，應得法定代理人或輔助人之同意。有配偶者，依前項第六款規定施行人工流產，應得配偶之同意。但配偶生死不明或無意識或精神錯亂者，不在此限。	一、本條由現行條文第九條第二項前段「未婚之未成年人或受監護或輔助宣告之人，依前項規定施行人工流產，應得法定代理人或輔助人之同意」移列。 二、參照國外立法例，將未婚之未成年人施行人工流產，應得法定代理人同意之年齡限制，由「現行二十歲以下」修正為「十八歲以下」。另法定代理人不能行使同意權（如失蹤、無意識等）或有停止親權或監護權之事由（如兒童及少年福利與權益保障法第七十一條第一項所定情形）時，考慮若依民法改定監護人程序，恐會延宕個案施術時機（懷孕

受監護或輔助宣告之人，依前二條規定實施人工流產，應得法定代理人或輔助人之同意。 　第一項之同意書格式及第二項輔導諮商之內容、人員資格、實施方式等有關事項之辦法，由中央主管機關定之。		二十四週內），爰增訂第一項但書規定。 三、考量未滿十八歲之未婚婦女，其身體及心智尚未發育（展）成熟，應屬高關懷對象，爰於第二項規定其實施人工流產，應經輔導諮商後，始得為之。
第十三條　已婚男女經配偶同意者，醫療機構得依其自願，實施結紮手術。但經診斷或證明有下列情事之一者，得逕依其自願行之： 一、本人或其配偶經診斷罹患有礙生育健康之遺傳性疾病、傳染性疾病或精神疾病。 二、本人或其配偶之四親等以內之血親經診斷罹患有礙生育健康之遺傳性疾病。 三、本人或其配偶懷孕或生產，有危及母體健康之虞。	第十條　已婚男女經配偶同意者，得依其自願，施行結紮手術。但經診斷或證明有下列情事之一，得逕依其自願行之： 一、本人或其配偶患有礙優生之遺傳性、傳染性疾病或精神疾病者。 二、本人或其配偶之四親等以內之血親患有礙優生之遺傳性疾病者。 三、本人或其配偶懷孕或分娩，有危及母體健康之虞者。 　未婚男女有前項但書所定情事之	一、條次變更，並作文字修正。 二、第一項各款所定得依其自願實施結紮手術情事之認定，由醫師依醫療專業認定，爰刪除現行條文第四項規定。

未婚成年男女有前項但書所定情事之一者，實施結紮手術，得依其自願行之；未婚之未成年人或受監護或輔助宣告之人，並應經其法定代理人或輔助人之同意。 　　第一項[25]所定應得配偶同意，其配偶生死不明或無意識或精神錯亂者，不在此限。	一者，施行結紮手術，得依其自願行之；未婚之未成年人或受監護或輔助宣告之人，施行結紮手術，應得法定代理人或輔助人之同意。 　　第一項所定應得配偶同意，其配偶生死不明或無意識或精神錯亂者，不在此限。 　　第一項所定結紮手術情事之認定，中央主管機關於必要時，得提經優生保健諮詢委員會研擬後，訂定標準公告之。	
第十四條　本法規定之人工流產或結紮手術，應由中央主管機關指定之醫師為之。	第五條　本法規定之人工流產或結紮手術，非經中央主管機關指定之醫師不得為之。 　　前項指定辦法，由中央主管機關定之。	一、條次變更，並作文字修正。 二、有關人工流產或結紮手術指定醫師之資格，授權由中央主管機關以公告定之，爰刪除第二項另定「指定辦法」之規定。
第四章　　罰則	第四章　　罰則	未修正。
第十五條　未取得合法醫師資格，擅自實	第十三條　未取得合法醫師資格，擅自施	條次變更，並作文字修正。

---

[25] 於同條內援引其他項、款，應稱「前項」、「前款」或「第○項」、「第○款」，不再稱「本條前項」……。

施人工流產或結紮手術者，依醫師法第二十八條規定懲處。	行人工流產或結紮手術者，依醫師法第二十八條懲處。	
第十六條　非第十四條所定之醫師實施人工流產或結紮手術者，處新臺幣[26]十萬元以上五十萬元以下罰鍰。	第十二條　非第五條所定之醫師施行人工流產或結紮手術者，處一萬元以上三萬元以下罰鍰。	一、條次變更。 二、非經中央主管機關指定之醫師，實施人工流產或結紮手術，有影響國民健康之虞，為確保病人權益，爰修正加重其罰鍰額度。
第十七條　違反第六條第一項規定[27]，從事有礙生育健康之遺傳性疾病之檢驗、診治或諮詢服務之機構，處新臺幣六萬元以上三十萬元以下罰鍰。違反依第六條第二項所定辦法中有關管理事項者，亦同。		一、本條新增。 二、配合新增第六條規定，定其罰則。
第十八條　醫療機構違反第十條、第十一條第一項、第二項、第十二條第一項至第三項或第十三條第一項或第二項規定實施人工流產或結紮手術者，處該醫療機構及其行為醫師，新		一、本條新增。 二、醫療機構違反第十條、第十一條第一項、第二項、第十二條第一項至第三項、第十三條第一項或第二項所定實施人工流產或結紮手術之條件、諮詢或輔導諮商、三日期間或告知同意之程序規定，處該醫療機構及其行為醫師之罰則。

---

[26] 法規條文中之「新『台』幣」應繕為「新『臺』幣」。
[27] 不用第○條「之」規定，改為第○條規定，項、款、目皆同體例。

臺幣三萬元以上十五萬元以下罰鍰。		
第十九條 本法所定罰鍰，由直轄市、縣（市）主管機關處罰之。		一、本條新增。 二、本法罰鍰之處罰機關。
	第十四條 依本法所處罰鍰，經催告後逾期仍未繳納者，由主管機關移送法院強制執行。	一、本條刪除。 二、罰鍰未依限繳納，移送強制執行之規定，依行政執行法之規定即可，不須於此重複規定，爰予刪除。
第五章　　附則	第五章　　　附則	未修正。
	第十五條 本法所稱有礙優生之遺傳性、傳染性疾病或精神疾病之範圍，由中央主管機關定之。	一、本條刪除。 二、配合第六條第二項已授權中央主管機關訂定有礙生育健康之遺傳性疾病範圍。另傳染病或精神疾病已有傳染病防治法及精神衛生法專法規定，其有礙生育健康亦得由醫療專業判斷，爰予刪除。
	第十六條 接受本法第六條、第七條、第九條、第十條所定之優生保健措施者，政府得減免或補助其費用。 　前項減免或補助費用辦法，由中央主管機關擬訂，報請行政院核定後行之。	一、本條刪除。 二、有關生育保健措施之補助或減免，已有再行檢討必要，且得基於業務職掌，由主管機關循預算程序為之，爰予刪除。
	第十七條 本法施行細則，由中央主管機關定之。	一、本條刪除。 二、本法施行細則之規定，其涉及人民權利義務者，或已提列本法規定，或將回歸醫療專業自主判

		斷，故未來並無授權訂定細則之必要，爰刪除本條。
第二十條　本法施行日期，由行政院定之[28]。	第十八條　本法自中華民國七十四年[29]一月一日施行。 　　本法中華民國九十八年六月十二日修正之條文，自九十八年十一月二十三日施行。	一、條次變更。 二、本法修正幅度較大，醫療機構、醫師及國人均宜有過渡時期以資適應，爰授權行政院另定施行日期，以符實需。

本範例註解之資料來源：

法規修正草案條文對照表加劃邊線原則（修正本），行政院秘書長函（中華民國88年4月26日台88秘字第16221號）銓敘部法規作業手冊（2012年12月），頁211-324。

---

[28] 全案修正時，如有改變該法規施行方式之必要，視同新訂案之方式修正末條。授權機關以令訂定施行日期者，則該法規每次修正，均應注意是否已再以令訂定施行日期。

[29] 法規條文中有提及年代時，應加註「中華民國」，所列日期，應用中文數字。

第四章

重要法制作業準據

4-1 法源位階表

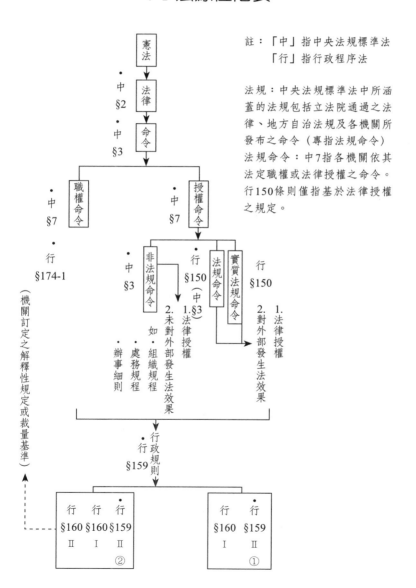

註：「中」指中央法規標準法
　　「行」指行政程序法

法規：中央法規標準法中所涵
蓋的法規包括立法院通過之法
律、地方自治法規及各機關所
發布之命令（專指法規命令）
法規命令：中7指各機關依其
法定職權或法律授權之命令。
行150條則僅指基於法律授權
之規定。

4-2 立法程序簡圖

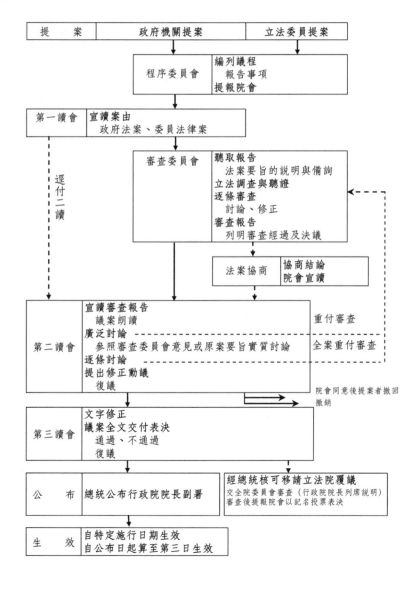

| 提　　案 | 政府機關提案 | 立法委員提案 |

程序委員會　編列議程
報告事項
提報院會

第一讀會　宣讀案由
政府法案、委員法律案

審查委員會　聽取報告
法案要旨的說明與備詢
立法調查與聽證
逐條審查
討論、修正
審查報告
列明審查經過及決議

法案協商　協商結論
院會宣讀

逐付二讀

第二讀會　宣讀審查報告
議案朗讀
廣泛討論 ……………… 重付審查
參照審查委員會意見或原案要旨實質討論 全案重付審查
逐條討論
提出修正動議
復議

院會同意後提案者撤回
撤銷

第三讀會　文字修正
議案全文交付表決
通過、不通過
復議

公　　布　總統公布行政院院長副署

經總統核可移請立法院覆議
交全院委員會審查（行政院院長列席說明）
審查後提報院會以記名投票表決

生　　效　自特定施行日期生效
自公布日起算至第三日生效

4-3 研擬法規草案（包括新訂案或修正案）須注意之重點

（引自「行政機關法制作業實務」，頁458-473）

一、法規草案總說明、逐條說明或條文對照表說明欄部分

（一）敘述民國年代時，毋庸寫「中華民國」、「民國」二字，如「○○法自六十五年公布施行後，……。」

（二）敘述機關名稱，均以「行政院」、「立法院」、「司法院」、「經濟部」……等方式爲之，不寫爲「本院」、「貴院」、「本部」。

（三）敘述立法沿革時，如該法制定、修正均係「自公布日施行」者，則寫爲：「○○法自○年○月○日公布施行後，曾於○年○月○日及○年○月○日二次修正施行。茲配合……」

如該法係自特定日施行者，則寫爲：「○○法自○年○月○日公布，○年○月○日施行後，曾於○年○月○日修正公布，○年○月○日施行；……」

（四）總說明中，新訂案之要點或修正案之修正要點，均以臚列重點爲原則，不必逐條列點，修正案必須顯示出「修正」重點；每點首句避免使用「明定……」之「明定」二字，逐條說明或條文對照表亦同，如：

「……，爰擬具『○○法』草案，計五十一條，其要點如次：

一、明定本法之立法目的、各層級之主管機關及名詞解釋。（草案第一條至第三條）

二、明定……

三、……」

二、法規草案條文部分

（一）辦理法規修正案，其條文對照表之現行條文欄，應照最近一次修正條文，仔細核對，以避免誤漏而影響修正條文。

（二）規費相關規定，應依規費法第10條等規定辦理。

（三）授權法規，於第1條明列法律授權依據後，毋庸再明定該法規與其他法規之適用順序，其母法已定有主管機關者，亦毋庸於法規中明列主管機關為何。

（四）授權之子法規內容應儘量援引母法條文，尤其是施行細則，並按母法條次順序，排列該子法之各條條次。

（五）法規條文與其他法律、命令有關者，應先查明他法律、命令之相關規定，如該法律、命令為其他機關主管者，應先洽商各該機關之意見。

（六）法規修正時，如僅部分條文修正，應注意該法規末條究係明定該法規自公（發）施行或自特定日施行；如要改變原施行方式，應修正末條。全案修正時，如有改變該法規施行方式之必要，視同新訂案之方式修正末條。

（七）法規末條如授權機關以令訂定施行日期者，則該法規每次修正，均應注意是否已再以令訂定施行日期。

（八）法規僅修正部分條文時，應全面檢查其他未修正之條文有無亦應配合修正者。

（九）法規定有施行期限時，如欲延長適用期間，應恪遵中央法規標準法第24條規定，提早作業，以免期滿當然廢止，而必須重新訂定發布。

（十）法規之廢止，依中央法規標準法第22條第3項規定，係自第3日生效，故不得特定廢止之生效日期。

（十一）數法律合併修正為一法律時，依立法院之慣例，仍以新制定法律之方式辦理，原數法律即採廢止方式為之。

（十二）法規之制（訂）定或修正影響政府預算或財政收支時，應依財政收支劃分法第38條之1及行政院訂頒稅式支出評估

作業應注意事項辦理。

（十三）法律案罰則之規定，應按下列原則：

1. 以專條或專章規範為原則。

2. 僅處罰故意時，應明定「故意」或類似表彰具有故意始予處罰之文字。

3. 罰則規定，應按下列順序為之：

(1) 先規定刑罰，再規定行政罰。

(2) 先規定罰責較重者，再規定罰責較輕者。

(3) 依違反條次之先、後，排列罰責規定。

4. 訂定行政罰時，不論是名稱或用詞，應儘量與行政罰法所定用語或用詞一致。

5. 關於罰鍰方面：

(1) 罰鍰上、下限應有固定倍數。

(2) 刑度及額度應與其他相關法律衡平及配合。

(3) 應審酌違反行政法上義務行為應受責難程度、所生影響及因違反行政法上義務所得之利益，並得考量受處罰者之資力。

(4) 違反行政法上義務之可非難程度較低者，應儘量考慮訂定最高額新臺幣3,000元以下之罰鍰，俾使行為人於違犯情節輕微時，得由行政機關審酌具體情形，不予處罰，並改以糾正或勸導措施，導正人民行為。

6. 擬例外沒入非受處罰者所有物之必要時，除行政罰法第22條所定得予沒入之情形者外，應予明文規定。

7. 就違反同一行政法上義務之行為，避免於不同法律或自治條例重複為相同或不同之處罰規定。如確有另一法律或自治條例作宣示規定之必要，得於條文中規定，違反行政法上義務者，「依○○法第○條規定處罰」，惟應注意二者之構成要件是否具有一致性或涵蓋性。

8. 各機關如認為刑罰過重、失衡或有其他不合時宜情事時，應適時檢討有無將此刑罰除罪化，僅處以行政罰之可能

性。

9. 處罰之構成要件及數額，應在法律中明定；如法律就其構成要件，授權以命令爲補充規定者，授權之內容及範圍應具體明確。尤其刑罰之構成要件，應由法律定之，若授權以命令定之者，除上開授權明確之原則外，必須自授權之法律規定中，得預見其行爲之可罰，方符刑罰明確性原則。（司法院釋字第313號、第522號解釋）

（十四）法規條文中有提及年代時，應加註「中華民國」，其條文內容表達法規發布或施行日期時，應按下列原則：

　　1. 自「公布日施行」者：定明爲「本法中華民國○年○月○日公布施行前，……」或「本法中華民國○年○月○日修正施行前，……」時，上開日期係均指總統「制定公布」或「修正公布」當日，不算至第3日之生效日；但如明確定爲「本法中華民國○年○月○日公布生效前，……」或「本法中華民國○年○月○日修正生效前，……」，則上開日期應係指算至第3日之生效日。

　　2. 自特定日施行者：均定明「本法中華民國○年○月○日公布，○年○月○日施行前，……」或「本法中華民國○年○月○日修正公布，○年○月○日施行前，……」（上開施行日即指生效日）。

（以下摘自司法院及所屬機關法制作業應注意事項六、十四及十六）

（十五）法規命令預告程序：依行政程序法第154條第1項規定，機關擬訂法規命令時，該草案內容及相關事項應於政府公報或新聞紙公告，此即法規命令之預告程序；該項預告之期間不得少於14日，但有定較短期間之必要者，得另定之，並應於草案內容公告時，一併公告其理由。前項法規命令之訂定有情況急迫，顯然無法事先公告周知者，得不行預告程序。依行政程序法第151條第2項規定，法規命令之修正、廢止、停止或恢復適用，準用訂定程序之規

定。

（十六）實質法規命令：為實質意義之法規命令的簡稱，指法律
授權機關就一般事項訂定之抽象規範，因其性質或內容特
殊，不宜或顯難以法規命令名稱及法條形式出之者，法律
授權不適用中央法規標準法所定法規名稱、法條格式之規
定。其雖不具法規命令之名稱與格式，但已具法規命令由
法律授權就一般事項為抽象規範並對多數不特定人民發生
法律效果之實質，故稱為實質法規命令。實質法規命令應
以「令」發布或依法律規定「公告」之，並應踐行行政程
序法第154條之預告程序，發布後應刊登公報並即送立法
院備查，並應於「公告」或「令」中敘明生效日期。於其
修正、廢止時，亦同。

（十七）法律、命令除定有施行期限者外，其廢止均自公布或發
布之日起，算至第3日起失效（中央法規標準法第22條參
照）；如同時有新法規之制（訂）定，應注意時間上之銜
接。

三、制（訂）定法律、命令總說明之格式

（司法院及所屬機關法制作業應注意事項（中華民國105年3月31
日）貳、草案格式二之附件）

○○○○草案總說明

　　……（詳述訂定意旨及政策取向），爰擬具「○○○○」草案
（必要時應包括所用法規名稱之理由），其要點如下：

一、……。（草案第○條）

二、……。（草案第○條）

三、……。

說明：於命令發布後函知相關機關，如併送總說明或逐條說明時，因其已非「草
　　　案」，應注意將標題及內文中之「草案」二字刪除，逐條說明之文字亦應配
　　　合調整。

四、制（訂）定法律、命令逐條說明之格式

○○○○草案

（本表之標題為「○○○○草案」，此即法制作業上所稱「逐條說明」，不宜將標題寫成「○○○○草案逐條說明」）

（第2頁以後表頭不再重複書寫）

條文	說明
第一條　……。	本辦法（或法、條例……）訂定依據。
第二條　……。	……。
第○條　……。	……。
…	……。
第○條　……。	本辦法（或法、條例……）施行日期。

五、修正法律、命令總說明之格式

○○○○修正草案總說明

　　……（略述該法規訂定及修正之沿革並詳細說明本次修正意旨及政策取向；如法規之名稱亦修正者，並加敘其理由），爰擬具「○○○○」修正草案，其修正要點如下：

一、~~明定~~……。（修正條文第○條）

二、~~明定~~……。（修正條文第○條）

三、因……，爰刪除現行條文第○條。

四、……。（修正條文第○條）

……。

說明：1. 上例為全案修正（修正條文在全部條文二分之一以上者）。
　　　2. 部分條文修正（修正之條數在4條以上，未達全部條文二分之一者）：總說明及條文對照表均比照全案修正方式製作，並將其所稱「修正草案」改為「部分條文修正草案」。
　　　3. 少數條文修正（修正條文在3條以下，未達全部條文二分之一者）：總說明及條文對照表均比照全案修正方式製作，並將其所稱「修正草案」視情形改寫為「第○條修正草案」、「第○條、第○條修正草案」或「第

○條、第○條、第○條修正草案」。於僅修正1條之情形，總説明無須分點
説明；修正2條或3條，如修正內容單純者，亦同。

4. 法規有附表或附件而與條文同時修正時，不調整條文對照表而另行製表處理，惟共用總説明，且
   (1) 全案修正：總説明標題名稱無須調整。
   (2) 部分條文修正或少數條文修正：屬擬修正條文之附表或附件者，總説明標題名稱無須調整。不屬擬修正條文之附件或附表者，總説明標題名稱視情形調整為「○○○○部分條文及第○條附表（件）修正草案總説明」、「○○○○第○條及第○條附表（件）修正草案總説明」、「○○○○第○條、第○條及第○條附表（件）修正草案總説明」、「○○○○第○條、第○條、第○條及第○條附表（件）修正草案總説明」。
   (3) 附表（件）之對照表格式如下：

第○條附表（件）修正草案對照表

修正規定	現行規定	説明

5. 敘述機關名稱，於第一次出現時，應以機關全稱稱之，不能用「本院」、「貴院」。
6. 修正重點每點首句避免使用「明定」二字；逐條説明或條文對照表説明欄亦同。

六、修正法律、命令條文對照表之格式

○○○○修正草案條文對照表
（第2頁以後表頭不重複書寫）

修正名稱	現行名稱	説明
△△△△	○○○○	……。
修正條文	現行條文	説明
第一條……。	第一條……。	……。

第二條……。	第二條……。	……。
第○條……。	第○條……。	……。
……	……	……
第○條……。	第○條……。	……。

説明：1. 有關標題名稱之書寫及附件修正之處理，請參閲「五、修正法律、命令總說明之格式」之說明。

2. 於修正條文之條次有變更時，說明欄引述之條次，若有讓人不知是現行法條文或修正後條文之疑慮時，宜於條文前加上對照表欄位名稱即「現行條文第○條」、「修正條文第○條」。

4-4 公文書橫式書寫數字使用原則

中華民國93年9月17日行政院台秘字第0930089122號函

一、為使各機關公文書橫式書寫之數字使用有一致之規範可循，特訂定本原則。

二、數字用語具一般數字意義（如代碼、國民身分證統一編號、編號、發文字號、日期、時間、序數、電話、傳眞、郵遞區號、門牌號碼等）、統計意義（如計量單位、統計數據等）者，或以阿拉伯數字表示較清楚者，使用阿拉伯數字。

三、數字用語屬描述性用語、專有名詞（如地名、書名、人名、店名、頭銜等）、慣用語者，或以中文數字表示較妥適者，使用中文數字。

四、數字用語屬法規條項款目、編章節款目之統計數據者，以及引敘或摘述法規條文內容時，使用阿拉伯數字；但屬法規制訂、修正及廢止案之法制作業者，應依「中央法規標準法」、「法律統一用語表」等相關規定辦理。

數字用法舉例一覽表

阿拉伯數字／中文數字	用語類別	用法舉例
阿拉伯數字	代號（碼）、國民身分證統一編號、編號、發文字號	ISBN 988-133-005-1、M234567890、附表（件）1、院臺秘字第0930086517號、臺79內字第095512號
	序數	第4屆第6會期、第1階段、第1優先、第2次、第3名、第4季、第5會議室、第6次會議紀錄、第7組
	日期、時間	民國93年7月8日、93年度、21世紀、公元2000年、7時50分、 挑戰2008：國家發展重點計畫、 520就職典禮、72水災、921大地震、 911恐怖事件、228事件、38婦女節、 延後3週辦理
	電話、傳真	（02）3356-6500
	郵遞區號、門牌號碼	100台北市中正區忠孝東路1段2號3樓304室
	計量單位	150公分、35公斤、30度、2萬元、5角、35立方公尺、7.36公頃、土地1.5筆
	統計數據（如百分比、金額、人數、比數等）	80%、3.59%、6億3,944萬2,789元、639,442,789人、1：3
中文數字	描述性用語	一律、一致性、再一次、一再強調、 一流大學、前一年、一分子、三大面向、 四大施政主軸、一次補助、 一個多元族群的社會、每一位同仁、 一支部隊、一套規範、不二法門、 三生有幸、新十大建設、國土三法、 組織四法、零歲教育、核四廠、第一線上、第二專長、第三部門、公正第三人、 第一夫人、三級制政府、國小三年級

阿拉伯數字／中文數字	用語類別	用法舉例
	專有名詞（如地名、書名、人名、店名、頭銜等）	九九峰、三國演義、李四、五南書局、恩史瓦第三世
	慣用語（如星期、比例、概數、約數）	星期一、週一、正月初五、十分之一、三讀、三軍軍隊、約三、四天、二三百架次、幾十萬分之一、七千餘人、二百多人
阿拉伯數字	法規條項款目、編章節款目之統計數據	事務管理規則共分15編、415條條文
	法規內容之引敘或摘述	依兒童福利法第44條規定：「違反第2條第2項規定者，處新臺幣1千元以上3萬元以下罰鍰。」 兒童出生後10日內，接生人如未將出生之相關資料通報戶政及衛生主管機關備查，依兒童福利法第44條規定，可處1千元以上、3萬元以下罰鍰。
中文數字	法規制訂、修正及廢止案之法制作業公文書（如令、函、法規草案總說明、條文對照表等）	1.行政院令：修正「事務管理規則」第一百十一條條文。 2.行政院函：修正「事務管理手冊」財產管理第五十點、第五十一點、第五十二點，並自中華民國九十三年二月十六日生效…… 3.「○○法」草案總說明：……爰擬具「○○法」草案，計五十一條。 4.關稅法施行細則部分條文修正草案條文對照表之「說明」欄－修正條文第十六條之說明：一、關稅法第十二條第一項計算關稅完稅價格附加比例已減低為百分之五，本條第一項爰予配合修正。

註：本原則自即日起至93年12月31日止，以「公文書橫式書寫推動方案」第1階段優先推動之無須修法立即採行措施（如各類申請書表、圖表、機關內部表單及相關文件等）為適用範圍。至所有公文書（如令、函等），配合「公文程式條例」第7條修正條文之施行日期，自94年1月1日起全面適用。

4-5 法律統一用字表

中華民國62年3月13日立法院第1屆第51會期第5次會議及中華民國
75年11月25日第78會期第17次會議認可
中華民國104年12月16日立法院第8屆第8會期第14次會議通過新增
一則

用字舉例	統一用字	曾見用字	說明
公布、分布、頒布	布	佈	
徵兵、徵稅、稽徵	徵	征	
部分、身分	分	份	
帳、帳目、帳戶	帳	賬	
韭菜	韭	韮	
礦、礦物、礦藏	礦	鑛	
釐訂、釐定	釐	厘	
使館、領館、圖書館	館	舘	
穀、穀物	穀	谷	
行蹤、失蹤	蹤	踪	
妨礙、障礙、阻礙	礙	碍	
賸餘	賸	剩	
占、占有、獨占	占	佔	
牴觸	牴	抵	
雇員、雇主、雇工	雇	僱	名詞用「雇」
僱、僱用、聘僱	僱	雇	動詞用「僱」
贓物	贓	臟	
黏貼	黏	粘	

用字舉例	統一用字	曾見用字	說明
計畫	畫	劃	名詞用「畫」
策劃、規劃、擘劃	劃	畫	動詞用「劃」
蒐集	蒐	搜	
菸葉、菸酒	菸	煙	
儘先、儘量	儘	盡	
麻類、亞麻	麻	蔴	
電表、水表	表	錶	
擦刮	刮	括	
拆除	拆	撤	
磷、硫化磷	磷	燐	
貫徹	徹	澈	
澈底	澈	徹	
祇	祇	只	副詞
並	並	并	連接詞
聲請	聲	申	對法院用「聲請」
申請	申	聲	對行政機關用「申請」
關於、對於	於	于	
給與	與	予	給與實物
給予、授予	予	與	給予名位、榮譽等抽象事物
紀錄	紀	記	名詞用「紀錄」
記錄	記	紀	動詞用「記錄」
事蹟、史蹟、遺蹟	蹟	跡	
蹤跡	跡	蹟	
糧食	糧	粮	
覆核	覆	複	
復查	復	複	

用字舉例	統一用字	曾見用字	說明
複驗	複	復	
取消	消	銷	

4-6 法制用字、用語之補充

（引自「行政機關法制作業實務」，頁375-376）

◎「定」及「訂」之慣用法：

明「定」；增「訂」；「定」之（如「……之辦法，由……定之。」）；所「定」（如「依本法所定之……辦法……」）；新「訂」。

（法律之創制，用「制定」，行政命令之制作，用「訂定」，公文書之製成用「製定」。例如：制定「檔案法」，訂定「檔案法施行細則」，製定「檔案分類表」。）

◎應使用「修正」、「制定」或「訂定」，不寫「修訂」、「修改」或「制訂」。

表明法律之「制定」及命令之「訂定」時，可寫為「法規之制（訂）定」；合併表明新訂及修正時，應寫成「法規之制（訂）定、修正」或「法規之訂修」。

◎名詞解釋時，用「所稱」，其他情形用「所定」，如：

「本法所稱各級學校，指……」。

「本法所定各級學校，應由教育部……」。

◎解釋名詞之條文，使用「用詞」，不寫「用辭」或「用語」，如

「本法用詞，定義如下：

一、……。

二、……。」

◎核定、備查之用法，如下：
「……應擬訂……計畫，報……核定。」
「……應訂定……計畫，報……備查。」
◎於表示「核定」（行政處分）時，不使用「核備」、「備案」等文字。
在同一法規中，使用「許可」、「核定」、「核准」、「同意」等准駁用詞，應注意統一使用或按情形分別使用。
◎在一定期間內必須行為者，使用「屆期」，不用「逾期」；表達已過一定期限之事實，則使用「逾期」；如：
「……應限期令其改善；屆期不改善者……。」
「……請求權之行使，以二年為限，逾期不予受理。……」
◎引述條文時，應在條文之後加列「規定」二字，不寫「之規定」，如：
「本辦法依醫療法第○○條第○項規定訂定之。」
「違反第二十一條規定者，處新臺幣五萬元以上二十五萬元以下罰鍰。……」
「依前條規定申請許可證時，應填具申請書，並檢具下列文件、資料，……」
「有第七條各款規定（或所定）情事之一者，……」
◎序言有「者」字，各款不再使用「者」字，反之亦然，如：
「有下列各款情事之一者，處新臺幣一萬元以上五萬元以下罰鍰：
一、違反第五條第二項規定者。
二、違反中央主管機關依第十二條第三項規定所為之命令者。……」
◎法規條文不宜太長，立法技術上，可採分項、款、目方式規定，並善用標點符號「、」「，」「；」「。」，以利大眾閱覽及明白。
◎處罰機關及強制執行之體例，如下：
「本法所定之罰鍰、停業……，由直轄市、縣（市）主管機關處

罰之。」

「依本法所處之罰鍰，經限期繳納，屆期仍未繳納者，依法移送強制執行。」

補充資料

◎一事物對一事物就整體而言所占的百分比為「比率」，例如20%或20／100（1／5）。至表達兩數相比之比值之意，則使用「比例」（例如a：b＝c：d；第○條罰鍰上、下之比例與第○條罰鍰上、下限之比例相同；獎勵金額對各級學校之分配數額，按1：2：3之比例計算。）

◎表達數目「二」時，均使用「二小時」、「二星期」，不使用「兩小時」、「兩星期」。表達期間時，使用「七日」、「一星期」，不使用「一週」；使用「十四日」或「二星期」，不使用「二週」，依此類推。

◎法規或行政規則之各條或各點中，使用「中華民國」時，以使用1次即可，例如：「第○條本法自公布日施行。

本法中華民國○年○月○日修正公布之條文，自○年○月○日施行。」

◎應使用「命其限期改善」，不使用「令其限期改善」。

◎應使用「上升、提升」，不使用「上昇、提昇」。但表示職務異動，使用「陞遷」。

◎表達「終結」、「完畢」之意，使用「訖」（例如收訖、查訖、銀貨兩訖）；表達「到達」之意，使用「迄」（例如迄今、起迄）。

◎表達暴露真相之意思時，使用「洩露」（例如洩露行蹤）。

◎「鑑」字：用於「鑑別」、「鑑賞」、「印鑑」、「鑑定」。

◎「鑒」字：用於「鑒核」、「鑒諒」。

◎「銷」字：用於「銷溶」、「推銷」、「註銷」。

◎「消」字：用於「取消」、「冰消」、「煙消」。

◎使用「橋梁」，不使用「橋樑」；使用「梁木」，不使用「樑

木」。

◎「瞭」字：用於「瞭解」、「明瞭」。但「了解」亦可。

◎「了」字：用於「了結」、「了斷」。

◎關於「權利」，使用「授與」，不使用「授予」（例如代理權之授與）。

◎條文中如僅有一連接詞時，須用「及」字；如有二個連接詞時，則上用「與」字，下用「及」字，不用「暨」字作爲連接詞。

◎引用他處條文，其條次係連續者，則用「至」字代替中間條次，例如「第三條、第四條、第五條」，改爲「第三條至第五條」。項、款、目之引用準此。

◎條文中「第○條之規定」字樣，刪除「之」字，改爲「第○條規定」，項、款、目準此。

◎標題不使用標點符號。

◎有「但書」之條文，「但」字上之標點使用句號「。」（惟但書前之「前段」，如以「；」區分爲二段以上文字，而但書僅在表明最後段之例外規定時，得在「但」字上使用「，」。例如「前項許可證之申請，應檢具……；其屬役男者，並應檢具……，但……之役男，不在此限。」）

◎「及」字爲連接詞時，「及」字上之標點刪除（但條文太長時，可以寫成「……，及……」）。

◎「其」字爲代名詞時，其上用分號「；」。如「其組織以法律定之」，「其」字上，須用分號「；」。

4-7 立法慣用語及標點符號

中華民國76年8月1日立法院（76）臺處議字第1848號函訂定發布
全文2點

一、語詞

（一）條文中如僅有一連接詞時，須用「及」字；如有二個連接詞
時，則上用「與」字，下用「及」字；不用「暨」字作為連
接詞。

（二）條文中之「省市政府」或「省政府及直轄市政府」用語，均
改為「省（市）政府」。依此體例將「縣市政府」改為「縣
（市）政府」；將「鄉、鎮公所」改為「鄉（鎮）公所」；
將「鄉、鎮（縣轄市）公所」改為「鄉（鎮、市）公所」；
將「鄉、鎮（市）、區公所」改為「鄉（鎮、市、區）公
所」。

（三）引用他處條文，其條次係連續者，則用「至」字代替中間條
次，如「第三條、第四條、第五條」，改為「第三條至第五
條」。項、款、目之引用準此。

（四）條文中「第×條之規定」字樣，刪除「之」字，改為「第×
條規定」，項、款、目準此。

二、標點符號

（一）標題不使用標點符號。

（二）有「但書」之條文，「但」字上之標點使用句號「。」。

（三）「及」字為連接詞時，「及」字上之標點刪除。

（四）「其」字為代名詞時，其上用分號「；」。如「其組織以法
律定之」，「其」字上，須用分號「；」。

三、法條文字中標點符號用法

（一）「但」書規定前，應加何種符號：目前法條中常見者有「……，但……」；「……；但……」；「……。但……」，由於但書係一獨立關係之規定，僅為法規文字運用之簡潔使然，且現行法以使用句號占多數，宜採用之。同理，在使用「……亦同」之文句前，亦以加具句號為宜。

（二）法規條文中專有名詞及其定義間應否加具標點符號：現行有於其間加具「，」、冒號「：」、破折號「──」或不加具標點符號等類型，以採冒號「：」最為常見，且按冒號係適用於總起下文或總結上文，表示前後句的意思相等之功用。

（三）法規條文中項中分款，各款結束後應加何種符號：現行有兩種類型：「……一、……；二、……；三、……。」及「……一、……。二、……。三、……。」，以後者較常見，且基於法規條文中各款均係獨立之關係，句號係用於敘述句結尾之情形，故較為合宜。

（四）法規條文中稱「○以上」、「○以下」，兩者間應否加標點符號：現行一般都未加，如刑法第109條第1項之「一年以上七年以下」，少數則有在其間加頓號「、」，新立之法應可統一採不加具頓號。

（五）夾注號（括號）在法條中的用法：用於表示夾注號內之文字係在說明或註釋；亦有表示夾注號內之用語，與夾注號上某用語係同類詞或其含意相當之意，如縣（市）政府、鄉（鎮、市）公所。故以後者為宜。

（六）以簡稱方式簡化法條中重複出現的名詞時，由於簡稱後的名詞與原名詞意義上並無差別，為免誤會加具引號後之名詞有特殊之意義，因此，條文中之用字或用語皆以不加引號為當。（例如，勞資爭議處理法第3條：「本法於僱主或有法人資格之僱主團體（以下簡稱僱主團體）……」。）

4-8 法規修正草案條文對照表加劃邊線原則

　　行政院秘書長函（中華民國88年4月26日台88秘字第16221號）法規修正草案條文對照表加劃邊線原則（修正本）。

1. 修正條文與現行條文不同部分，請於修正條文欄劃線。
2. 現行條文於修正時部分刪除者，請於現行條文欄劃線。
3. 整條新增或刪除者，請於說明欄劃線；整項、款、目新增或刪除者，請於修正條文欄或現行條文欄中新增或刪除之項、款、目部分劃線。
4. 檢附範例一份。

○○○○○○修正草案條文對照表

修正名稱	現行名稱	說明
○○○○○○○○	○○○○○○	○○○○○○○○○。
修正條文	現行條文	說明
第○條　○○○○ ○○○○○○ ○○。	第○條　○○○○○○○ ○○○○○○。	本條未修正。
第○條之一　○○○ ○○○○○。		一、本條新增。 二、○○○○○○○。
第○條 ○○○○○○ ○○。 　○○○○○○ ○○○○○○。	第○條 ○○○○○○ ○○○○○○。	增訂第二項，（理由）○○○○ ○○○○○○○○○○○。
第○條　○○○○○ ○○○○○： 一、○○○○○ 　○○○○。	第○條　○○○○○○○ ○○○○○： 一、○○○○○ 　○○○。	一、修正第一項及第二項。 二、○○○○○○○○○ 　○。

二、○○○○○：	二、○○○○○：	
（一）○○○○ 　　○○○。 （二）○○○○ 　　○○○。	（一）○○○○○○ 　　○○○○。 （二）○○○○○○ 　　○。	
	第○條　○○○○○○ ○○○○○○○○。	一、本條刪除。
第十六條　○○○○ ○○○○○○○○○ ○○○。	第十五條　○○○○○○ ○○○○○○○○。	本條條次變更。

4-9 研擬法律修正草案，其修正條文施行日期空白欄填註體例之處理原則

行政院秘書長函92年11月6日院臺規字第0920092174號

主旨：有關研擬法律修正草案，其修正條文施行日期空白欄位填註體例之處理原則，經本院於本（92）年10月24日開會研商，獲致結論如說明一至三，請查照辦理。

說明：

一、修正條文所載○年○月○日之空白欄位，原則上係指立法院三讀日期，無須再以括號加註說明。

二、有關施行日期之規定，宜儘量於草案末條統一規定，並參採「民事訴訟法施行法」第12條及「刑事訴訟法施行法」第7條之2之體例，規定為：「中華民國○年○月○日修正之條文，其施行日期由行政院定之。」、「中華民國○年○月○日修正之條文，自公布日施行。」

三、如仍須於各該條文規定施行日期，應將「修正」與「施行」分開敘述，規定為：「中華民國○年○月○日修正之條文施行前」、「中華民國○年○月○日修正之第○條施行前」，不再

使用「生效」或「公布」等文字，但特殊情形非使用「公布」無法達成立法目的者（如下例四），不在此限。而實際施行之日期，則依各該法律末條之規定認定。茲例舉如下：

（一）92年2月6日修正公布之專利法第135條規定：「本法中華民國92年1月3日**修正施行前**，尚未審定之專利申請案，適用修正施行後之規定。」依上開體例應修正為：「本法中華民國92年1月3日**修正之條文施行前**，尚未審定之專利申請案，適用修正施行後之規定。」

（二）92年7月9日修正公布之毒品危害防制條例第35條規定：「於中華民國92年6月6日本條例**修正施行前**繫屬之施用毒品案件，於修正施行後，適用修正後之規定，並依下列方式處理：……」依上開體例應修正為：「本條例中華民國92年6月6日**修正之條文施行前**繫屬之施用毒品案件，於修正施行後，適用修正後之規定，並依下列方式處理：……」

（三）92年6月18日修正公布之全民健康保險法第87條之4第2項規定：「被保險人已依第87條之2規定，申貸本保險相關費用者，自本法92年6月6日**修正施行之日起**1年內，得申請延緩清償貸款。」依上開體例應修正為：「被保險人已依第87條之2規定，申貸本保險相關費用者，自本法中華民國92年6月6日**修正之條文施行之日**起1年內，得申請延緩清償貸款。」

（四）92年6月18日修正公布之嚴重急性呼吸道症候群防治及紓困暫行條例第18條之5規定：「本條例中華民國92年5月2日制定公布後至92年6月5日修正公布前，有違反本條例相關規定者，依當時之規定處罰。但修正公布後之規定有利於行為人者，依有利於行為人之規定處罰。」依上開體例應修正為：「本條例中華民國92年5月2日制定公布後至92年6月5日**修正之條文公布前**，有違反本條例相關規定者，依當時之規定處罰。但修正公

布後之規定有利於行為人者，依有利於行為人之規定處罰。」

（五）91年1月30日修正公布之土地稅法第33條第2項規定：「為促進經濟發展，對於依前項及第34條規定稅率計徵之土地增值稅，自本法中華民國91年1月17日修正施行之日起2年內，減徵百分之五十」依上開體例應修正為：「為促進經濟發展，對於依前項及第34條規定稅率計徵之土地增值稅，自本法中華民國91年1月17日修正之條文施行之日起2年內，減徵百分之五十。」

（六）92年7月9日修正公布之著作權法第106條之3第2項規定：「自中華民國92年6月6日本法修正施行起，利用人依前項規定著作者，應對原著作之著作財產權人支付該著作一般經自由磋商所應支付合理之使用報酬。」依上開體例應修正為：「自本法中華民國92年6月6日修正之條文施行之日起，利用人依前項規定著作者，應對原著作之著作財產權人支付該著作一般經自由磋商所應支付合理之使用報酬。」

（七）89年12月6日修正公布之兵役法施行法第52條第1項規定：「兵役法第16條第2項所定得折算役期之學校軍訓課程，指中華民國89年11月21日本法修正施行時仍在營及以後徵集服義務役之軍官、士官、常備兵及替代役役男，曾於高級中等（含高職）以上學校修習且成績合格之軍訓課程。」按上開體例應修正為：「兵役法第16條第2項所定得折算役期之學校軍訓課程，指本法中華民國89年11月21日修正之條文施行時仍在營及以後徵集服義務役之軍官、士官、常備兵及替代役役男，曾於高級中等（含高職）以上學校修習且成績合格之軍訓課程。」

4-10 行政院法規委員會辦理法制業務之共識規定

（引自「行政機關法制作業實務」，頁463）

1. **關於法律授權訂定法規命令之訂定機關：**

   依中央行政機關組織基準法第29條規定，本院所屬各部會為分別擔任所主管事務綜合性、統合性之政策業務，而本院乃憲法所定國家最高行政機關，對於各部會係立於指揮、監督之地位，因而除劃歸本院主管之法律，其規範事項因涉及其他院之權責，所授權之法規命令（包括施行細則）須明定由本院會同關係院訂定之情形外，與各部會所主管政策業務有關之法規命令，自應由各部會訂定發布，必要時可會同為之。至於該法規命令須否於發布前先報本院核定，則依本院與各部會權責劃分之規定辦理，故法律授權訂定法規命令時，不宜再規定由本院訂定或報請本院核定。

2. **關於法律授權訂定法規命令之規定方式：**

   法律中定有強制或禁止義務性規定之條文，有授權訂定法規命令之必要者，原則上應分別於各該條文為法規命令之授權規定，不宜將不同之授權規定合併於一條，且應將違反依各該條文所定法規命令之處罰構成要件與法律效果定明。惟如義務性規定之規範對象相同，且規範內容性質相近者，應儘量合併定於同一條文，從而其法規命令之授權規定當可合併於該條文中明定，以資精簡。

3. **配合組織改造之法制作業事項：**

   (1) 各部會所報作用法草案，均應依中央行政機關組織基準法第5條第3項規定辦理，亦即，作用法均不得規定機關或其內部單位之設立。至於有關於作用法內規定設置任務編組部分，則僅於有特殊考量時，方得例外予以規定，惟不稱「委員會」（而稱「會」），亦不得於作用法條文出現「設置」、「設

立」或「設」等語。

(2) 任務編組之成員，如無適當稱謂可仍稱「委員」，惟主其事者不得稱「主任委員」、「副主任務委員」，可改稱「召集人」、「副召集人」。

(3) 專技人員法制中之「懲戒委員會」及「覆審委員會」，因並非設於行政機關內部，非基準法規範範圍，無須要求更名，惟法律中不宜規定「由主管機關設置」，以免誤會。

(4) 有關學校內部組織使用委員會名稱問題，因學校原則上不在基準法規範範圍，且其使用名稱係中央及地方各級學校皆同，並無須參照基準法規定；法律所定之懲戒委員會，亦同。

(5) 未來其他中央行政機關組織法規首條不援引其他法律規定作為設立依據，而以訂定「機關設立目的」來加以涵蓋。

4-11 稅式支出評估作業應注意事項

92年7月18日行政院院臺財字第0920087917-B號函

一、行政院（以下簡稱本院）為健全財政，並增進整體經濟效益，特訂定本注意事項。

二、本注意事項所稱稅式支出，指政府為達成經濟或社會目標，利用免稅額、扣除額、稅額扣抵、免稅項目、稅負遞延或優惠稅率等租稅減免方式，補貼特定對象之措施。

三、業務主管機關研擬稅式支出法規，於研議可行並具效益後，經自行評估每年度稅收損失在新臺幣五千萬元以上者，應依下列程序辦理：

（一）業務主管機關應會同財政部與本院主計處估算稅收損失金額及研擬財源籌措方式。

（二）業務主管機關應就實施效益量化分析、稅收損失金額及

財源籌措方式等詳予研析，並研提評估方案。

（三）業務主管機關應邀集財政部、本院主計處、經濟建設委員會與研究發展考核委員會等相關機關及學者專家就所研提之評估方案會商，經確認該方案可行後，擬訂法規，依規定發布或將評估方案及擬訂之法規循程序送本院審查。

（四）業務主管機關研提之評估方案經依前款規定會商後認為不可行者，業務主管機關應研提替代方案。替代方案涉及稅式支出者，應重行依前三款規定程序辦理；未涉及稅式支出者，應依其他相關規定之審查程序辦理。

四、業務主管機關研擬稅式支出法規，於研議可行並具效益後，經自行評估每年度稅收損失未超過新臺幣五千萬元者，應將所研議之可行性與效益分析及稅收損失估算等資料，移請財政部評估：

（一）經財政部評估其每年度稅收損失在新臺幣五千萬元以上者，業務主管機關應依前點規定程序辦理。

（二）經財政部評估其每年度稅收損失未超過新臺幣五千萬元者，業務主管機關應就實施效益、稅收損失金額及財源籌措方式等研提評估方案，經確認該方案可行後，擬訂法規，依規定發布或將評估方案及擬訂之法規循程序送本院審查。

五、業務主管機關研擬稅式支出法規，其評估作業流程詳如附圖。

六、立法委員提案之稅式支出法案，業務主管機關於參與立法院相
　　關委員會審查該法案前，應參酌第三點及第四點規定之評估作
　　業流程辦理。

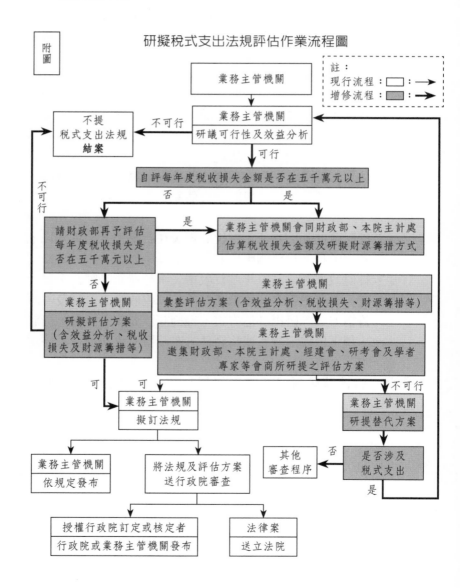

研擬稅式支出法規評估作業流程圖

4-12 行政院組織改造期間法案整體控管要點

93年9月9日院臺規字第0930041595號函
96年3月12日院臺規字第0960083151號函修正
第1點、第3點、第4點
99年4月6日院臺規字第0990095440號函修正

一、為因應行政院組織法、行政院功能業務與組織調整暫行條例
　　（以下簡稱暫行條例）及中央行政機關組織基準法（以下簡稱
　　基準法）之修正或制定，整體控管行政院（以下簡稱本院）所
　　屬各機關、機構（以下統稱各機關）法案，以利本院組織改造
　　工作之進行，特訂定本要點。

二、各機關主管之組織法規及作用法規，其制（訂）定、修正
　　（以下簡稱訂修），於本院組織調整期間，應依本要點規定辦
　　理。

三、各機關組織法規之訂修，應依本院組織改造推動小組規劃之
　　方向及時程辦理；其擬先行訂修者，應符合下列規定，始得為
　　之：
　　（一）機關名稱及組設規劃符合本院組織改造方向。
　　（二）經政策評估有先行推動之必要性。
　　（三）報經本院核定或經本院組織改造推動小組同意。

四、各機關作用法規之訂修，應於二級機關組織法規完成整備
　　後，依本院組織改造推動小組規劃之方向及時程，配合調整有
　　關管轄及業務權責等規定；其擬先行訂修者，除內容不涉及管
　　轄權限及業務權責之調整者外，應符合下列規定，始得為之：
　　（一）未來無須再配合本院組織改造調整。
　　（二）經評估有於二級機關組織法規完成整備前先行推動之必
　　　　　要性。

五、各機關組織法規之訂修，其報院案統一由本院研究發展考核委
　　員會（或國家發展委員會）處理；作用法規之訂修，仍由本院
　　各主管組（處）、室收辦。

六、各機關主管法規未依本要點規定辦理者，法律案或報院核定之
　　法規命令案應予退回或令其補正，報院備查之法規命令案應令
　　其限期改正。

七、各機關組織法規已變更原管轄權之規定，而相關作用法規所定
　　管轄機關尚未一併修正前，應依行政程序法第十一條等有關變
　　更管轄權之規定辦理。但暫行條例施行期間，依其第三條規定
　　辦理。

4-13 訂有施行期限之條文或章節於期限屆滿時宜循法規修正方式，將有關條文或章節予以刪除

　　　　有關法規中部分條文或章節訂有施行期限者，於期限屆滿
　　時，該等條文或章節所含之條文即當然不再適用，與整個法規之
　　廢止有別，故宜適時循法規修正方式，將有關條文或章節予以刪
　　除。

行政院　書函（摘錄）

87年8月11日台87經39688號

　　　按「法律之廢止，應經立法院通過，總統公布。」、「命令之
廢止，由原發布機關為之。」為中央法規標準法第22條第1項、第
2項所明定；「法規定有施行期限者，期滿當然廢止，不適用前條
之規定。但應由主管機關公告之。」復為同法第23條所規定。因
此，所謂法規（包括法律及命令）之廢止，應係指「整個法規」之
廢止，合先敘明。至於有關法規中部分條文或章節基於政策或事實
之需要訂定有施行期限者，於期限屆滿時，該等條文或章節所涵條

文即當然不再適用，惟此核屬中央法規標準法第20條第1項第1款規定「法規有左列情形之一者，修正之：一、基於政策或事實之需要，有增減內容之必要者。」之情形，與整個法規之廢止有別，故宜適時循法規修正方式，將有關條文或章節予以刪除。

4-14 各機關訂定規費收費標準問題

行政院秘書處函92年7月22日院臺規字第0920088205號

主旨：檢送本（92）年7月15日研商「各業務主管機關對於規費之徵收，依規費法第10條第1項規定，得否訂定收費標準問題」會議紀錄一份，請查照辦理。

附件：研商「各業務主管機關對於規費之徵收，依規費法第10條第1項規定，得否訂定收費標準問題」會議紀錄（結論）

（一）各業務主管機關依規費法第10條第1項規定所定徵收規費之規定，係基於法律授權，對多數不特定人民就一般事項所作抽象之對外發生法律效果之規定，為行政程序法第150條第1項規定所稱「法規命令」性質。

（二）規費法第10條第1項所稱收費「基準」，並非法規名稱，各業務主管機關依上開規定訂定規費收費基準時，應以中央法規標準法第3條所定7種命令名稱如「標準」、「準則」或「辦法」等為之，並應洽商中央規費主管機關財政部同意後，依中央法規標準法第7條規定，以令發布同時送立法院查照。

4-15 機關內部任務編組組織之法制作業方式

1. 中央行政機關組織基準法第28條規定：「機關得視業務需要設任務編組，所需人員，應由相關人員派充或兼任。」為任務編組之

依據，毋庸訂為法規，以行政規則方式頒行即可。

2. 機關基於業務需要，須新設組織及其籌備單位時，當視該機關或單位之性質，決定其設立之方式，其原則如下：

(1) 屬任務編組性質者，其組織以行政規則「要點」規範，其籌備單位亦以「要點」規範。

(2) 屬新設機關或法定派出單位，則應提出該機關之組織法律或修正現行之組織法律送請立法院審議，並得於該機關或派出單位設置之法律完成立法前，設籌備單位以規劃籌備事宜；其籌備單位若置專任人員及編有預算，則應以組織規程定之，如均為兼任人員且無編列預算，則以「要點」定之即可。

4-16 行政機關因應行政罰法施行應注意之法制事項

94年8月8日行政院院臺規字第0940020908號函

應注意事項	說明及參考法條
一、各機關於其主管法律中就行政罰之規定如責任條件、裁處程序或其他適用法則另有別於行政罰法（以下簡稱本法）而作特別規定之必要者，應注意下列事項：	一、本法乃為各種行政法律中有關行政罰之一般性總則規定，為普通法性質；至於其他法律中就行政罰之規定如責任條件、裁處程序或其他適用法則另有特別規定，自應優先適用該法律之規定，即為特別法性質。而特別法未規定者，仍適用本法，故本法亦具有補充法性質，為期明確，本法第一條但書明定本法與其他法律之關係。
（一）應符合法律明確性原則、比例原則、責任原則、一事不二罰原則及正當法律程序原則等憲法、行政法一般原理原則，並應符合本法之立法精神。	二、各機關於主管法律對人民訂定行政罰特別規定時，應符合憲法及行政法上一般原理原則，諸如： （一）法律明確性原則：行政罰之構成要件及法律效果，應使人民易於理解，且為一般受規範者所得預見，並可經由司法審查加以

（二）地方自治團體就違反屬於自治事項之行政法上義務，得以自治條例為處罰規定；惟除本法明文容許自治條例設特別規定者外，不得依本法第一條但書排除本法之適用，亦不得牴觸中央法律或法規命令。

（三）法規命令須依法律就其目的、內容及範圍具體明確授權，始得有別於本法而作特別規定；尚不得以未經授權或依概括授權之方式為之。

確認。

（二）比例原則：行政法上義務違反與行政罰之種類及額度，應符合目的適當性、手段必要性及限制妥當性之原則。

（三）責任原則：現代國家基於「有責任始有處罰之原則」，對於違反行政法上義務之處罰，應以行為人主觀上有可非難性及可歸責性為限，故行政機關對人民處行政罰時，行為人應具備責任能力及責任條件，始得加以處罰。

（四）一事不二罰原則：行政機關對於人民同一行為違反數個行政法上義務規定而應處行政罰時，不得為二次以上之處罰。

（五）正當法律程序原則：訂定特別裁處程序時，除參酌行政程序法之程序規定外，並應符合正當法律程序原則之要求。

三、有關地方自治條例係經地方立法機關通過，由各該地方行政機關公布施行，地方自治團體就違反地方自治事項之行政法上義務者，得依自治條例處以罰鍰或其他種類之行政罰；惟除本法明文容許自治條例設特別規定者外，例如：本法第十八條第三項但書規定，自治條例得規定另減輕或免除處罰之適用標準，而排除同條項前段規定之適用標準。地方自治團體不得另依本法第一條但書規定排除本法之適用，故第一條但書所定「法律」不包括自治條例在內。復依法律優位原則，地方自治條例亦不得牴觸本法、地方制度法等中央法律或法規命令，爰予明定，以利遵行。

四、司法院釋字第三一三號、第三九四號及第四○二號解釋意旨，對於違反行政法上義務之行為，法律得就其處罰之構成要件或法律效果授權以法規命令定之，故本法第一條但

	書之「法律」，解釋上包括經法律就處罰之構成要件或法律效果為具體明確授權之法規命令，惟不得以未經授權或依概括授權方式為之，例如：逕依施行細則訂定行政罰。 五、參考法條：本法第一條但書、第四條、第五條、第十五條、第十八條、地方制度法第二十六條。
二、各機關就主管法律或自治條例訂定行政罰時，應檢視下列情形： （一）應有行政法上義務之明文規定，始得明定違反該義務之處罰。 （二）違反行政法上義務應受「不利處分」，且該不利處分具「裁罰性」，而非屬預防性不利處分、保全措施或行政執行方法。 （三）處罰類型如屬本法第二條各款所例示之各種類行政罰，其所使用名稱應力求與本法所定用語一致。 （四）處罰規定以專條或專章規範為原則。	一、各機關就主管法律或自治條例訂定行政罰時，應檢視下列情形，首先應究明有無行政法上義務存在；其次違反義務之結果是否應受不利處分；最後判明此一不利處分是否具有裁罰性。以「裁罰性」為例，處分之內容為除去違法狀態或停止違法行為，或屬「預防性不利處分」、「保全措施」或「行政執行方法」者，皆不具裁罰性，例如： （一）有害人體健康物品之停止販售、回收改正。 （二）欠稅者之限制出境。 （三）不當利得之追繳。 （四）違法狀態之限期改善。 （五）有關直接、間接強制或即時強制之規定。 二、本法就行政罰之種類採取例示及概括之規定，有關法律所規定行政罰類型，仍以本法所定處罰種類為原則；如其概念與本法所例示種類相同者，用語應使其一致，以利適用。 三、各法律或自治條例有關行政罰規定，不宜與其他規定混雜規範，視其條文數量多寡，以專條或專章規範為原則，俾利統一立法體例。 四、參考法條：本法第二條。

三、本法第三條係就本法之「行為人」為定義性規定，各機關就主管之法律或自治條例訂定行政罰時，應先釐清各該規定之義務主體及處罰客體，以確定其「行為人」之範圍。	一、本法第三條係就本法之「行為人」為定義性規定，各機關就主管之法律或自治條例訂定行政罰時，應先釐清各該規定之義務主體及處罰客體，以確定其「行為人」之範圍。例如：電子遊戲場業管理條例第二十條第一項規定：「直轄市、縣（市）主管機關得定期或不定期派員檢查電子遊戲場之營業，電子遊戲場業負責人、營業場所管理人或從業人員不得規避、妨礙或拒絕。」，同法第三十四條規定：「違反第二十條第一項規定，規避、妨礙或拒絕檢查者，處負責人新臺幣十萬元以上五十萬元以下罰鍰。」該條文之義務主體為電子遊戲場業負責人、營業場所管理人或從業人員，其處罰客體則為電子遊戲場業之負責人，二者均予明確規範，可資參照。 二、參考法條：本法第三條、電子遊戲場業管理條例第二十條第一項、第三十四條。
四、違反行政法上義務之行為，不分故意或過失，均應處罰；惟各該法律或自治條例規定僅處罰故意者，應於條文明定「故意」或類似表彰具有故意始予處罰之文字。	一、對於違反行政法上義務規定之處罰，應以行為人主觀上有可非難性與可歸責性為前提，本法規定不分故意或過失，均應處罰，並由行政機關負舉證責任，不適用釋字第二七五號解釋推定過失原則；惟各該法律或自治條例規定僅處罰故意者，應於條文明定「故意」或類似表彰具有故意始予處罰之文字，以符法律明確性原則。 二、參考法條：本法第七條。
五、各機關就主管法律或自治條例訂定行政罰時，有關責任能力部分，應檢視下列情形： （一）未滿十四歲人之行為，不予處罰。	一、本法第九條第一項，未滿十四歲人之行為，不予處罰，係對行政法上義務不具識別能力行為人之保障規定。 二、復為避免法律就十八歲以下未成年人違反行政法上義務之行為減輕處罰甚至不予處罰，產生貫徹行政法上義務之漏洞，立法政策上

（二）十八歲以下之未成年人，違反行政法上義務行為，於監督不周或行使親權、管教不當時，得以其法定代理人為處罰對象。	可考量賦予法定代理人管教義務，於監督不周或行使親權、管教不當時，得以其法定代理人為處罰對象。例如：父母、監護人或其他實際照顧兒童（指未滿十二歲之人）及少年（指十二歲以上未滿十八歲之人）之人，對於兒童及少年所為吸菸、飲酒、嚼檳榔、施用毒品等行為，未依兒童及少年福利法第二十六條第二項規定予以禁止且情節嚴重者，得依同法第五十五條第一項規定，處新臺幣一萬元以上五萬元以下罰鍰。 三、參考法條：本法第九條、兒童及少年福利法第二十六條第二項、第五十五條第一項。
六、各機關主管之法律或自治條例規定罰鍰額度時，應注意下列事項： （一）應審酌違反行政法上義務行為應受責難程度、所生影響及因違反行政法上義務所得之利益，並得考量受處罰者之資力。 （二）違反行政法上義務之可非難程度較低者，應儘量考慮訂定最高額新臺幣三千元以下之罰鍰，俾使行為人於違犯情節輕微時，得由行政機關審酌具體情形，不予處罰，並改以糾正或勸導措施，導正人民行為。	一、各機關主管之法律或自治條例規定罰鍰額度時，應依第十八條第一項規定審酌違反行政法上義務行為應受責難程度、所生影響及因違反行政法上義務所得之利益，並得考量受處罰者之資力，以符合比例原則之要求。 二、本法第十九條明定違反行政法上義務應受法定罰鍰最高額新臺幣三千元以下之罰鍰，其情節輕微，認以不處罰為適當者，授權行政機關審酌具體情形後，不予處罰，並改以糾正或勸導措施，導正人民之行為。為落實上開規定，各機關訂定或修正罰鍰額度時，應綜合考量行政法上義務之大小、違反行政法上義務可非難之程度，訂定最高額為新臺幣三千元以下之罰鍰。 三、參考法條：本法第二條、第十八條第一項、第十九條。
七、沒入之物，以屬於受處罰者所有為原則，如例外有沒入非受處罰者所有物之必要時，除本法第二十二	一、沒入措施具有剝奪人民財產權之效果，如無正當合理之特別情事存在，僅得沒入受處罰者所有之物，如立法政策上有沒入非受處罰者所有物之必要，除本法第二十二條已規定

條所定得予沒入之情形者外，應以法律明文規定。	得予沒入之情形者外，應以法律明文規定，以符法律保留原則。例如：違反水利法第五十四條之一第一項第三款規定於水庫蓄水範圍內棄置廢土或廢棄物，依同法第九十三條之五規定，主管機關得沒入行為人使用之設施或機具。 二、參考法條：本法第二十一條、第二十二條、水利法第五十四條之一第一項、第九十三條之五。
八、各機關主管之法律或自治條例訂定行政罰時，應注意下列情形： （一）就違反同一行政法上義務之行為，避免於不同法律或自治條例重複為相同或不同之處罰規定。 （二）如確有於本機關或他機關主管之另一法律或自治條例作宣示規定之必要，得於條文中規定，違反行政法上義務者，「依○○法第○條規定處罰」，惟應注意二者之構成要件是否具有一致性或涵蓋性。	一、法制作業應有整體觀念，不能各自為政，在立法時，各機關應同步進行其他相關法律或自治條例之檢討或檢視，避免處罰有法規競合之情形產生。有關重複為相同處罰規定之情形，例如：菸害防制法第十二條與兒童及少年福利法第二十六條第三項均規定，禁止供應未滿十八歲者菸品，且違反上揭規定者，菸害防制法第二十四條與兒童及少年福利法第五十五條第二項均規定，處新臺幣三千元以上一萬五千元以下罰鍰，固然罰鍰額度上、下限均同，惟恐生衛生單位與社政單位同時予以處罰之情形，此項管轄權衝突之缺失，應僅由單一法律規定處罰即可，另一法律得僅作宣示規定，例如：兒童及少年福利法可規定，「供應菸品予未滿十八歲之人者，依菸害防制法第二十四條規定處罰」。 二、參考法條：本法第二十四條、菸害防制法第十二條、第二十四條及兒童及少年福利法第二十六條第三項、第五十五條第二項。
九、一行為同時觸犯刑事法律及違反行政法上義務規定者，依刑事法律處罰之；惟各機關如認為刑罰過重、失衡或有其他不合時	一、行為同時觸犯刑事法律及違反行政法上義務規定者，由於刑罰與行政罰同屬對違法行為之制裁，而刑罰之懲罰作用較強，故依刑事法律處罰，即足資警惕時，無一事二罰再處行政罰之必要，爰於本法第二十六條明文規

宜情事時，應適時檢討有無將此刑罰除罪化，僅處以行政罰之可能性。	定，依刑事法律處罰。 二、惟各機關如認為刑罰過重、失衡或有其他不合時宜情事時，應適時檢討有無將此刑罰除罪化，僅處以行政罰之可能性。 三、參考法條：本法第二十六條。
十、本法施行後，第二十七第一項所定行政罰之裁處權因三年期間而消滅；本法施行前，違反行政法上義務之行為應受處罰而未經裁處，於本法施行後裁處者，上開第二十七條第一項所定裁處權時效之計算，應注意依本法第四十五條第二項規定辦理。	一、行政罰裁處權之行使與否，不宜懸宕過久，而使處罰關係處於不確定狀態，影響人民權益及社會秩序，本法第二十七條爰訂有明文。 二、本法施行前，違反行政法上義務之行為應受處罰而未經裁處，於本法施行後裁處者，本法第四十五條第二項明定均自本法九十五年二月五日施行之日起算，適用上應注意區分。 三、參考法條：本法第二十七條第一項、第四十五條第二項。
十一、各機關主管之法律或自治條例訂定行政罰時，應儘量使用本法之用詞或用語，例如： （一）有關行政罰責任能力之「精神障礙」或「其他心智缺陷」。 （二）執行裁處、蒐證或檢查職務時，「應向行為人出示有關執行職務之證明文件或顯示足資辨別之標誌，並告知其所違反之法規」。	一、本法之立法目的，乃在於制定共通適用於各類行政罰之統一性、綜合性法典，期使行政罰之解釋與適用有一定之原則與準繩，故各主管法律或自治條例規定行政罰時，應儘量使用本法之用詞或用語，以統一立法體例。 二、參考法條：本法第九條、第三十三條。

4-17 法規末條施行日期規定之方式

行政院書函91年12月3日院臺規字第0910060220號

主旨：貴部函為法規末條施行日期規定之方式，請釋示一案，復如說明二，請查照。

說明：

一、復貴部91年11月19日經法字第091046228150號函。

二、按法規採「全案修正」者，涉及各條次之增、刪及變更，無論所有條文內容有無全部變動，該次修正後所呈現之全文內容，即為該次之修正條文，並無區別「未修正條文」及「修正條文」必要，故在法制體例上，其末條之修正原則乃採新制（訂）定法規之方式辦理；從而該末條施行日期之規定，應照本會第215次委員會議結論，除有特定施行日期之必要者外，宜明定自公（發）布日施行。此項原則係彙整法制作業經驗所作成，已沿用多年，各機關均已採行。貴部所提意見，本會已錄案作為檢討改進之參考。

附件：

行政院法規委員會第215次委員會會議紀錄（結論）86.2.27

討論事項：關於法規修正時其末條施行日期之規定方式問題。

結論：

法規末條施行日期之規定方式，宜採下列方式：

（一）自公（發）布日施行者：

 1. 法規制（訂）定時，除有特定施行日期之必要者外，宜明定自公（發）布日施行。

 2. 如有特定條文不自公（發）布日施行，宜於各該條文或另增列條文明定其施行日期，其末條並採左列體例：

 「本法（本辦法）除已另定施行日期者外，自公（發）布日施行。」

（二）**自特定日施行者**：法規制（訂）定時，擬溯及生效或往後生
　　效，有特定施行日期之必要者，宜採左列體例：
　1. 本法（本辦法）施行日期，由○○○定之。
　2. 本法（本辦法）自中華民國○年○月○日施行。
（三）法規修正時，宜儘量避免修正末條，如擬變更施行日期，有
　　修正末條之必要時，宜就個案參照前（一）、（二）方式妥
　　適處理，並力求明確。

4-18 使母法與子法同時施行，供參採之五種立法體例

法務部函
中華民國八十五年三月廿五日法八五律○七○五○號
主旨：為**使相關子法與母法同時施行，俾免發生母法公布施行後實
　　際上未能執行之窘境**，爰檢送本部研擬之「使母法與子法同
　　時施行，供參採之五種立法體例」乙份。請查照參考。
說明：按法律及相關命令之施行，原則上固應依中央法規標準法第
　　十三條規定，自公布日或發布日施行，草擬法規時並應依行
　　政院訂頒之「行政機關法制作業應注意事項」壹之二（一）
　　所訂，須有完整而成熟之具體構想，使法規訂定後能立即
　　貫徹執行。惟法制作業實務上，法規之內容如為涉及法規之
　　執行程序、細節或提示作業上應注意事項，或屬各機關主管
　　事項須由其分別訂定實施要點，或其事項有因地制宜性須授
　　權各縣市另訂命令施行，或為有關機關間須協調聯繫之事項
　　者，均不宜於母法中一併為繁瑣之規定，此時應按其實際需
　　要分別訂定相關子法，以補充母法規定，當不可避免。加以
　　目前立法院之立法進度不易掌握，且為適應現實社會環境或
　　工商經濟發展之需要，立法委員臨時提案或另行提案一併審
　　議之情形，時亦有之，母法草案經審議制定或修正，其相關

子法即須配合訂定或修正，以落實立法委員提案審議通過之條文，此時母法如公布後即施行，未預留相當時間供相關子法配合訂定或修正發布施行，恐易致母法之適用或執行有窒礙難行之處。另法律之內容如爲攸關人民權益之事項，尚未完成立法程序前，除有關之利益團體運作外，一般民眾尚未能完全知悉其內容，如於公布後隨即施行，未預留相當時間廣爲周知，亦恐致人民於不利益。故爲因應相關子法未與母法同時施行，母法之適用或執行即有窒礙難行之虞之情形，爰依中央法規標準法第十四條規定以特定日爲法規施行日期，研擬使母法與相關子法同時施行之立法體例，俾供實務上之參考。

使母法與子法同時施行，供參採之五種立法體例

一、後附所列五種特定施行日期之立法體例，係爲因應子法與母法同時施行，母法之適用或執行即有窒礙難行之虞之特殊場合而設計草擬。法律及其相關命令之施行，仍應依中央法規標準法第十三條規定：「法規明定自公布日或發布日施行者，自公布或發布日之日起算至第三日起發生效力。」以自公布日或發布日施行爲原則，故草擬法規時仍應依行政院訂頒之「行政機關法制作業應注意事項」壹之二（一）辦理，須有完整而成熟之具體構想，使法規訂定後能立即貫徹執行。

二、後附五種特定施行日期之立法體例，應以母法規定之事項不宜自公布施行，而須預留相當時間與其相關子法配合同時施行，使母法之適用或執行不致有窒礙難行之虞之情形，始有適用。

條文	説明
（例一） （母法） 第　條　本法自中華民國○年○月○日施行。 （子法） 第　條　本細則自中華民國○年○月○日施行	一、預留行政機關訂定相關子法所需時間，將母法與子法之施行日期訂為同一特定之日期，使母法與子法同時施行。此立法例，於訂定母法時已能預期訂定相關子法所需時間，且子法非與母法同時施行，母法之適用或執行即有窒礙難行之虞之場合，宜採之。 二、例如國家賠償法於六十九年七月二日制定公布，但該法第十七條：「本法自中華民國七十年七月一日施行。」預留一年時間讓行政機關訂定相關子法，而於七十年六月十日訂定發布之該法施行細則第四十五條亦配合規定為「本細則自中華民國七十年七月一日施行」，俾母法與子法同時施行。
（例二） （母法） 第　條　本法施行日期，由行政院定之。 （子法） 第　條　本細則自（母法）施行之日施行。	一、授權行政機關另以命令訂定母法之施行日期，子法之施行日期，則規定為自母法施行之日施行，使母法與子法同時施行。此立法例，於訂定母法時尚無法預期訂定相關子法所需時間，且子法非與母法同時施行，母法之適用或執行即有窒礙難行之虞之場合，宜採之。 二、例如：國家安全於七十六年七月一日制定公布，但該法第十條：「本法……施行日期，由行政院定之」。行政院即可從容訂定相關子法，並於訂定發布子法後，才發布施行日期。該法施行細則於七十六年七月三日訂定發布，並於第五十條第一項規定：「本細則自國家安全法施行之日施行。」以資配合。行政院爰以命令另定該法自七十六年七月十五日施行，該法及細則均同時施行。又例如「臺灣地區與大陸地區人民關係條例」第九十六條規定：「本條例……施行日期，由行政院定之。」及「臺灣地區與大陸地區人民關係條例施行細則」第五十六條規定：「本細則自本條例施行之日施行。」；全民健康保險法第八十八條規定：「本法施行日期，由行政院以命令定之。」全民健康保險法施行細則第七十二條

	規定：「本細則自本法施行之日施行。」戰士授田憑據處理條例第十條規定：「本條例……施行日期，由行政院定之。」戰士授田憑據處理條例施行細則第三十六條規定：「本細則自戰士授田憑據處理條例施行之日施行。」等立法例，亦同。
（例三） （母法） 第　條　本法自中華民國○年○月○日施行。 （子法） 第　條　本細則自（母法）施行之日施行。	預留行政機關訂定相關子法所需時間，訂定母法特定之施行日期，子法則規定為自母法施行之日施行，使母法與子法同時施行。此立法例，於訂定母法時已能預期訂定相關子法所需時間，且子法非與母法同時施行，母法之適用或執行即有窒礙難行之虞之場合，宜採之。
（例四） （母法） 第　條　本法施行日期，由行政院定之。 （子法） 第　條　本細則之施行日期另定之。	授權行政機關另以命令訂定母法與子法之施行日期，行政機關可將其施行日期訂為同一日，使其同時施行。此立法例，於訂定母法時尚無法預期訂定相關子法所需時間，且子法非與母法同時施行，母法之適用或執行即有窒礙難行之虞之場合，宜採之。
（例五） （母法） 第　條　本法施行日期，由行政院定之。 （子法） 第　條　本法自中華民國○年○月○日施行。	一、授權行政機關另以命令訂定母法之施行日期，子法則規定自特定日施行，使其所特定之施行日期，與母法之施行日期為同一日，俾二者得同時施行。此立法例，於訂定母法時尚無法預期訂定相關子法所需時間，且子法非與母法同時施行，母法之適用或執行即有窒礙難行之虞之場合，宜採之。 二、例如：營業稅法第六十條規定：「本法施行日期，由行政院定之。」「本法修正條文施行日期，由行政院定之。」（行政院訂定之施行日期為七十五年四月一日；行政院訂定之修正條文施行日期為七十七年七月一日）營業稅法施行細則第五十四條規定：「本細則自中華民國七十五年

	四月一日施行。」「本細則修正條文自中華民國七十七年七月一日施行。」檢肅流氓條例第二十五條第一項規定：「本條例施行日期，由行政院會同司法院以命令定之。」（經行政院會同司法院以命令訂定之施行日期為七十四年十二月一日）檢肅流氓條例施行細則第五十五條第一項規定：「本細則自中華民國七十四年十二月一日施行。」

4-19 行政院所屬二級機關（部、委員會、總處）組織法參考範例

參考體例	說明
第○條　行政院為辦理○○○業務，特設○○部（委員會、總處）（以下簡稱本部、本會、總處）。	設立目的及隸屬關係。
第○條　本部（本會、總處）掌理下列事項： 一、○○○政策之規劃、審議及協調。 二、○○○事務之統合規劃、協調及監督。 三、○○○事務之研擬、解釋、規劃及推動。	機關權限及職掌。
第○條　本部置部長一人，特任；政務次長○人，職務比照簡任第十四職等；常務次長一人，職務列簡任第十四職等。	部之首長、副首長之職稱、官職等及員額。
第○條　本會置主任委員一人，特任；副主任委員○人，其中○人職務比照簡任第十四職等；另一人職務列簡任第十四職等。	委員會之首長、副首長之職稱、官職等及員額。

第○條 本會置主任委員一人，由○○○兼任；副主任委員○人，其中○人職務比照簡任第十四職等；另一人職務列簡任第十四職等。	
第○條 總處置人事長（主計長）一人，特任；副人事長（副主計長）○人，其中○人職務比照簡任第十四職等，另一人職務列簡任第十四職等。	總處之首長、副首長之職稱、官職等及員額。
第○條 本會置委員○○人至○○人，由行政院院長指定○○○、○○○……及相關部會首長兼任之。【※】	一、委員會委員之員額、任期、派任方式、組成代表等。
第○條 本會置委員○○人至○○人，任期○年，為無給職。	二、機關性質屬委員會者，視業務需求擇左列任一參考體例明列之。
第○條 本會置委員○○人至○○人，由行政院長派兼或聘兼之。	
第○條 本會置委員○○人至○○人，為無給職，由主任委員提請院長就○○代表、有關機關代表及學者、專家聘（派）兼之；任期○年，任滿得連任，但委員為有關機關代表者，其任期隨職務異動而更易。	
第○條 本會置委員○○人至○○人，其中○○代表應至少一人依聘用人員聘用條例聘用，其聘期隨主任委員異動而更易；餘均為無給職，由主任委員提請院長就○○代表、有關機關代表及學者、專家聘（派）兼之；任期○年，任滿得連任，但委員為有關機關代表者，其任期隨職務異動而更易。	
第○條 本部（本會、總處）置主任秘書一人，職務列簡任第十二職等。	幕僚長之職稱及官職等。

第○條　本部（本會、總處）設○○署（局、中心），辦理執行○○○事項。	所設次級機關之名稱及業務職掌。
第○條　本部（本會、總處）之次級機關及其業務如下： 一、○○署（局、中心）：規劃執行○○業務。 二、○○署（局、中心）：規劃執行○○業務。	
第○條　本部（本會、總處）為應業務需要，得報請行政院核准，派員駐境外辦事，並依駐外機構組織通則規定辦理。【※】	一、考量駐外辦事之特殊性及相關權益，如有駐境外辦事需要者，應訂定本條規定。 二、如有派員駐境外辦事之需要時，得例外規定。
第○條　本部（本會、總處）各職稱之官等職等及員額，另以編制表定之。	為明確機關人員配置及運作之全貌，應訂定本條規定。
第○條　○○○○○○。【※】	一、為保障隨同業務移撥本部人員之權益，應訂定本條規定。 二、現職人員工作權益如有過度安排需求時，得例外規定。
第○條　本法施行日期，由行政院以命令定之。	本法之施行日期。

【※】：如有需要時，得例外規定。
（引自「人事行政法制作業錦囊」，頁53）

4-20 行政院所屬三級機關（構）組織法參考範例

參考體例	說明
第○條　○○部（委員會、總處）為辦理○○○業務，特設○○○（局、署、館、院、中心、所等）（以下簡稱本○）。	設立目的及隸屬關係。

第○條　本○掌理下列事項： 　一、○○制度之規劃、管理及稽查。 　二、○○業務之規劃、設計、分析、 　　　維護及管理。 　三、○○之輔導及監督。	機關權限及職掌。
第○條　「本○置○長一人，職務比照 　簡任第○○職等；副○長○人，職務 　列簡任第○○職等。」	首長、副首長之職稱、官職等及員額， 且首長採政務職務者。
第○條　「本○置○長一人，職務列○ 　任第○○職等；副○長○人，職務列 　簡任第○○職等。」	首長採常任職務者。
第○條　「本○置○長一人，職務比 　照○任第○○職等或列○任第○○ 　職；副○長○人，職務列簡任第○○ 　職。」	首長採政務、常務並列者。
第○條　本○置主任秘書一人，職務列 　簡任第○○職等。	幕僚長之職稱及官職等。
第○條　本○設○○○，辦理執行 　○○○事項。	所設次級機關之名稱及業務職掌。
第○條　本○之次級機關及其業務如 　下： 　一、○○○：規劃執行○○業務。 　二、○○○：規劃執行○○業務。	
第○條　本○為應業務需要，得報請行 　政院核准，派員駐境外辦事，並依駐 　外機構組織通則規定辦理。【※】	一、考量駐外辦事之特殊性及相關權 　　益，如有駐境外辦事需要者，應訂 　　定本條規定。 二、如有派員駐境外辦事之需要時，得 　　例外規定。
第○條　本○各職稱之官等職等及員 　額，另以編制表定之。	為明確機關人員配置及運作之全貌，應 訂定本條規定。

第○條　○○○○○○。【※】	一、為保障隨同業務移撥本部人員之權 　　益，應訂定本條規定。 二、現職人員工作權益如有過度安排需 　　求時，得例外規定。
第○條　本法施行日期，由行政院以命 　令定之。	本法之施行日期。

【※】：如有需要時，得例外規定

（引自「人事行政法制作業錦囊」，頁56-57）

4-21 行政院所屬各級機關主管法案報院審查應注意事項

修正日期：民國98年12月21日

一、行政院（以下簡稱本院）所屬各機關（以下簡稱各機關）主管法案報院審查，應依本注意事項之規定辦理。

二、本注意事項所稱法案，指法律之制定、修正或廢止案。

三、各機關研擬法案，除應遵照「中央行政機關法制作業應注意事項」之規定辦理外，應切實注意下列各款規定：

（一）應先決定政策目標，再確立可行作法，對於體系架構、應規定事項、授權法規命令內容及配套法案等應有具體構想。

（二）應同時檢討現行法律，配合研擬必要之修正或廢止，以消除法律間之分歧牴觸、重複矛盾。

（三）執行法案所需之員額及經費，應有合理之預估；有增加地方自治團體員額或經費負擔者，應與地方自治團體協商。

（四）法案衝擊影響層面及其範圍，包括成本、效益及對人權之影響等，應有完整之評估。

（五）除廢止案外，應進行性別影響評估。

（六）涉及稅式支出者，應依「稅式支出評估作業應注意事

項」之規定辦理。

（七）涉及其他機關或地方自治團體業務權責者，應有明確之劃分。

（八）授權訂定法規命令，應確有必要，且內容具體明確，避免授權法規命令過多、內容空洞，並應同時預擬其主要內容及訂定之程序；如就違反法規命令者有加以處罰必要，應配合於法案中研擬罰則。

四、各機關研擬法案時，應踐行下列程序：

（一）應先整合所屬機關、單位及人員之意見。

（二）所屬機關、單位及人員意見整合後，應徵詢及蒐集與法案內容有利害關係或關注相關議題之機構、團體或人員之意見。必要時，並應諮詢專家學者之意見或召開研討會、公聽會。

（三）草擬法案後，應與其他相關之機關或地方自治團體協商；未能達成共識時，應將不同意見及未採納之理由附記於法案說明欄。

（四）研擬法案時，應有法制人員之參與，除機關性質特殊或有急迫情形者外，並應依下列規定辦理：

1. 設有法規委員會者，提法規委員會討論。

2. 設有法制專責單位者，會法制專責單位表示意見。

3. 同時設有法規委員會及法制專責單位者，提法規委員會討論或會法制專責單位表示意見。

五、各機關主管法案報院審查，應注意時程需求，尤應注意中央法規標準法第二十四條及司法院解釋所定期限，除依本院指示辦理者外，應預留一個月以上本院審查時間。

六、各機關將法案報院審查時，應檢附下列資料：

（一）總說明及逐條說明（制定案）或條文對照表（修正案）。

（二）第三點各款規定及已踐行第四點所定程序之相關文件及其他參考資料。

前項法案為法律制定案或修正案者，應於報院函中敘明是否英

譯，並副知法務部全國法規資料庫工作小組。

七、各機關報院法案由政務委員審查時，該機關之首長或副首長應親自出席，未親自出席者，政務委員得拒絕或延期審查。

八、出（列）席法案審查會議之機關、單位，應指派相當層級之人員代表出（列）席。出（列）席人員於審查會議前，應詳閱會議資料；於法案審查完竣後，提本院會議討論前，應將審查會議中重大爭點及主要結論報告機關首長。同一法案，每次審查會議，均應指派相同之人員代表出（列）席。但原指派代表出（列）席之人員因故無法出（列）席者，得指派其他嫻熟該法案審查情形之相當層級人員代表出（列）席。

九、報院審查法案經政務委員審查完竣者，報院機關及出（列）席法案審查會議之機關均不得再表示不同意見。但由副首長以上層級人員出（列）席，並於審查會議中保留本院會議發言權者，不在此限。

十、報院審查法案有下列情形之一者，得退回報院機關重行研擬：

（一）政策目標有再行斟酌之必要。

（二）未與相關機關、地方自治團體協商，致有重大爭議。

（三）未依第六點第一項規定檢附資料或有其他重大瑕疵，致難以進行審查。

十一、各機關對於立法委員自行提案之法案，應即瞭解其內容並進行檢討評估。評估結果有提出對案之必要者，除有急迫情形者外，應即依本注意事項之規定辦理，並以本院函送立法院審議之對案版本作為協調、推動之依據。

前項急迫情形，各機關應擬具協商原則或對案版本，以電洽或面報等方式經本院同意後，於立法院協商或請立法院執政黨黨團就所擬具因應方案協助處理。

十二、（刪除）

4-22 關於法律或法規命令定有主管機關及業務執行機關之訴願管轄機關疑議案（結論）

（行政院法規會諮詢會議有關法制事項之結論93年第11次93年10月22日）

（一）法律規定之主管機關乃為整體、抽象之管轄權歸屬概念，並非法律規範之所有事項均應由主管機關負責執行，於法律或法律具體明確授權之法規命令中將法律規範之部分事項交由所屬三級以下機關執行及對外作行政處分，法理上尚無不可。

（二）現行法律有關主管機關及業務執行機關規定之體例並不一致，尚難遽以認定法律之主管機關即應為作成行政處分之機關，而應就個別法律規定意旨予以分別認定：

　　1.有關商標法、專利法部分，該二法律均明定業務由經濟部指定專責機關辦理，故商標及專利案件應由專責機關經濟部智慧財產局作成行政處分，並向其上級機關經濟部提起訴願。

　　2.有關入出國及移民法，於該法施行細則變更法律規定之主管機關管轄權，法制上有欠妥適，內政部變更以往作法，改以該部為行政處分機關，尚非無據。

　　3.有關替代役實施條例部分，內政部役政署組織條例已明文規定兵役及替代役事務為內政部役政署之職掌，其與入出國及移民法之規定不同，則行政處分機關應為內政部役政署，訴願管轄機關為內政部。

　　4.至臺灣地區與大陸地區人民關係條例及香港澳門關係條例部分，以兩岸及港澳事務具有特殊性，且其主管機關及業務執行機關之規定，係於法律授權之法規命令中規範，應依授權法規命令所定主管機關及其規範內容判斷行政處分機關為何，再決定訴願管轄機關。

4-23 重要法規年齡規範及法律效果

年齡	民法	刑法 §18	少年事件處理法	兒童及少年福利與權益保障法	公民權	工廠法 §5	勞動基準法
80歲		得減輕其刑					
40歲	滿20歲為成年，完全行為人 §12	完全責任能力人			40歲可參選總統憲 §45		年滿65歲者，雇主得強制其退休 §54
23歲					23歲被選舉權憲 §130　20歲選舉權　18歲公投權公投 §7		
21歲 / 20歲	16-20歲未成年		少年轉介輔導之執行 §54	緊急安置 §110			
18歲	結婚，有行為能力 §13	減輕/限制責任能力（若犯罪，得減輕其刑）	少年 §2	少年 §2			
16歲 / 15歲	限制行為人 §13		（兒童有犯罪行為者由少年法庭處理，少年則於有犯罪或虞犯行為時均須由少年法庭處理）			14-16歲為童工	童工 §44
14歲		無責任能力（未滿14歲的人其犯罪行為不罰，不能判刑坐牢，且不能處刑罰）				工廠不得僱用未滿14歲的男女為工人	工商業不得僱用未滿15歲的人從事工作，但國中畢業或經主管機關認定工作性質及環境無礙身心健康者不在此限 §45
12歲				兒童 §2			
7歲 / 6歲	無行為能力人 §13						
0歲	民法	刑法 §18	少年事件處理法	兒童及少年福利與權益保障法	公民權	工廠法 §5	勞動基準法

第五章

主要法規

5-1 中央法規標準法

中華民國59年8月18日制定26條；中華民國59年8月31日公布
中華民國93年5月4日修正第8條條文；中華民國93年5月19日公布

第一章　總則

第1條（本法之適用）

中央法規之制定、施行、適用、修正及廢止，除憲法規定外，依本法之規定。

📁 相關條文：憲法第61條（行政院組織法律定之）、憲法第76條（立法院組織法律定之）、憲法第82條（法院組織法律定之）、憲法第89條（考試院組織法律定之）、憲法第106條（監察院組織法律定之）、憲法第118條（直轄市自治法律定之）、憲法第170條（法律之意義）、憲法第175條（憲法實施程序與施行程序之制定）、憲法增修條文第11條（兩岸關係以法律特別規定）

第2條（法律之名稱）

法律得定名為法、律、條例或通則。

第3條（命令之名稱）

各機關發布之命令，得依其性質，稱規程、規則、細則、辦法、綱要、標準或準則。

第二章　法規之制定

第4條（法律之制定）

法律應經立法院通過，總統公布。

📁 相關條文：憲法第37條（總統公布法令權）、憲法第63條（立法院立法職權）、憲法第72條（公布法律）

第5條（應以法律規定之事項）

左列事項應以法律定之：

一、憲法或法律有明文規定，應以法律定之者。

二、關於人民之權利、義務者。

三、關於國家各機關之組織者。

四、其他重要事項之應以法律定之者。

▱相關條文：憲法第8條Ⅰ（人身自由保障，現行犯之逮捕由法律另定之）

第6條（禁止以命令規定之事項）

應以法律規定之事項，不得以命令定之。

第7條（命令之發布）

各機關依其法定職權或基於法律授權訂定之命令，應視其性質分別下達或發布，並即送立法院。

第8條（條文之書寫方式）

Ⅰ法規條文應分條書寫，冠以「第某條」字樣，並得分為項、款、目。項不冠數字，空二字書寫，款冠以一、二、三等數字，目冠以（一）、（二）、（三）等數字，並應加具標點符號。

Ⅱ前項所定之目再細分者，冠以1、2、3等數字，並稱為第某目之1、2、3。

第9條（法規章節之劃分）

法規內容繁複或條文較多者，得劃分為第某編、第某章、第某節、第某款、第某目。

第10條（修正之方式）

Ⅰ修正法規廢止少數條文時，得保留所廢條文之條次，並於其下加括弧，註明「刪除」二字。

Ⅱ修正法規增加少數條文時，得將增加之條文，列在適當條文之後，冠以前條「之一」、「之二」等條次。

Ⅲ廢止或增加編、章、節、款、目時，準用前二項之規定。

第11條（法之位階）

法律不得牴觸憲法，命令不得牴觸憲法或法律，下級機關訂定之命令不得牴觸上級機關之命令。

第三章　法規之施行

第12條（施行日期之規定）

法規應規定施行日期，或授權以命令規定施行日期。

第13條（生效日期）

法規明定自公布或發布日施行者，自公布或發布之日起算至第三日起發生效力。

第14條（生效日期）

法規特定有施行日期，或以命令特定施行日期者，自該特定日起發生效力。

第15條（施行區域）

法規定有施行區域或授權以命令規定施行區域者，於該特定區域內發生效力。

第四章　法規之適用

第16條（特別法優於普通法）

法規對其他法規所規定之同一事項而為特別之規定者，應優先適用之。其他法規修正後，仍應優先適用。

第17條（法規修正後之適用或準用）

法規對某一事項規定適用或準用其他法規之規定者，其他法規修正後，適用或準用修正後之法規。

第18條（從新從優原則）

各機關受理人民聲請許可案件適用法規時，除依其性質應適用行為時之法規外，如在處理程序終結前，據以准許之法規有變更者，適

用新法規。但舊法規有利於當事人而新法規未廢除或禁止所聲請之
事項者，適用舊法規。

第19條（法規適用之停止或恢復）

Ⅰ法規因國家遭遇非常事故，一時不能適用者，得暫停適用其一部
　或全部。

Ⅱ法規停止或恢復適用之程序，準用本法有關法規廢止或制定之規
　定。

第五章　法規之修正與廢止

第20條（修正之情形及程序）

Ⅰ法規有左列情形之一者，修正之：

　一、基於政策或事實之需要，有增減內容之必要者。

　二、因有關法規之修正或廢止而應配合修正者。

　三、規定之主管機關或執行機關已裁併或變更者。

　四、同一事項規定於二以上之法規，無分別存在之必要者。

Ⅱ法規修正之程序，準用本法有關法規制定之規定。

第21條（廢止情形）

法規有左列情形之一者，廢止之：

一、機關裁併，有關法規無保留之必要者。

二、法規規定之事項已執行完畢，或因情勢變遷，無繼續施行之必
　　要者。

三、法規因有關法規之廢止或修正致失其依據，而無單獨施行之必
　　要者。

四、同一事項已定有新法規，並公布或發布施行者。

第22條（廢止程序及失效日期）

Ⅰ法律之廢止，應經立法院通過，總統公布。

Ⅱ命令之廢止，由原發布機關為之。

Ⅲ依前二項程序廢止之法規，得僅公布或發布其名稱及施行日

期；並自公布或發布之日起，算至第三日起失效。

第23條（當然廢止）

法規定有施行期限者，期滿當然廢止，不適用前條之規定。但應由主管機關公告之。

第24條（延長施行之程序）

Ⅰ 法律定有施行期限，主管機關認為需要延長者，應於期限屆滿一個月前送立法院審議。但其期限在立法院休會期內屆滿者，應於立法院休會一個月前送立法院。

Ⅱ 命令定有施行期限，主管機關認為需要延長者，應於期限屆滿一個月前，由原發布機關發布之。

第25條（機關裁併後命令之廢止或延長）

命令之原發布機關或主管機關已裁併者，其廢止或延長，由承受其業務之機關或其上級機關為之。

第六章　附則

第26條（施行日）

本法自公布日施行。

5-2 立法院職權行使法

中華民國88年1月12日制定77條；中華民國88年1月25日公布
中華民國88年6月22日修正第19條條文；中華民國88年6月30日公布
中華民國89年5月12日修正第18至24、28、75條條文；中華民國89年5月24日公布
中華民國89年11月7日增訂第44-1條條文；增訂第7章之1章名；中華民國89年11月22日公布
中華民國90年6月5日修正第29、30條條文；中華民國90年6月20日公布
中華民國90年10月30日修正第13條條文；中華民國90年11月14日公布
中華民國91年1月15日增訂第10-1、71-1條條文；修正第11、68、70、72、74條條文；中華民國91年1月25日公布

中華民國96年11月30日修正第5、8至11、17、20、29、60、67、68、72、77條條文;自立法院第7屆立法委員就職日起施行;中華民國96年12月19日公布
中華民國97年4月25日修正第70、71-1條條文;中華民國97年5月14日公布
中華民國97年5月9日增訂第15-1至15-5條條文;增訂第2章之1章名;中華民國97年5月28日公布
中華民國99年5月18日修正第42、44、70條條文;中華民國99年6月15日公布
中華民國107年11月6日增訂第28-1、28-2條條文;中華民國107年11月21日公布
中華民國107年11月6日(現行條文)

第一章　總則

第1條(立法依據)

Ⅰ本法依立法院組織法第二條第二項制定之。

Ⅱ本法未規定者,適用其他法令之規定。

第2條(委員之報到及開議日之決定)

Ⅰ立法委員應分別於每年二月一日及九月一日起報到,開議日由各黨團協商決定之。但經總統解散時,由新任委員於選舉結果公告後第三日起報到,第十日開議。

Ⅱ前項報到及出席會議,應由委員親自為之。

📂相關條文:憲法第68條(常會)、憲法增修條文第2條第5項(不信任案)

第3條(就職宣誓及院長、副院長選舉)

立法院每屆第一會期報到首日舉行預備會議,進行委員就職宣誓及院長、副院長之選舉。

📂相關條文:立法院議事規則第19條(該屆第一會期首日預備會議程序)、立法院組織法第4條第1項(會議以院長為主席)

第4條(開會額數及總額計算標準)

Ⅰ立法院會議,須有立法委員總額三分之一出席,始得開會。

Ⅱ前項立法委員總額,以每會期實際報到人數為計算標準。但會期中辭職、去職或亡故者,應減除之。

☐相關條文：立法院議事規則第20條（院會星期二、五開會）、立法院議事規則第22條（每日開會時間）、立法院組織法第5條（會議公開原則及例外）、立法院組織法第6條（臨時會之召集）

第5條（會期延長之要件）

立法院每次會期屆至，必要時，得由院長或立法委員提議或行政院之請求延長會期，經院會議決行之；立法委員之提議，並應有二十人以上之連署或附議。

☐相關條文：憲法第69條（得開臨時會之情事）、立法院組織法第6條（臨時會之召集）

第6條（會議之決議）

立法院會議之決議，除法令另有規定外，以出席委員過半數之同意行之；可否同數時，取決於主席。

第二章　議案審議

第7條（議案之議決）

立法院依憲法第六十三條規定所議決之議案，除法律案、預算案應經三讀會議決外，其餘均經二讀會議決之。

☐相關條文：憲法第63條（立法院職權——議決法律案、預算案、戒嚴案、大赦案、宣戰案、媾和案、條約案及國家其他重要事項）、中央法規標準法第20條（法規修正之情形及程序）、逕付二讀案依慣例須交黨團協商，並由提案委員所屬黨團負責協商

第8條（第一讀會程序）

Ⅰ第一讀會，由主席將議案宣付朗讀行之。

Ⅱ政府機關提出之議案或立法委員提出之法律案，應先送程序委員會，提報院會朗讀標題後，即應交付有關委員會審查。但有出席委員提議，二十人以上連署或附議，經表決通過，得逕付二讀。

Ⅲ立法委員提出之其他議案，於朗讀標題後，得由提案人說明其旨趣，經大體討論，議決交付審查或逕付二讀，或不予審議。

☐相關條文：立法院組織法第7條（程序委員會）、立法院議事規則第16條（議事日程編送）、立法院議事規則第9條（臨時提案──不得提出法律案）

第9條（第二讀會程序）

Ⅰ第二讀會，於討論各委員會審查之議案，或經院會議決不經審查逕付二讀之議案時行之。

Ⅱ第二讀會，應將議案朗讀，依次或逐條提付討論。

Ⅲ第二讀會，得就審查意見或原案要旨，先作廣泛討論。廣泛討論後，如有出席委員提議，十五人以上連署或附議，經表決通過，得重付審查或撤銷之。

☐相關條文：立法院議事規則第11條（修正動議）、立法院議事規則第12條（修正動議之撤回）

第10條（對立法原旨有異議之補救程序）

法律案在第二讀會逐條討論，有一部分已經通過，其餘仍在進行中時，如對本案立法之原旨有異議，由出席委員提議，二十五人以上連署或附議，經表決通過，得將全案重付審查。但以一次為限。

第10條之1（第二讀會不須協商之議案處理）

第二讀會討論各委員會議決不須黨團協商之議案，得經院會同意，不須討論，逕依審查意見處理。

☐相關條文：立法院各委員會組織法第10條之1（須否議案協商之議決）、第11條（審查議案後應以書面提報院會）

第11條（第三讀會之程序）

Ⅰ第三讀會，應於第二讀會之下次會議行之。但如有出席委員提議，十五人以上連署或附議，經表決通過，得於二讀後繼續進行三讀。

Ⅱ第三讀會，除發現議案內容有互相牴觸，或與憲法、其他法律相

牴觸者外，祇得為文字之修正。

Ⅲ第三讀會，應將議案全案付表決。

▱相關條文：立法院議事規則第42條（決議案復議提出之要件）、第43條（復議動議提出時間）、第44條（法律案、預算案之復議）、第45條（復議之表決）

第12條（議案之撤回及法律案之併案審查）

Ⅰ議案於完成二讀前，原提案者得經院會同意後撤回原案。

Ⅱ法律案交付審查後，性質相同者，得為併案審查。

Ⅲ法律案付委經逐條討論後，院會再為併案審查之交付時，審查會對已通過之條文，不再討論。

第13條（屆滿不予繼續審議之議案）

每屆立法委員任期屆滿時，除預（決）算案及人民請願案外，尚未議決之議案，下屆不予繼續審議。

第14條（憲法修正案審議程序準用之規定）

立法委員提出之憲法修正案，除依憲法第一百七十四條第二款之規定處理外，審議之程序準用法律案之規定。

▱相關條文：憲法第174條（修憲門檻）、憲法增修第1條（修憲複決）、憲法增修第12條（修憲程序）、立法院組織法第9條（修憲委員會）

第15條（總統發布緊急命令之追認程序）

Ⅰ總統依憲法增修條文第二條第三項之規定發布緊急命令，提交立法院追認時，不經討論，交全院委員會審查；審查後提出院會以無記名投票表決。未獲同意者，該緊急命令立即失效。

Ⅱ總統於立法院休會期間發布緊急命令提交追認時，立法院應即召開臨時會，依前項規定處理。

Ⅲ總統於立法院解散後發布緊急命令，提交立法院追認時，立法院應於三日內召開臨時會，並於開議七日內議決，如未獲同意，該緊急命令立即失效。但於新任立法委員選舉投票日後發布者，由

新任立法委員於就職後依第一項規定處理。

☐相關條文：憲法第43條（總統發布緊急命令權）、憲法增修第2條第3項（總統發布緊急命令與立法院追認時限）、司法院釋字第543號解釋（緊急命令得再授權爲補充規定？）

第二章之一　聽取總統國情報告

第15條之1（立法院每年集會聽取總統國情報告）

依中華民國憲法增修條文第四條第三項規定，立法院得於每年集會時，聽取總統國情報告。

☐相關條文：憲法增修第4條第3項（立法院於每年集會時，得聽取總統國情報告）

第15條之2（總統赴立法院做國情報告之要件）

I 立法院得經全體立法委員四分之一以上提議，院會決議後，由程序委員會排定議程，就國家安全大政方針，聽取總統國情報告。

II 總統就其職權相關之國家大政方針，得咨請立法院同意後，至立法院進行國情報告。

第15條之3（印送書面報告之期限）

總統應於立法院聽取國情報告日前三日，將書面報告印送全體委員。

第15條之4（立法委員就國情報告不明瞭處提出問題之相關程序）

I 立法委員於總統國情報告完畢後，得就報告不明瞭處，提出問題；其發言時間、人數、順序、政黨比例等事項，由黨團協商決定。

II 就前項委員發言，經總統同意時，得綜合再做補充報告。

第15條之5（立法委員對國情報告所提問題送請總統參考）

立法委員對國情報告所提問題之發言紀錄，於彙整後送請總統參考。

第三章　聽取報告與質詢

第16條（提出施政報告與質詢之規定）

I 行政院依憲法增修條文第三條第二項第一款向立法院提出施政方針及施政報告，依下列之規定：

一、行政院應於每年二月一日以前，將該年施政方針及上年七月至十二月之施政報告印送全體立法委員，並由行政院院長於二月底前提出報告。

二、行政院應於每年九月一日以前，將該年一月至六月之施政報告印送全體立法委員，並由行政院院長於九月底前提出報告。

三、新任行政院院長應於就職後兩週內，向立法院提出施政方針之報告，並於報告日前三日將書面報告印送全體立法委員。

II 立法院依前項規定向行政院院長及行政院各部會首長提出口頭質詢之會議次數，由程序委員會定之。

▷相關條文：立法院各委員會組織法第2條（業務報告與備詢）、立法院議事規則第9條第2項（首長至委員會業務或專案報告）

第17條（施政方針變更時之報告與質詢）

I 行政院遇有重要事項發生，或施政方針變更時，行政院院長或有關部會首長應向立法院院會提出報告，並備質詢。

II 前項情事發生時，如有立法委員提議，十五人以上連署或附議，經院會議決，亦得邀請行政院院長或有關部會首長向立法院院會報告，並備質詢。

▷相關條文：司法院釋字第520號解釋（核四停建案，施政方針之變更，包括政黨輪替後之政策改變）

第18條（質詢之種類）

I 立法委員對於行政院院長及各部會首長之施政方針、施政報告及其他事項，得提出口頭或書面質詢。

II 前項口頭質詢分為政黨質詢及立法委員個人質詢，均以即問即答

方式爲之，並得採用聯合質詢。但其人數不得超過三人。

Ⅲ政黨質詢先於個人質詢進行。

第19條（政黨質詢）

Ⅰ每一政黨詢答時間，以各政黨黨團提出人數乘以三十分鐘行之。但其人數不得逾該黨團人數二分之一。

Ⅱ前項參加政黨質詢之委員名單，由各政黨於行政院院長施政報告前一日向秘書長提出。

Ⅲ代表政黨質詢之立法委員，不得提出個人質詢。

Ⅳ政黨質詢時，行政院院長及各部會首長皆應列席備詢。

第20條（個人質詢）

Ⅰ立法委員個人質詢應依各委員會之種類，以議題分組方式進行，行政院院長及與議題相關之部會首長應列席備詢。

Ⅱ議題分組進行質詢，依立法院組織法第十條第一項各款順序。但有委員十五人連署，經議決後得變更議題順序。

Ⅲ立法委員個人質詢，以二議題爲限，詢答時間合計不得逾三十分鐘。如以二議題進行時，各議題不得逾十五分鐘。

第21條（質詢之登記及書面要旨之送交）

Ⅰ施政方針及施政報告之質詢，於每會期集會委員報到日起至開議後七日內登記之。

Ⅱ立法委員爲前項之質詢時，得將其質詢要旨以書面於質詢日前二日送交議事處，轉知行政院。但遇有重大突發事件，得於質詢前二小時提出。委員如採用聯合質詢，應併附親自簽名之同意書面。

Ⅲ已質詢委員，不得再登記口頭質詢。

第22條（質詢與答復）

依第十七條及第十八條提出之口頭質詢，應由行政院院長或質詢委員指定之有關部會首長答復；未及答復部分，應於二十日內以書面答復。但質詢事項牽涉過廣者，得延長五日。

第23條（質詢與答復應列入議事日程）

I 立法委員行使憲法增修條文第三條第二項第一款之質詢權，除依第十六條至第二十一條規定處理外，應列入議事日程質詢事項，並由立法院送交行政院。

II 行政院應於收到前項質詢後二十日內，將書面答復送由立法院轉知質詢委員，並列入議事日程質詢事項。但如質詢內容牽涉過廣者，答復時間得延長五日。

第24條（質詢提出之規定）

I 質詢之提出，以說明其所質詢之主旨為限。

II 質詢委員違反前項規定者，主席得予制止。

第25條（質詢答復之規定）

I 質詢之答復，不得超過質詢範圍之外。

II 被質詢人除為避免國防、外交明顯立即之危害或依法應秘密之事項者外，不得拒絕答復。

III 被質詢人違反第一項規定者，主席得予制止。

第26條（行政院及各首長應親自出席備詢）

行政院院長、副院長及各部會首長應親自出席立法院院會，並備質詢。因故不能出席者，應於開會前檢送必須請假之理由及行政院院長批准之請假書。

第27條（質詢事項不得為討論議題）

質詢事項，不得作為討論之議題。

第28條（預決算案報告之答詢程序）

I 行政院向立法院提出預算案編製經過報告之質詢，應於報告首日登記，詢答時間不得逾十五分鐘。

II 前項質詢以即問即答方式為之。但經質詢委員同意，得採綜合答復。

III 審計長所提總決算審核報告之諮詢，應於報告日中午前登記；其詢答時間及答復方式，依前二項規定處理。

Ⅳ行政院或審計部對於質詢或諮詢未及答復部分，應於二十日內以書面答復。但內容牽涉過廣者，得延長五日。

📂 **相關條文**：預算法第48條（審議時應報告事項）、預算法第82條（追加預算程序之準用規定）、預算法第84條（特別預算之審議程序與先支一部）、決算法第26條（審計長之審核報告）

第28條之1（機密預算之審議原則）

立法院對於行政院或審計長向立法院提出預算案編製經過報告及總決算審核報告，其涉及國家機密者，以秘密會議行之。

第28條之2（追加預算案及特別預算案之適用）

Ⅰ 追加預算案及特別預算案，其審查程序與總預算案同。但必要時，經院會聽取編製經過報告並質詢後，逕交財政委員會會同有關委員會審查，並提報院會處理。

Ⅱ 前項審查會議由財政委員會召集委員擔任主席。

第四章　同意權之行使

第29條（同意權行使程序及表決）

立法院依憲法第一百零四條或憲法增修條文第五條第一項、第六條第二項、第七條第二項行使同意權時，不經討論，交付全院委員會審查，審查後提出院會以無記名投票表決，經超過全體立法委員二分之一之同意爲通過。

📂 **相關條文**：憲法增修第5條（大法官任命同意權）、憲法增修第6條（考試委員任命同意權）、憲法增修第7條（考試委員任命同意權）、憲法第104條（審計長同意權）、組織基準法第21條（獨立機關合議制成員同意權）、法院組織法第66條（檢察長同意權）

第30條（審查範圍及被提名人列席說明）

Ⅰ 全院委員會就被提名人之資格及是否適任之相關事項進行審查與詢問，由立法院咨請總統通知被提名人列席說明與答詢。

Ⅱ全院委員會於必要時，得就司法院院長副院長、考試院院長副院長及監察院院長副院長與其他被提名人分開審查。

🗀相關條文：司法院組織法第4條（大法官資格）、考試院組織法第4條（考試委員資格）、監察院組織法第3條之1（監察委員資格）、審計部組織法第2條（審計長資格）

第31條（同意權行使結果之咨復）

同意權行使之結果，由立法院咨復總統。如被提名人未獲同意，總統應另提他人咨請立法院同意。

第五章　覆議案之處理

第32條（覆議）

行政院得就立法院決議之法律案、預算案、條約案之全部或一部，經總統核可後，移請立法院覆議。

🗀相關條文：憲法增修第3條第2項第2款（覆議權範圍及提出）

第33條（覆議案之審查）

Ⅰ覆議案不經討論，即交全院委員會，就是否維持原決議予以審查。

Ⅱ全院委員會審查時，得由立法院邀請行政院院長列席說明。

第34條（覆議案之表決）

覆議案審查後，應於行政院送達十五日內提出院會以記名投票表決。如贊成維持原決議者，超過全體立法委員二分之一，即維持原決議；如未達全體立法委員二分之一，即不維持原決議；逾期未作成決議者，原決議失效。

🗀相關條文：憲法增修第3條第2項第2款（覆議權範圍、提出及立法院處理期限）

第35條（休會期間覆議案之處理）

立法院休會期間，行政院移請覆議案，應於送達七日內舉行臨時會，並於開議十五日內，依前二條規定處理之。

第六章　不信任案之處理

第36條（不信任案提出之要件）

立法院依憲法增修條文第三條第二項第三款之規定，得經全體立法委員三分之一以上連署，對行政院院長提出不信任案。

第37條（不信任案之審查及表決）

Ⅰ 不信任案應於院會報告事項進行前提出，主席收受後應即報告院會，並不經討論，交付全院委員會審查。

Ⅱ 全院委員會應自不信任案提報院會七十二小時後，立即召開審查，審查後提報院會表決。

Ⅲ 前項全院委員會審查及提報院會表決時間，應於四十八小時內完成，未於時限完成者，視爲不通過。

第38條（不信任案連署之撤回及參加）

Ⅰ 不信任案於審查前，連署人得撤回連署，未連署人亦得參加連署；提案人撤回原提案須經連署人同意。

Ⅱ 前項不信任案經主席宣告審查後，提案人及連署人均不得撤回提案或連署。

Ⅲ 審查時如不足全體立法委員三分之一以上連署者，該不信任案視爲撤回。

第39條（不信任案之表決方式）

不信任案之表決，以記名投票表決之。如經全體立法委員二分之一以上贊成，方爲通過。

🗁 相關條文：憲法增修第3條第2項第3款（不信任案之通過效果——行政院長提出辭職與呈請總統解散立法院）

第40條（不信任結果之咨送）

立法院處理不信任案之結果，應咨送總統。

第41條（再提不信任案之限制）

不信任案未獲通過，一年內不得對同一行政院院長再提不信任案。

第七章 彈劾案之提出

第42條（彈劾案）
立法院依憲法增修條文第四條第七項之規定，對總統、副總統得提出彈劾案。

第43條（提議彈劾案之程序）
I 依前條規定彈劾總統或副總統，須經全體立法委員二分之一以上提議，以書面詳列彈劾事由，交由程序委員會編列議程提報院會，並不經討論，交付全院委員會審查。

II 全院委員會審查時，得由立法院邀請被彈劾人列席說明。

第44條（提出彈劾案之表決）
全院委員會審查後，提出院會以無記名投票表決，如經全體立法委員三分之二以上贊成，向司法院大法官提出彈劾案。

第七章之一 罷免案之提出及審議

第44條之1（罷免案之提出及審議）
I 立法院依憲法增修條文第二條第九項規定提出罷免總統或副總統案，經全體立法委員四分之一之提議，附具罷免理由，交由程序委員會編列議程提報院會，並不經討論，交付全院委員會於十五日內完成審查。

II 全院委員會審查前，立法院應通知被提議罷免人於審查前七日內提出答辯書。

III 前項答辯書，立法院於收到後，應即分送全體立法委員。

IV 被提議罷免人不提出答辯書時，全院委員會仍得逕行審查。

V 全院委員會審查後，即提出院會以記名投票表決，經全體立法委員三分之二同意，罷免案成立，當即宣告並咨復被提議罷免人。

第八章　文件調閱之處理

第45條（立法院得調閱文件）

Ⅰ立法院經院會決議，得設調閱委員會，或經委員會之決議，得設調閱專案小組，要求有關機關就特定議案涉及事項提供參考資料。

Ⅱ調閱委員會或調閱專案小組於必要時，得經院會之決議，向有關機關調閱前項議案涉及事項之文件原本。

📁 相關條文：司法院釋字第325號解釋（立法院文件調閱權要件）、司法院釋字第585號解釋（真調會條例違憲？）

第46條（調閱委員會設立之限制）

調閱委員會或調閱專案小組之設立，均應於立法院會期中為之。但調閱文件之時間不在此限。

第47條（受要求調閱文件機關之處理方式）

Ⅰ受要求調閱文件之機關，除依法律或其他正當理由得拒絕外，應於五日內提供之。但相關資料或文件原本業經司法機關或監察機關先為調取時，應敘明理由，並提供複本。如有正當理由，無法提供複本者，應提出已被他機關調取之證明。

Ⅱ被調閱文件之機關在調閱期間，應指派專人將調閱文件送達立法院指定場所，以供查閱，並負保管責任。

第48條（機關或人員違反調閱規定之處理）

政府機關或公務人員違反本法規定，於立法院調閱文件時拒絕、拖延或隱匿不提供者，得經立法院院會之決議，將其移送監察院依法提出糾正、糾舉或彈劾。

第49條（調閱委員會所需工作人員之指派）

Ⅰ調閱委員會所需之工作人員，由秘書長指派之。

Ⅱ調閱專案小組所需之工作人員，由立法院各委員會或主辦委員會就各該委員會人員中指派之。

Ⅲ調閱委員會及調閱專案小組於必要時，得請求院長指派專業人員

協助之。

第50條（查閱人員之限制及應遵守事項）

I 立法院所調取之文件，限由各該調閱委員會、調閱專案小組之委員或院長指派之專業人員親自查閱之。

II 前項查閱人員，對機密文件不得抄錄、攝影、影印、誦讀、錄音或爲其他複製行爲，亦不得將文件攜離查閱場所。

第51條（文件調閱終結後應提出報告）

調閱委員會或調閱專案小組應於文件調閱處理終結後二十日內，分向院會或委員會提出調閱報告書及處理意見，作爲處理該特定議案之依據。

第52條（保密）

文件調閱之調閱報告書及處理意見未提出前，其工作人員、專業人員、保管人員或查閱人員負有保密之義務，不得對文件內容或處理情形予以揭露。但涉及外交、國防或其他依法令應秘密事項者，於調閱報告及處理意見提出後，仍應依相關法令規定保密，並依秘密會議處理之。

第53條（不得爲最後決議之情形及例外）

I 調閱委員會或調閱專案小組未提出調閱報告書及處理意見前，院會或委員會對該特定議案不得爲最後之決議。但已逾院會或各該委員會議決之時限時，不在此限。

II 前項調閱專案小組之調閱報告書及處理意見，應經該委員會議決後提報院會處理。

第九章　委員會公聽會之舉行

第54條（公聽會之舉行及秘密會議）

各委員會爲審查院會交付之議案，得依憲法第六十七條第二項之規定舉行公聽會。如涉及外交、國防或其他依法令應秘密事項者，以秘密會議行之。

第55條（舉行公聽會之要件）

公聽會須經各委員會輪值之召集委員同意，或經各委員會全體委員三分之一以上之連署或附議，並經議決，方得舉行。

第56條（公聽會之主席及出席人員）

I 公聽會以各委員會召集委員為主席，並得邀請政府人員及社會上有關係人員出席表達意見。

II 前項出席人員，應依正反意見之相當比例邀請，並以不超過十五人為原則；其人選由各委員會決定之。

III 應邀出席人員非有正當理由，不得拒絕出席。

第57條（公聽會前之準備）

I 舉行公聽會之委員會，應於開會日五日前，將開會通知、議程等相關資料，以書面送達出席人員，並請其提供口頭或書面意見。

II 同一議案舉行多次公聽會時，得由公聽會主席於會中宣告下次舉行日期，不受五日之限制，但仍應發出書面通知。

III 立法院對應邀出席人員，得酌發出席費。

第58條（公聽會報告之提出）

委員會應於公聽會終結後十日內，依出席者所提供之正、反意見提出公聽會報告，送交本院全體委員及出席者。

第59條（公聽會報告之效力）

公聽會報告作為審查該特定議案之參考。

第十章　行政命令之審查

第60條（各機關訂定之命令應提報會議）

I 各機關依其法定職權或基於法律授權訂定之命令送達立法院後，應提報立法院會議。

II 出席委員對於前項命令，認為有違反、變更或牴觸法律者，或應以法律規定事項而以命令定之者，如有十五人以上連署或附議，即交付有關委員會審查。

📁 **相關條文**：行政程序法第150條第1項（法規命令之定義）、中央法規標準法第7條（法規命令應提送立法院）、程序委員會組織規程第5條（行政命令議程之安排）

第61條（行政命令審查之期限）

I 各委員會審查行政命令，應於院會交付審查後三個月內完成之；逾期未完成者，視為已經審查。但有特殊情形者，得經院會同意後展延；展延以一次為限。

II 前項期間，應扣除休會期日。

第62條（行政命令違法之救濟程序）

I 行政命令經審查後，發現有違反、變更或牴觸法律者，或應以法律規定事項而以命令定之者，應提報院會，經議決後，通知原訂頒之機關更正或廢止之。

II 前條第一項視為已經審查或經審查無前項情形之行政命令，由委員會報請院會存查。

III 第一項經通知更正或廢止之命令，原訂頒機關應於二個月內更正或廢止；逾期未為更正或廢止者，該命令失效。

第63條（行政命令審查得準用之規定）

各委員會審查行政命令，本章未規定者，得準用法律案之審查規定。

第十一章　請願文書之審查

第64條（請願文書之處理方式）

I 立法院於收受請願文書，應依下列規定辦理：

一、秘書處收受請願文書後，應即送程序委員會。

二、各委員會收受請願文書後，應即送秘書處收文。

三、立法院會議時，請願人面遞請願文書，由有關委員會召集委員代表接受，並於接見後，交秘書處收文。

四、請願人向立法院集體請願，面遞請願文書有所陳述時，由院

　　長指定之人員接見其代表。

II前項請願人，包括經我國認許之外國法人。

第65條（請願文書之處理程序）

I立法院收受請願文書後，應先由程序委員會審核其形式是否符合請願法規定，其有不符或文字意思表示無法瞭解者，通知其補正。

II請願文書之內容明顯非屬立法職權事項，程序委員會應逕行移送權責機關處理；其屬單純之行政事項，得不交審查而逕行函復，或委託相關委員會函復。如顯有請願法第三條、第四條規定情事，依法不得請願者，由程序委員會通知請願人。

🗁相關條文：請願法第3條、第4條（請願事項的限制——不得有牴觸憲法、干預審判或應提起訴願或訴訟事項）

第66條（請願文書之審查及查復）

I請願文書應否成為議案，由有關委員會審查；審查時得先函請相關部會於一個月內查復。必要時得派員先行瞭解，或通知請願人到會說明，說明後應即退席。

II請願文書在審查未有結果前，請願人得撤回之。

第67條（成為或不成為議案之處理方式）

I請願文書經審查結果成為議案者，由程序委員會列入討論事項，經大體討論後，議決交付審查或逕付二讀或不予審議。

II請願文書經審查結果不成為議案者，應敘明理由及處理經過，送由程序委員會報請院會存查，並通知請願人。但有出席委員提議，十五人以上連署或附議，經表決通過，仍得成為議案。

第十二章　黨團協商

第68條（黨團協商）

I為協商議案或解決爭議事項，得由院長或各黨團向院長請求進行黨團協商。

II立法院院會於審議不須黨團協商之議案時，如有出席委員提出異議，十人以上連署或附議，該議案即交黨團協商。

III各委員會審查議案遇有爭議時，主席得裁決進行協商。

▭相關條文：立法院各委員會組織法第10條之2（院會提異議權之條件）

第69條（黨團協商參加者及舉行時間）

I黨團協商會議，由院長、副院長及各黨團負責人或黨鞭出席參加；並由院長主持，院長因故不能主持時，由副院長主持。

II前項會議原則上於每週星期三舉行，在休會或停會期間，如有必要時，亦得舉行，其協商日期由主席通知。

第70條（指派參加黨團協商代表）

I議案交由黨團協商時，由該議案之院會說明人所屬黨團負責召集，通知各黨團書面簽名指派代表二人參加，該院會說明人為當然代表，並由其擔任協商主席。但院會說明人更換黨團時，則由原所屬黨團另指派協商主席。

II各黨團指派之代表，其中一人應為審查會委員。但黨團所屬委員均非審查會委員時，不在此限。

III依第六十八條第二項提出異議之委員，得向負責召集之黨團，以書面簽名推派二人列席協商說明。

IV議案進行協商時，由秘書長派員支援，全程錄影、錄音、記錄，併同協商結論，刊登公報。

V協商結論如與審查會之決議或原提案條文有明顯差異時，應由提出修正之黨團或提案委員，以書面附具條文及立法理由，併同協商結論，刊登公報。

第71條（協商結論）

黨團協商經各黨團代表達成共識後，應即簽名，作成協商結論，並經各黨團負責人簽名，於院會宣讀後，列入紀錄，刊登公報。

第71條之1（黨團協商之期限）
議案自交黨團協商逾一個月無法達成共識者，由院會定期處理。

🗀 本條所述協商期間的起算日，係以議事處函請各黨團協商之函文日期為準。

第72條（協商結論之效力）
Ⅰ黨團協商結論於院會宣讀後，如有出席委員提議，八人以上之連署或附議，得對其全部或一部提出異議，並由院會就異議部分表決。
Ⅱ黨團協商結論經院會宣讀通過，或依前項異議議決結果，出席委員不得再提出異議；逐條宣讀時，亦不得反對。

第73條（經協商議案及待表決條文之派員發言）
Ⅰ經協商之議案於廣泛討論時，除經黨團要求依政黨比例派員發言外，其他委員不得請求發言。
Ⅱ經協商留待院會表決之條文，得依政黨比例派員發言後，逕行處理。
Ⅲ前二項議案在逐條討論時，出席委員不得請求發言。

第74條（議案分發協商之順序及數量）
Ⅰ程序委員會應依各委員會提出審查報告及經院會議決交由黨團協商之順序，依序將議案交由黨團協商。
Ⅱ議案有時效性者，負責召集之黨團及該議案之院會說明人應優先處理。

第十三章　附則

第75條（連署或附議人數限制之例外）
符合立法院組織法第三十三條規定之黨團，除憲法另有規定外，得以黨團名義提案，不受本法有關連署或附議人數之限制。

🗀 相關條文：立法院議事規則第59條（得以黨團名義提案）、立法院議事規則第57條第1項（委員會會議之聯署、附議人數）

第76條（議事規則之訂定）
立法院議事規則另定之。

第77條（施行日）
Ⅰ 本法自公布日施行。
Ⅱ 本法中華民國九十六年十一月三十日修正之條文，自立法院第七
　 屆立法委員就職日起施行。

5-3 行政程序法（節錄）

中華民國104年12月11日

第一章　總則

第一節　法例

第1條（立法目的）
為使行政行為遵循公正、公開與民主之程序，確保依法行政之原
則，以保障人民權益，提高行政效能，增進人民對行政之信賴，特
制定本法。

第2條（行政程序與行政機關之定義）
Ⅰ 本法所稱行政程序，係指行政機關作成行政處分、締結行政契
　 約、訂定法規命令與行政規則、確定行政計畫、實施行政指導及
　 處理陳情等行為之程序。
Ⅱ 本法所稱行政機關，係指代表國家、地方自治團體或其他行政主
　 體表示意思，從事公共事務，具有單獨法定地位之組織。
Ⅲ 受託行使公權力之個人或團體，於委託範圍內，視為行政機
　 關。
🗀解釋
■ 行政程序法之規範範圍，係以行政機關行使公權力之行為為
　 限。而政府採購法則係以政府機關、公立學校、公營事業辦理

工程之定作、財物之買受、定製、承租及勞務之委任或僱傭等私經濟行政爲適用範圍，有關此等採購事項，應依政府採購法及其子法之規定判斷之，似不生行政程序法之適用問題。……機關依政府採購法第31條第2項第8款規定追繳廠商押標金之行爲，核其性質似非屬行政機關就公法上事件所爲之行政處分，其強制執行方式，自無前開行政執行法第11條第1項規定之適用。（法務部88年8月2日法律字第029742號）

第3條（適用範圍）

I 行政機關爲行政行爲時，除法律另有規定外，應依本法規定爲之。

II 下列機關之行政行爲，不適用本法之程序規定：

一、各級民意機關。

二、司法機關。

三、監察機關。

III 下列事項，不適用本法之程序規定：

一、有關外交行爲、軍事行爲或國家安全保障事項之行爲。

二、外國人出、入境、難民認定及國籍變更之行爲。

三、刑事案件犯罪偵查程序。

四、犯罪矯正機關或其他收容處所爲達成收容目的所爲之行爲。

五、有關私權爭執之行政裁決程序。

六、學校或其他教育機構爲達成教育目的之內部程序。

七、對公務員所爲之人事行政行爲。

八、考試院有關考選命題及評分之行爲。

📁 解釋

■ 本法第46條規定之申請閱覽卷宗請求權，係屬程序權利。次按行政資訊公開辦法之立法意旨，係滿足人民知的權利及促進行政資訊之公開化與透明化，其公開之對象爲一般人民，當然亦包括已終結之個別行政程序之當事人或利害關係人，係屬「一

般性之資訊公開」。依該辦法規定申請行政機關提供行政資訊之權利，屬實體權利。……有關公務人員年終考績之評定如係屬服務機關管理措施（非屬行政處分）之人事行政行為，自不得依行政程序法第46條規定申請閱覽卷宗。惟其請求提供年度平時考核表、考績委員會紀錄等資料，仍得依行政資訊公開辦法之規定辦理。（法務部92年4月28日法律字第092001382號書函）

第4條（一般法律原則）
行政行為應受法律及一般法律原則之拘束。

第5條（行政行為之內容）
行政行為之內容應明確。

第6條（行政行為之平等原則）
行政行為，非有正當理由，不得為差別待遇。

第7條（行政行為之比例原則）
行政行為，應依下列原則為之：
一、採取之方法應有助於目的之達成。
二、有多種同樣能達成目的之方法時，應選擇對人民權益損害最少者。
三、採取之方法所造成之損害不得與欲達成目的之利益顯失均衡。

第8條（行政行為之誠信原則）
行政行為，應以誠實信用之方法為之，並應保護人民正當合理之信賴。

📂解釋
■有關工友（含技工、駕駛）與僱用機關間因誤核薪點，溢領工餉之爭議，因雙方之基礎法律關係為私法上僱傭關係，應無行政程序法上賴利益保護原則之適用問題。（法務部91年8月16日法律字第0910029138號書函）

第9條（行政程序對當事人有利及不利之情形）

行政機關就該管行政程序，應於當事人有利及不利之情形，一律注意。

第10條（行政裁量之界限）

行政機關行使裁量權，不得逾越法定之裁量範圍，並應符合法規授權之目的。

第四章　法規命令及行政規則

第150條（法規命令之定義）

I 本法所稱法規命令，係指行政機關基於法律授權，對多數不特定人民就一般事項所作抽象之對外發生法律效果之規定。

II 法規命令之內容應明列其法律授權之依據，並不得逾越法律授權之範圍與立法精神。

📂 解釋

■ 各機關於引述「法規命令」及「行政規則」用詞時，應注意行政程序法之規定。（法務部91年6月11日法規字第0910600461號函）──按行政程序法第150條第1項所稱之「法規命令」，係指行政機關基於法律授權，對多數不特定人民就一般事項所作抽象之對外發生法律效果之規定；同法第159條第1項所稱之「行政規則」，係指上級機關對下級機關，或長官對屬官，依其權限或職責為規範機關內部秩序級運作，所為非直接對外發生法規範效力之一般、抽象規定。兩者之定義、適用範圍、程序及效力均有不同。行政命令一詞，為行政機關所發布命令之泛稱，其是否基於法律之授權、適用範圍、效力等，均無法由字義知悉，為避免概念模糊、滋生疑義，並統一法律用語，明確釐清命令之內涵及意義，自有依行政程序法上開規定精確使用「法規命令」、「行政規則」一詞之必要。

■ 按第1項所稱之「法規命令」，須具備「行政機關基於法律授權訂定」及「對多數不特定人民就一般事項所作抽象之對外發

生法律效果之規定」二項要件，如僅符合上開二項要件之一者，則不屬之。（法務部92年3月6日法律字第0920005984號函）

■ 法規命令及行政規則之訂定，係由行政機關擬定其內容並依法定程序發布或下達。惟「自治條例」之制定，揆諸地方制度法第25條及第26條第4項規定，則應經地方立法機關議決通過。故自治條例非屬行政程序法所定之法規命令或行政規則。從而，地方自治團體於制定自治條例時，自無行政程序法相關規定之適用。（法務部92年3月6日法律字第0920007530號函）地方行政機關依其法定職權訂定之自治規則，應非行政程序法所稱之法規命令。（法務部101年1月5日法律字第10000056000號函）

■ 行政程序法於90年1月1日施行後，新訂職權命令是否妥適。（法務部90年2月15日法律字第003691號函）──內容涉及人民權利義務者，應以法律定之或有法律具體明確之授權，而屬於機關內部業務處理方式或為協助下級機關認定事實及行使裁量權事項者，則應訂為行政規則，以符法律保留原則。

■ 行政程序法所稱「法規命令」不包括中央法規標準法第7條所定之「職權命令」。（法務部90年2月2日法律字第001961號函）──所稱「法規命令」，須具備「行政機關基於法律授權訂定」及「對多數不特定人民就一般事項所作抽象之對外發生法律效果之規定」二項要件，如僅符合上開二項要件之一者，則不屬之。

■ 行政程序法所稱法規命令須具備「行政機關基於法律授權訂定」及「對多數不特定人民就一般事項所作抽象之對外發生法律效果之規定」二要件，僅符合要件之一則不屬之。如行政機關依法律授權訂定但非對不特定人民就一般事項所作抽象對外發生法規範效果之規定，其法律性質宜由主管機關或上級機關審認判斷。（法務部105年5月6日法律字第10500562960號函）

■公告非中央法規標準法第3條所列七個法規命令名稱之一，如其規範內容係須法律授權訂定，並對多數不特定人民就一般事項作抽象對外發生法律效果者，宜依中央法規標準法第3條規定，賦予其適當之名稱。（法務部89年10月5日法律字第000402號函）

■有關「公教人員退休金其他現金給與補償金發給辦法」是否屬行政程序法第150條所稱法規命令疑義。（法務部90年8月2日法律字第025029號書函）——並非基於法律授權所訂定，與上開法規命令之要件不符，故非法規命令。

■行政程序法第150條第1項所稱之「法規命令」，須具備「行政機關基於法律授權訂定」及「對多數不特定人民就一般事項所作抽象之對外發生法律效果之規定」二項要件，如僅符合其中之一者，則不屬之。行政程序法第174條之1所稱之「命令」並不限於職權命令，尚包括法規命令在內。（法務部91年3月14日法律字第0910006101號函）——職權命令及無具體明確授權之法規命令（例如概括授權之施行細則）規範內容涉及人民之權利義務者，均須以法律規定或以法律明列其授權依據。

第151條（法規命令程序之適用範圍）

Ⅰ行政機關訂定法規命令，除關於軍事、外交或其他重大事項而涉及國家機密或安全者外，應依本法所定程序為之。但法律另有規定者，從其規定。

Ⅱ法規命令之修正、廢止、停止或恢復適用，準用訂定程序之規定。

🗁解釋

■行政程序法150條所定法規命令適用疑義。（法務部91年1月28日法律字第0910002799號書函）——「私立就業服務機構證照費及各項收費標準表」如係法律授權訂定，並對多數不特定人民就一般事項所作抽象之對外發生法律效果者，其性質即屬法規命令。從而，即應踐行行政程序法第4章有關法規命令

　　訂定之相關程序。

第152條（法規命令之提議）

Ⅰ法規命令之訂定，除由行政機關自行草擬者外，並得由人民或團體提議為之。

Ⅱ前項提議，應以書面敘明法規命令訂定之目的、依據及理由，並附具相關資料。

第153條（法規命令提議之處理原則）

受理前條提議之行政機關，應依下列情形分別處理：

一、非主管之事項，依第十七條之規定予以移送。

二、依法不得以法規命令規定之事項，附述理由通知原提議者。

三、無須訂定法規命令之事項，附述理由通知原提議者。

四、有訂定法規命令之必要者，著手研擬草案。

第154條（法規命令之預告程序）

Ⅰ行政機關擬訂法規命令時，除情況急迫，顯然無法事先公告周知者外，應於政府公報或新聞紙公告，載明下列事項：

　　一、訂定機關之名稱，其依法應由數機關會同訂定者，各該機關名稱。

　　二、訂定之依據。

　　三、草案全文或其主要內容。

　　四、任何人得於所定期間內向指定機關陳述意見之意旨。

Ⅱ行政機關除為前項之公告外，並得以適當之方法，將公告內容廣泛周知。

🗀 解釋

■法規命令之預告，應有母法之授權為前提，在授權母法修正通過前，尚無從依行政程序法第154條之規定，辦理法規預告之程序。（法務部99年3月31日法律字第0999012182號函）

■法規命令應由數機關會同訂定者，由主辦（主稿）機關逕行踐行其預告程序，其他會同訂定之機關勿庸共同為之。（法務部

90年3月8日法律字第006698號函）——按行政程序法第154條第1項有關法規命令草案預告程序之規定，其立法意旨在使人民有參與訂定法規命令之機會。

■ 法規命令除非立法者有意使公告內容得不以法規命令之方式定之外，其應依中央法規標準法第3條規定之名稱爲之。（法務部91年1月21日法律字第0910001765號函）——管制藥品管理條例第3條第2項規定依其文義觀之，上開「公告」，似立法者有意不以法規命令之方式訂定，而屬公文程式條例第2條第1項第5款所定公文程式。從而，無須踐行本法第154條之預告程序：惟貴署（行政院衛生署）如認管制藥品範圍及種類之變更攸關民眾權益，於正式公告前先行預告，係爲收集思廣益之效，自非法所不許，併此敍明。

第155條（行政機關得依職權舉行聽證）

行政機關訂定法規命令，得依職權舉行聽證。

第156條（聽證前應行預告之事項及內容）

行政機關爲訂定法規命令，依法舉行聽證者，應於政府公報或新聞紙公告，載明下列事項：

一、訂定機關之名稱，其依法應由數機關會同訂定者，各該機關之名稱。

二、訂定之依據。

三、草案之全文或其主要內容。

四、聽證之日期及場所。

五、聽證之主要程序。

第157條（法規命令之發布）

Ⅰ 法規命令依法應經上級機關核定者，應於核定後始得發布。

Ⅱ 數機關會同訂定之法規命令，依法應經上級機關或共同上級機關核定者，應於核定後始得會銜發布。

Ⅲ 法規命令之發布，應刊登政府公報或新聞紙。

📂 **解釋**

■ 法規命令發布，應以刊登政府公報或新聞紙方式為之，不得僅於各行政機關之網站公布，俾免影響該法規命令效力。又依同法第160條第2項規定之文義解釋，亦不包括於網際網路發布。（法務部100年3月30日法律決字第1000000424號函）

■ 銓敘部依「公務人員任用法」、「專門職業及技術人員轉任公務人員條例」等相關法規所訂定之法規，究屬法規命令或行政規則，以及應以「令」或「函」之方式下達或發布等疑義。（法務部90年5月2日法律字第015511號函）──中央法規標準法第7條所稱「機關基於法律授權訂定之命令」而須發布者，應限於係指依該法第3條規定所訂定之命令──規程、規則、細則、辦法、綱要、標準或準則。稱行政規則，應依同法第160條及第162條之規定分別以「函」或「令」方式辦理之。

■ 行政機關訂頒解釋性規定及裁量基準等行政規則，其發布仍應以令為之。（法務部90年11月15日法律字第040330號函）──行政機關訂定行政程序法第159條第2項第2款之行政規則應以「令」發布者，以「認有全體機關一體適用之必要者」為限，其所謂「全體機關」係指與該行政規則有關而應適用該行政規則之機關或屬官而言，非謂訂定該行政規則機關之所有下級機關或屬官均應適用，始屬之。

第158條（法規命令無效之事由及一部無效之處理原則）

Ⅰ 法規命令，有下列情形之一者，無效：

一、牴觸憲法、法律或上級機關之命令者。

二、無法律之授權而剝奪或限制人民之自由、權利者。

三、其訂定依法應經其他機關核准，而未經核准者。

Ⅱ 法規命令之一部分無效者，其他部分仍為有效。但除去該無效部分，法規命令顯失規範目的者，全部無效。

🗁 解釋

■ 依法律規定訂定法規命令應會同其他機關公告而未會同，公告程序難謂無瑕疵，其未會同公告之法律效果，宜由法規主管機關審認，另會同公告方式及函文格式規定，宜參照行政院訂定公文程式條例及文書管理手冊規範。（法務部104年8月28日法律字第10403510870號函）——一般處分應會同其他機關公告而未會同公告者，按本法第114條第1項第5款規定：「違反程序或方式規定之行政處分，除依第111條規定而無效者外，因下列情形而補正：……五、應參與行政處分作成之其他機關已於事後參與者。」屬於得補正之瑕疵，如瑕疵未補正者，構成本法第117條以下行政處分得撤銷之原因，惟於未撤銷前，該處分仍屬有效。

第159條（行政規則之定義）

I 本法所稱行政規則，係指上級機關對下級機關，或長官對屬官，依其權限或職權為規範機關內部秩序及運作，所為非直接對外發生法規範效力之一般、抽象之規定。

II 行政規則包括下列各款之規定：

一、關於機關內部之組織、事務之分配、業務處理方式、人事管理等一般性規定。

二、為協助下級機關或屬官統一解釋法令、認定事實、及行使裁量權，而訂頒之解釋性規定及裁量基準。

🗁 解釋

■ 法規命令及行政規則之訂定，係由行政機關擬定其內容並依法定程序發布或下達。惟「自治條例」之制定，揆諸地方制度法第25條及第26條第4項規定，則應經地方立法機關議決通過。故自治條例非屬行政程序法所定之法規命令或行政規則。從而，地方自治團體於制定自治條例時，自無行政程序法相關規定之適用。（法務部92年3月6日法律字第092007530號函）

■ 行政機關訂定行政程序法第159條第2項第2款之行政規則應以

「令」發布者，以「認有全體機關一體適用之必要者」爲限。
（法務部92年11月17日法律字第0920048308號函）——所謂
「全體機關」係指與該行政規則有關而應適用該行政規則之機
關或屬官而言，非謂訂定該行政規則機關之所有下級機關或屬
官均應適用者始屬之。

■ 中央法規標準法第7條所稱各機關依其法定職權訂定之命令，
並不包括行政程序法第159條規定之行政規則。（法務部100
年7月11日法律決字第1000018548號函）

■ 主管機關因基於職權執行特定法律規定而依據行政程序法第
159條作出必要之釋示供下級機關或屬官行使職權依據，並無
違背法律保留原則及處罰法定原則，但此種解釋性行政規則並
無拘束無隸屬關係或無業務監督之機關或法院之效力。（法務
部104年8月13日法律字第10403509200號函）

第160條（行政規則之下達與發布）

I 行政規則應下達下級機關或屬官。

II 行政機關訂定前條第二項第二款之行政規則，應由其首長簽
署，並登載於政府公報發布之。

🗁 解釋

■ 有關外交部駐舊金山及洛杉磯二辦事處編制表如係屬於行政
程序法第159條第2項第1款有關機關內部組織之行政規則，依
同法第160條規定，僅須下達下級機關，並無須踐行登載於政
府公報發布之程序爲必要。（法務部91年8月14日法律字第
0910031726號函）

■ 行政程序法第160條第2項規定所稱「政府公報」之涵意（似
應限於登載政府公報）。（法務部90年3月22日法律決字第
008941號函）

■ 現行法律中，授權某行政機關「定之」或「公告之」之事項，
依其內容或性質觀之，有時不宜或顯難以法規名稱及法條形式
出之者，雖無法規命令之形式，確有法規命令之實質，理論

上，亦當適用行政程序法第4章法規命令之訂定、修正等程序規定。（法務部95年9月21日法律字第0950035512號函）

第161條（行政規則之效力）

有效下達之行政規則，具有拘束訂定機關、其下級機關及屬官之效力。

🗁解釋

■ 行政機關就行政法規所為之釋示，如係就法規所為之解釋，固應自法規生效之日起有其適用（司法院釋字第287號解釋參照）。而依行政程序法第160條第1項規定：「行政規則應下達下級機關或屬官。」第161條復規定：「有效下達之行政規則，具有拘束訂定機關、其下級機關及屬官之效力。」準此，行政機關訂定行政規則均應依上開規定辦理，倘若已有效下達，則應以該函到達機關之日起發生拘束之效力。（法務部91年7月2日法律字第091002258號函）

■ 行政機關訂定行政規則應下達下級機關或屬官，倘若已有效下達則應以該函實際到達機關之日起發生拘束訂定機關、其下級機關及屬官之效力。（法務部97年2月15日法律字第0970004791號函）

■ 行政程序法第159條規定參照，所稱上級對下級機關不以組織法上具有隸屬關係者為限，凡業務監督機關就監督事項所函頒或發布之行政規則，被監督機關即屬下級機關，故該行政規則自有拘束被監督機關效力。（法務部102年4月19日法律字第10203503610號函）

■ 行政規則若已有效下達者，係以該函到達各機關之日起發生拘束之效力，惟為避免下達各機關之時間不一，致生適用疑義，故依行政規則之法制作業，其下達方式以函「分行」為之，並於分行函中敘明其「生效」日期。（法務部97年4月17日法律字第0970010749號函）——為避免此類行政規則下達各機關之時間不一，致生適用疑義，建請於訂定行政規則時，衡量個

案所需緩衝時間，據以於分行函或刊登政府公報之分行函中明定特定生效日期。至於行政程序法各條文中所稱之「政府公報」不包括行政機關於網路上之電子公報，亦不包括電子公布欄；是以，網路上之電子公報或電子公布欄，既不得視為本法第160條第2項之發布程序，亦不得代替下達程序（本部90年5月28日法律字第016818及91年3月6日法律字第0910700115號函參照），併此說明。

■行政機關新設倘由現機關或單位合併者，其權限自隨同移轉存續於新設機關，又更銜亦由更銜後機關承受原管轄權，是以均無須再行下達前已發生效力之行政規則。（法務部101年1月4日法律字第10000061050號函）

第162條（行政規則之廢止）
行政規則得由原發布機關廢止之。

5-4 立法院議事規則

中華民國97年12月26日；中華民國105年11月11日修正第61條條文

第一章　總則

第1條
本規則依立法院職權行使法第七十六條規定訂定之。

第2條
本院會議，除憲法、立法院組織法、立法院各委員會組織法、立法院職權行使法及立法委員行為法另有規定外，依本規則行之。

第3條
立法委員席次於每屆第一會期開議三日前，由院長召集各黨團會商定之。席次如有變更時亦同。
前項席次於開議前一日仍未商定者，由委員親自抽籤定之。

第4條

立法委員因事故不能出席本院會議時，應通知議事處請假，未請假者列爲缺席。

第5條

本院會議，祕書長應列席，祕書長因事故不能列席時，由副祕書長列席，並配置職員辦理會議事項。

第6條

本院會議出席者及列席者，均應署名於簽到簿。

第二章　委員提案

第7條

議案之提出，以書面行之，如係法律案，應附具條文及立法理由。

第8條

立法委員提出之法律案，應有十五人以上之連署；其他提案，除另有規定外，應有十人以上之連署。

連署人不得發表反對原提案之意見；提案人撤回提案時，應先徵得連署人之同意。

第9條

出席委員提出臨時提案，以亟待解決事項爲限，應於當次會議上午十時前，以書面提出，並應有十人以上之連署。每人每次院會臨時提案以一案爲限，於下午五時至六時處理之，提案人之說明，每案以一分鐘爲限。

臨時提案之旨趣，如屬邀請機關首長報告案者，由主席裁決交相關委員會。其涉及各機關職權行使者，交相關機關研處。

法律案不得以臨時提案提出。

臨時提案如具有時效性之重大事項，得由會議主席召開黨團協商會議，協商同意者，應即以書面提交院會處理。

第10條

經否決之議案，除復議外，不得再行提出。

第11條

修正動議，於原案二讀會廣泛討論後或三讀會中提出之，並須經十人以上之連署或附議，始得成立。

修正動議應連同原案未提出修正部分，先付討論。

修正動議之修正動議，其處理程序，比照前二項之規定。

對同一事項有兩個以上修正動議時，應俟提出完畢並成立後，就其與原案旨趣距離較遠者，依次提付討論；其無距離遠近者，依其提出之先後。

第12條

修正動議在未經議決前，原動議人徵得連署或附議人之同意，得撤回之。

第三章　議事日程

第13條

議事日程應按每會期開會次數，依次分別編製。

第14條

議事日程應記載開會年、月、日、時，分列報告事項、質詢事項、討論事項或選舉等其他事項，並附具各議案之提案全文、審查報告暨關係文書。

由政府提出之議案及委員所提法律案，於付審查前，應先列入報告事項。

經委員會審查報請院會不予審議之議案，應列入報告事項。但有出席委員提議，十五人以上連署或附議，經表決通過，應交付程序委員會改列討論事項。

第15條

本院會議審議政府提案與委員提案，性質相同者，得合併討論。

前項議案之排列，由程序委員會定之。

第16條

議事日程由祕書長編擬，經程序委員會審定後付印；除有特殊情形外，至遲於開會前二日送達。

第17條

遇應先處理事項未列入議事日程，或已列入而順序在後者，主席或出席委員得提議變更議事日程；出席委員之提議，並應經十五人以上之連署或附議。

前項提議，不經討論，逕付表決。

第18條

議事日程所定議案未能開議，或議而未能完結者，由程序委員會編入下次議事日程。

第四章　開會

第19條

本院每屆第一會期首日舉行預備會議，依下列程序進行之：

一、委員報到。

二、就職宣誓。

三、推選會議主席。

四、院長選舉：

（一）投票。

（二）開票。

（三）宣布選舉結果。

五、副院長選舉：

（一）投票。

（二）開票。

（三）宣布選舉結果。

前項第四款及第五款之選舉，如第一次投票未能選出時，依序繼續

進行第二次投票。

第一項會議之時程，由祕書長定之。

第20條

本院會議於每星期二、星期五開會，必要時經院會議決，得增減會次。

本院會議超過一日者，經黨團協商之同意，得合併若干日為一次會議。

第21條

本院舉行會議時，出席委員不得提出更正議事錄、臨時提案、會議詢問、權宜問題、秩序問題或其他程序之動議，但得以書面為之。

第22條

本院會議開會時間為上午九時至下午六時。但舉行質詢時，延長至排定委員質詢結束為止。

出席委員得於每次院會時間上午九時起，就國是問題發表意見，時間不得逾一小時；依其抽籤順序，每人發言三分鐘，並應遵守立法委員行為法第七條第一項之規定。發言時間屆至，應即停止發言，離開發言台。

前項委員發言之順序，應於每次院會上午七時至八時四十分登記，並於上午八時四十分抽籤定之。

已屆上午十時，不足法定人數，主席得延長之，延長兩次，仍不足法定人數時，主席即宣告延會。

第23條

議事日程所列報告事項，按次序報告之。

報告事項內程序委員會所擬處理辦法，如有出席委員提議，八人以上連署或附議，得提出異議，不經討論，逕付表決。如在場委員不足表決法定人數時，交程序委員會重新提出。

前項出席委員提出異議時，不足連署或附議人數，依程序委員會所

擬處理辦法通過。

第24條

報告事項畢，除有變更議程之動議外，主席即宣告進行討論事項。

第25條

院會進行中，主席得酌定時間，宣告休息。

第26條

議事日程所列之議案議畢，或散會時間已屆，主席即宣告散會。

會議進行中，出席委員得提出散會之動議，經十五人以上連署或附議，不經討論，由主席逕付表決。

第27條

散會時間已屆而議事未畢，主席得徵詢出席委員同意，酌定延長時間。

第五章　討論

第28條

主席於宣告進行討論事項後，即照議事日程所列議案次序逐案提付討論。

第29條

出席委員請求發言，應親自向主席台議事處簽名登記，並依登記順序發言，如經雙方同意者，得互調發言順序。

登記發言之委員，經主席唱名三次仍不在場者，視為棄權。

主席得於討論適當時間，宣告截止發言之登記。

第30條

委員發言之時間，由主席於發言前宣告之。

超過前項時間者，主席得中止其發言。

第31條

除下列情形外，每一委員就同一議題之發言，以一次為限：

一、說明提案之要旨。

二、說明審查報告之要旨。

三、質疑或答辯。

第32條

預備會議時，出席委員提出權宜問題、秩序問題、會議詢問或其他程序之動議時，主席應為決定之宣告。

院會時，出席委員提出權宜問題、秩序問題、會議詢問或其他程序之動議時，應以書面提出，由主席逕為決定之宣告。

前二項宣告，如有出席委員提出異議，經十五人以上連署或附議，不經討論，主席即付表決。該異議未獲出席委員過半數贊成時，仍維持主席之宣告。

第33條

主席對於議案之討論，認為已達可付表決之程度時，經徵得出席委員同意後，得宣告停止討論。

出席委員亦得提出停止討論之動議，經十五人以上連署或附議，不經討論，由主席逕付表決。

第六章　表決

第34條

討論終結或停止討論之議案，出席委員有異議時，主席得提付表決。如當場不能進行第三十五條第一項第二款至第五款之表決時，主席應即宣告定期表決及表決日期，並於表決前三日通知之。

第35條

本院議案之表決方法如下：

一、口頭表決。

二、舉手表決。

三、表決器表決。

四、投票表決。

五、點名表決。

前項第一款至第四款所列方法之採用，由主席決定宣告之。第五款所列方法，經出席委員提議，二十五人以上之連署或附議，不經討論，由主席逕付表決。但有關人事問題之議案，不適用記名或點名表決方法。

採用表決器記名表決，須經出席委員十五人以上之連署或附議。

第36條

表決，應就可否兩方依次行之。

用口頭方法表決，不能得到結果時，改用舉手或其他方法表決。

用舉手或表決器方法表決，可否兩方均不過半數時，應重行表決；重行表決時，以多數為可決。

用投票或點名方法表決，可否兩方均不過半數時，本案不通過。

第37條

修正動議討論終結，應先提付表決；表決得可決時，次序在後之同一事項修正動議，無須再討論及表決。修正動議提付表決時，應連同未修正部分合併宣讀。

第38條

主席宣告提付表決後，出席委員不得提出其他動議。但與表決有關之程序問題，不在此限。

第39條

出席委員對於表決結果提出異議時，經十五人以上連署或附議，得要求重付表決。但以一次為限。

用投票或點名方法表決，非有足以明顯影響表決結果之重大瑕疵者，不得要求重付表決。

第40條
表決之結果，應當場報告，並記錄之。

第41條
院會進行中，出席委員對於在場人數提出疑問，經清點不足法定人數時，不得進行表決。

第七章　復議

第42條
決議案復議之提出，應具備下列各款：
一、證明動議人確為原案議決時之出席委員，而未曾發言反對原決議案者；如原案議決時，係依表決器或投票記名表決或點名表決，並應證明為贊成原決議案者。
二、具有與原決議案不同之理由。
三、二十人以上之連署或附議。

第43條
復議動議，應於原案表決後下次院會散會前提出之。但討論之時間，由主席徵得出席委員同意後決定之。

第44條
對於法律案、預算案部分或全案之復議，得於二讀或三讀後，依前兩條之規定行之。

第45條
復議動議經表決後，不得再為復議之動議。

第八章　秘密會議

第46條
本院秘密會議，除討論憲法第六十三條所定各案，或經行政院院長、各部會首長請開者外，應於本院定期院會以外之日期舉行。但有時間性者，不在此限。

在公開會議進行中，有改開秘密會議之必要時，除法律另有規定外，得由主席或出席委員提議改開秘密會議，不經討論，逕付表決；出席委員之提議，並應經十五人以上之連署或附議。

第47條

本院舉行秘密會議時，除立法委員及由主席指定之列席人員暨會場員工外，其他人員均不得入場。

立法委員憑出席證入場。列席人員及會場員工憑特別通行證入場。

秘密會議開始前，祕書長應將列席人員及會場員工人數、姓名、職別，一併報告。

第48條

秘密會議中之秘密文件，由祕書處指定專人蓋印、固封、編定號數，分送各委員簽收；其有收回必要者，當場分發，當場收回，不得攜出會場。

關於繕印、保管、分發秘密文件之手續，及指定負責辦理此等事項員工之管理，由祕書處另定辦法，嚴格執行。

第49條

秘密會議議事日程中，政府首長報告案，必要時得列入報告事項第一案。

第50條

秘密會議之紀錄及決議，立法委員、列席人員及本院員工，不得以任何方式，對外宣洩。

關於秘密會議，如須發表新聞時，其稿件應經院長核定之。

第51條

秘密會議文件，除法令另有規定者外，於全案通過，總統公布後，得予公開。但有關國防、外交及其他機密文件已失秘密時效者，得由院長於每會期終了前，報告院會解密之。

第52條

立法委員違反本規則第五十條規定者，應付紀律委員會議處；本院員工違反者，由院長依法處分之；列席人員違反者，由本院函各該主管機關依法辦理。

第九章　議事錄

第53條

議事錄應記載下列事項：

一、屆別、會次及其年、月、日、時。

二、會議地點。

三、出席者之姓名、人數。

四、請假者之姓名、人數。

五、缺席者之姓名、人數。

六、列席者之姓名、職別。

七、主席。

八、記錄者姓名。

九、報告及報告者姓名、職別，暨報告後決定事項。

十、議案及決議。

十一、表決方法及可否之數。

十二、其他事項。

第54條

每次院會之議事錄，於下次院會時，由祕書長宣讀，每屆最後一次院會之議事錄，於散會前宣讀。

前項議事錄，出席委員如認為有錯誤、遺漏時，應以書面提出，由主席逕行處理。

第55條

議事錄應印送全體委員，經宣讀後，除認為秘密事項外，並登載本院公報。

第56條

院會中出席委員及列席人員之發言，應由速記人員詳爲記錄，並將速記錄印送全體委員。

第十章　附則

第57條

各種委員會會議關於連署或附議人數，應依本規則所定人數五分之一比例行之。

各種委員會會議得不適用本規則第三十一條之規定。

第58條

各種委員會會議列席委員得就議案發表意見或詢問。但不得提出程序問題及修正動議。

第59條

符合立法院組織法第三十三條規定之黨團，除法律另有規定外，得以黨團名義提案，不受本規則有關連署或附議人數之限制。

第60條

各種委員會委員發言之登記，由委員於開會前一小時起，親自登記於該委員會登記簿；該委員會委員在開會前登記者，得優先發言。

第61條

各種委員會開會時，除出、列席、會務工作人員及持本院核發採訪證人員外，其餘人員經會議主席同意後，始得進入旁聽。

第62條

本院會議旁聽規則、採訪規則，由院長訂定，報告院會後施行。

第63條

本規則由本院會議通過後施行。

本規則中華民國九十六年十一月三十日院會通過之條文，自立法院

第七屆立法委員就職日起施行。

5-5 會議規範（節錄）

中華民國54年7月20日

第22條（列席人）
列席人得參與本身所代表單位有關問題之發言與討論。

列席人有遵守會議規則，發言禮貌及議場秩序之義務。

伍、動議
（對事件處理的提議，應為肯定式。動議事前提出而列入議程者稱為提案。）

第30條（動議之種類）
動議之種類如左：

（一）**主動議**　一動議不附屬於任何動議而能獨立存在者，屬之。其種類如左：

　　(1)一般主動議　凡提出新事件於議場，經附議成立，由主席宣付討論及表決者，屬之。

　　(2)特別主動議　一動議雖非實質問題而有獨立存在之性質者，屬之。其種類如左：

　　　1.復議動機。

　　　2.取銷動議。

　　　3.抽取動議。

　　　4.預定議程動議。

（二）**附屬動議**　一動議附屬於他動議，而以改變其內容或處理方式為目的者，屬之。其種類如左：

　　(1)散會動議。（休會動議）（議案進行中得提出散會動議，如得可決，應即宣布散會）

　　(2)擱置動議。（提議將議案擱置不予處理）

(3)停止討論動議。（認爲議案已經充分討論，可達付表決程度，或認討論時間過長，有影響後面議程）

(4)延期討論動議。

(5)付委動議。（複雜或處理不完之議案，其全部或一部得交付委員會或小組處理）

(6)修正動議。（僅修正議題本題之部分或數部分）

(7)無期延期動議。

（三）偶發動議　議事進行中偶然發生之問題，得提出偶發動議，其種類如左：（**處理優先性：權宜問題 > 秩序問題 > 會議詢問 > 附屬動議 > 主動議**）

(1)權宜問題。（對議場偶發之緊急事件，足以影響議場全體或個人權利者）

(2)秩序問題。（又稱程序問題——對於議題進行中發生之錯誤或其他事件，足以破壞議事之秩序者）

(3)會議詢問。（對於會議進行中各種疑惑，足以影響議場全體或個人對於會議相關事項之了解）

(4)收回動議。

(5)分開動議。

(6)申訴動議。（對於權宜問題、秩序問題、不服主席之裁定者，得提出申訴動議，但須有人附議）

(7)變更議程動議。

(8)暫時停止實施議事規則一部之動議。

(9)討論方式動議。

(10)表決方式動議。

第31條（動議之提出）

動議之提出，依左列之規定：

（一）主動議　得於無其他動議或事件在場時提出之。

一主動議在場待決時，不得再提另一主動議，如經提出，即爲不合秩序，主席應不予接述。

（二）附屬動議　得於其有關動議，進行討論中提出之，並先於其所附屬之動議，提付論或表決。

（三）偶發動議　得視各該動議之性質於有關動議或事件在場時提出之。

第32條（動議之附議）

動議必須有一人以上附議始得成立。主席對動議得自為附議。各種會議，對附議另有規定者，從其規定。

左列事項不需附議。

（一）權宜問題。

（二）秩序問題。

（三）會議詢問。

（四）收回動議。

第33條（動議之程序）

動議之程序如左：

（一）動議者向主席請求發言地位。

（二）主席承認動議者之發言地位。

（三）動議者發動議而坐。

（四）附議。（以口呼附議為之）

（五）主席接述動議，並付討論。

第34條（提案）

動議以書面為之者稱提案，提案除依特別規定，得由個人或機關團體單獨提出者外，須有附署。其附署人數如無另外規定，與附議人數同。

第35條（不得動議之時）

有左列情形之一時，除權宜問題、秩序問題、會議詢問及申訴動議外，不得提出動議。

（一）他人得發言地位時。

（二）表決或選舉時。

第36條（附屬動議之優先順序）

附屬動議優先於主動議。其本身之優先順序如左：
（一）散會動議。（休息動議）
（二）擱置動議。（將議案全部暫時擱置，以進行其他程序）
（三）停止討論動議。（將討論階段結束，立付表決）
（四）延期討論動議。
（五）付委動議。（即將主動議交付委員會審查，俟回報審查結果
　　　再行處理）
（六）修正動議。
（七）無期延期動議。（即無限期延期）
前項附屬動議如有順序較低之附屬動議待決時，得另提出順序較高
之附屬動議。但有順序較高之附屬動議待決時，不得提出順序較低
之附屬動議。

第37條（散會動議）

議案進行中，得提出散會動議，如得可決，應即宣布散會。散會
時，未了之議案，應於下次會中繼續討論。

第38條（擱置動議與抽出動議）

擱置動議如經通過，應將其所指之本題，及有關之附屬動議，一併
擱置之。擱置之議案，得於本會期中動議抽出之。
抽出動議之提出，得於無其他動議或事件在場時行之。
抽出動議通過後，應由原案擱置時所在之秩序，繼續進行。

第39條（停止討論動議）

議案討論中，得提出停止討論動議，如得可決，議案應立付表
決。

第40條（延期討論動議）

議案進行中，得提出延期討論動議，如得可決，議案應俟指定時間
重行處理。

第41條（無期延期動議）

議案進行中，得提出無期延期動議，如得可決，議案視同打銷。

第42條（動議之收回）

動議未經附議前，得由動議人收回之。

動議經附議後，非經附議人同意，不得收回。

動議經主席接述後，原動議人如欲收回，須經主席徵詢無異議後行之，如有異議，由主席逕付表決定之。

動議經修正者，不得收回。

第43條（提案之撤回）

提案在未經主席宣付討論前，得由提案人徵求附署人同意撤回之。

提案經主席宣付討論後，原提案人如欲撤回，除須徵得附署人同意外，並須由主席徵詢全體無異議後行之。

提案經修正者，不得撤回。

第44條（動議之分開）

一動議具有數段性質者，得由主席或出席人動議分開討論及表決。

動議經分開表決後，仍應將全案提付表決。

動議之各部均經否決者，該動議視為整個被否決。

陸、討論

第48條（不經討論之事項）

左列動議不得討論：

（一）權宜問題。

（二）秩序問題。

（三）會議詢問。

（四）散會動議。

（五）休息動議。

（六）擱置動議。

（七）抽出動議。

（八）停止討論動議。

（九）收回動議。

（十）分開動議。

（十一）暫時停止實施議事規則一部之動議。

（十二）討論方式動議。

（十三）表決方式動議。

柒、修正案

1. 修正動議的**目的**，在修飾或改變在場進行中的議案。被修正的動議，稱爲主動議；修正動議，稱爲修正案。

2. 修正案的**性質與處理**：修正案，本身就是一個動議。其處理程序與主動議相同，其提出、附議、接述、收回、討論及表決，均應與主動議的處理程序相同。

3. 修正動議的**前提**：修正案必須與主動議有關，方得提出；修正案得與主動議相衝突，但凡加入或刪除一「不」字之修正案，而有否決主動議之效果者，不得提出。因爲直接發言表示反對主動議即可，不得迂迴、假借修正案之程序。

第49條（修正案提出及處理之方式）

修正案之提出及處理，可分爲甲乙二式。各種會議，得採用任何一種行之。但同一次會議中，以採用同一種方式爲限。

第50條（修正案提出及處理之甲式）

修正案提出及處理之甲式，依左列各款規定行之：

（一）修正之方法：

　　　甲、加入字句。

　　　乙、刪除字句。

　　　丙、刪除並加入字句。

　　　修正案得與本題相衝突，但必須與本題有關，方得提出。

（例如：「通過擁護節約運動」一本題，得動議將「擁護」二字修正爲「反對」二字是。）

凡加入或刪除一「不」字之修正案，而有否決本題之效果者，不得提出。（例如：「響應提倡食用糙米」一本題，不得動議修正在「響應」之上，加入一「不」字是。）

（二）修正之範圍　修正案得對本題一部分字句，或不限於一部分字句，予以增刪補充提出之。（例如：「設一圖書閱覽室供會員之用」一本題，得動議在「圖書」二字之下，加入「雜誌」二字，或同時將「會員」二字刪除，而加入「員工及其家屬」六字是。）

（三）第一修正案及第二修正案之提出　本題進行討論中，正反兩方意見未決前，對本題提出之修正，稱第一修正案。第一修正案進行討論中，正反兩方意見未決前，針對第一修正案部分提出之修正，稱第二修正案，或修正案之修正。

（四）同級修正案之提出　一修正案未決前，不得提出另一同級之修正案。

第一修正案表決後，方得另提其他第一修正案。第二修正案表決後，方得另提其他第二修正案。

（五）先事聲明　凡欲提修正案，而不在前款所定之秩序者，得將所欲提之案，先事聲明，以供出席人於表決時，爲贊成與否之考慮與抉擇。

前項經先事聲明之案，至合於秩序時，有優先提出之地位。

（六）修正案之討論　第一修正案提出後，本題之討論即暫行中止，應將該第一修正案優先提付討論，如有第二修正案提出，第一修正案之討論即暫行中止，應將該第二修正案優先提付討論，如無第二修正案提出，即將第一修正案提付表決。

（七）修正案之處理，有修正案之動議，其處理依左列順序：

甲、第二修正案。

乙、第一修正案。

丙、本題。

第二修正案經討論後，即提出表決，如經可決即納入第一修正案，而變爲修正後之第一修正案。

對前項修正後之第一修正案，如尚有修正意見提出，即爲其他第二修正案，如又經可決，即納入該項修正後之第一修正案，而變爲再度修正後之第一修正案。

對前項再度修正後之第一修正案，得再提其他第二修正案。其處理如前，直至再無其他第二修正案提出時，即將最後修正之第一修正案，提付表決。前項表決結果，如又爲可決，即納入本題，而變爲修正後之本題。

對前項修正後之本題，如尚有修正意見提出，即爲其他第一修正案，如又經可決，即納入該項修正後之本題，而變爲再度修正後之本題。

對前項再度修正後之本題，得再提其他第一修正案，其處理如前，直至再無其他第一修正案提出時，即將最後修正之本題，提付表決。

第二修正案如經否決，並無其他第二修正案提出時，即將第一修正案提付表決，第一修正案如經否決，並無其他第一修正案提出時，即將本題提付表決。

（八）替代案　凡提出**修正案以全部代替原案而仍與原案主旨有關者，稱替代案。**

（例如：「設立幼稚園一所，以供本會會員子女之用」之案，得提替代案爲「交由會長調查設幼稚園需費若干，並研議款項之來源」是。）

（九）替代案之提出　替代案得於本題進行討論中，或於第一或第二修正案在場時提出之。

對於替代案得提修正案，其處理適用修正案處理之方式。

（十）替代案之處理　替代案提出後，應予以優先處理。

替代案如獲通過，倘係於本題進行討論中提出者，本題即被

打銷；倘係於第一或第二修正案在場時提出者，本題及第一或第二修正案均被打銷；替代案如被否決，仍回復至其提出時，原案所在之秩序，繼續進行。

第51條（修正案提出及處理之乙式）

修正案提出及處理之乙式依左列各款之規定行之：

（一）修正案之提出　對於本題之一部分數部分或全部得提出多數修正案。較繁複之修正案，必要時應以書面方式繕成完整之提案提出之。

（二）委員會之整理　對同一本題之修正案，複雜繁多時，得由大會交特設委員會，綜合整理為各種性質互異、界限分明之案，送還大會，討論表決。

（三）修正案之討論及表決　修正案之討論，與本題同時行之，其表決應先於本題行之。

對本題有兩個以上之修正案提出時，其討論之秩序，依提出之先後行之；其表決之次序，應就其與本題旨趣距離最遠者，最先付表決，次遠者次付表決，依此類推，直至所有修正案盡付表決為止。

多數修正案之一，如獲通過，勢須否決另一修正案者，該另一修正案不再付表決。

（四）本題之表決　一項或數項修正案，如獲通過，應再將修正後之本題，提付表決。

修正案均被否決時，應將本題提付表決。

（五）分部表決　修正案之各部分，得分別付表決。

修正案經分部表決後，應將通過之各部分，納入原案，提付表決。

修正案之各部分，均經否決者，該修正案視為整個被否決。

（六）修正案之乙式，其修正之方法與範圍與甲式同。

第52條（修正動議之接納）

修正動議，得由原動議人自動接納，經接納後之修正動議，成為原動議之一部分，應併入原動議中，提付討論及表決，毋須分別處理，出席人有反對接納者，仍應提付討論及表決。

捌、表決

第60條（無異議認可之事項）

左列各款，得由主席徵詢全體出席人意見，如無異議，即為認可，如有異議，仍應提付討論及表決。

（一）宣讀會議程序。

（二）宣讀前次會議紀錄。

（三）依照預定時間宣布散會或休息。

（四）例行之報告。

第五十八條所定以獲參加表決之多數為可決之議案，得比照前項規定以徵詢無異議方式行之，但主動議及修正動議，不在此限。

第61條（重行表決）

出席人對表決結果，發生疑問時，得提出**權宜問題**，經主席認可，**重行表決，但以一次為限**。

☆議事重要概念

◎**會議**：會議的目的在討論議案，議案須經發動始成立議案，發動議案稱動議，依所定的程序提出者稱為一般或正式動議，臨時提出者稱為臨時動議。

◎**動議**：出席會議的人提出問題或意見，要求會議出席者予以討論或希望會議採納之意見。動議有**口頭動議**與**書面動議**（即提案或稱議案）。

◎**動議依其性質分為：**

1. **主動議**（又稱為本題、議案或提案，目的提出一項新觀念或行動）：分為**一般主動議**，針對實質問題，提出新事證於議場，經附議成立，由主席宣付討論及表決者；**特別主動議**，此動議非實質問題但有獨立存在之性質者，有復議動議、取消動議、抽出動議、預定議程動議。主動議的提出都須向主席取得發言地位，且不可間斷他人發言，且須有附議，除抽出動議外皆可討論；其中復議動議、取消動議與抽出動議不可提修正動議。

2. **附屬動議**（附屬於他動議，而以改變其內容或處理方式為目的）：依其處理的優先順序分為：散會動議（休息動議）、擱置動議、停止討論動議、延期討論動議、付委動議、修正動議、無期延期動議。

3. **偶發動議**（為突發狀況、緊急事件，也稱有關動議，一項提議或一個問題，可與議案無關，卻會間接影響議事進行），包括與人身有關的權利所提出之權宜問題、秩序（次序）問題及會議詢問（可由主席直接裁定），及與出席人資格有關之權利，包括收回動議、分開動議、申訴動議、變更議程動議、暫時停止實施議事規則一部之動議、討論方式動議、表決方式動議。

4. **特許動議**（亦稱優先動議，與會議興存有關，議程討論中可優先立即提出，須有人附議），包括提請確定下次開會時間之提議、提請散會之提議、提請暫時休會之提議（後兩者於議事規範中歸為附屬動議）。

◎**動議優先處理順序**：偶發動議（權宜問題 > 秩序問題 > 會議詢問）> 附屬動議（散會休息 > 擱置 > 停止討論 > 延期討論 > 付委動議 > 修正 > 無期延期）> 主動議（動議）。

◎**動議修正案**：新修正的內容必須與「本題」（原本動議）相衝突但亦須與其有關。處理順序應事先處理修正動議，修正案遭否決，即當進行本題的討論與表決，修正案遭可決，則成為本題的一部分，以修正後之內容為宣讀。多個修正案提出實則從與原案旨趣遠者先行討論與表決，無法辨別距離遠近時，依提出之先後順序決定討論及表決順序。

◎**替代案**：一修正案以全部代替原案而仍與原案主旨有關者，稱為替代案，其提出可於本題進行討論中，或於第一或第二修正案得提修正在場時提出。代替案亦得提出修正。代替案不同於新提案，在於它的立案精神與目的與原案有密切關係。

◎**覆議、復議與附議**：覆議指行政機關對立法機關所通過之所通過之法案，得在法定期間內，送請立法機關，再為審議表決。非屬會議內的議事層次，而是憲政運作或政治運作的層次。復議，又稱再議，議案經表決後，因情勢變遷或有新資料發現，而認為原議案確有重新考量之必要時，可提復議，屬動議的一種，屬議事層次。附議，附和動議。

☆立法院院會及委員會各種議案提案及決議門檻人數

類別	法律依據	門檻人數	
		院會	委員會
開會	委員三分之一出席（職4、委6）		1＋4＝5
決議	**職6**：出席委員過半數之同意行之；可否同數時，取決於主席。**委10**：但在場出席委員不足三人者，不得議決。		
一事不再議	**議10**：經否決之議案，除復議外，不得再行提出。		
法律案提案	**議8**：應有十五人以上之連署；其他提案，除另有規定外，應有十人以上之連署。	1＋15＝16	
其他案提案	**議8**：其他提案，除另有規定外，應有十人以上之連署。	1＋10＝11	1＋2＝3
臨時提案	**議9**：出席委員提出臨時提案，以亟待解決事項為限，應於當次會議上午十時前，以書面提出，並應有十人以上之連署。	1＋10＝11	1＋2＝3

類別	法律依據	門檻人數	
		院會	委員會
修正動議	議11：修正動議，並須經十人以上之連署或附議，始得成立。	1＋10＝11	1＋2＝3
散會動議（逕付表決）	議26：會議進行中，出席委員得提出散會之動議，經十五人以上連署或附議，不經討論，由主席逕付表決。	1＋15＝16	1＋3＝4
對主席宣告權宜、秩序等動議有異議時（逕付表決）	議32：院會時，出席委員提出權宜問題、秩序問題、會議詢問或其他程序之動議時，應以書面提出，由主席逕為決定之宣告。如有出席委員提出異議，經十五人以上連署或附議，不經討論，主席即付表決。	1＋15＝16	1＋3＝4
停止討論（逕付表決）	議33：主席或出席委員得提出停止討論之動議，經十五人以上連署或附議，不經討論，由主席逕付表決。	1＋15＝16	1＋3＝4
點名表決（逕付表決）	議35：二十五人以上之連署或附議，不經討論，由主席逕付表決。人事案不適用。用投票或點名方法表決，可否兩方均不過半數時，本案不通過。	1＋25＝26	1＋5＝6
表決器記名表決	議35：採用表決器記名表決，須經出席委員十五人以上之連署或附議。人事案不適用	1＋15＝16	1＋3＝4
重行表決	議36：用舉手或表決器方法表決，可否兩方均不過半數時，應重行表決；重行表決時，以多數為可決。		
重付表決	議39：出席委員對於表決結果提出異議時，經十五人以上連署或附議，得要求重付表決。但以一次為限。	1＋15＝16	1＋3＝4

類別	法律依據	門檻人數	
		院會	委員會
復議動議 (原案表決後下次院會散會前提出之)	**議42**：出席、未反對原決議案、如原依表決器或投票記名表決或點名表決，證明為贊成原決議案者、具有與原決議案不同之理由。二十人以上之連署或附議。	1 + 20 = 21	1 + 4 = 5
延長會議時間	**議27**：散會時間已屆而議事未畢，主席得徵詢出席委員同意，酌定延長時間。		
變更議事日程 (逕付表決)	**議17**：應經十五人以上之連署或附議。前項提議，不經討論，逕付表決。	1 + 15 = 16	1 + 3 = 4
改開秘密會議	**議46**：不經討論，逕付表決；應經十五人以上之連署或附議。	1 + 15 = 16	1 + 3 = 4
報告事項改列討論事項	**議14**：經委員會審查報請院會不予審議之議案，應列入報告事項。十五人以上連署或附議，經表決通過，應交付程序委員會改列討論事項。	1 + 15 = 16	1 + 3 = 4
延長會期	**職5**：應有二十人以上之連署或附議。	1 + 20 = 21	

註：「職」指立法院職權行使法；「委」指立法院各委員會組織法；「議」指立法院議事規則。

第六章

法制作業相關大法官解釋

☆法規生效日之起算，應計入公（發）布當日（釋161）

69.1.18

爭　點：法規生效日之起算，應計入公（發）布當日？

解釋文：按法規明定自公布或發布日施行者，自公布或發布之日起算至第3日起發生效力，中央法規標準法第13條定有明文，其所謂「**自公布或發布之日起算至第三日**」**之文義，係將法規公布或發布之當日算入至第3日起發生效力**，此項生效日期之計算，既爲中央法規標準法所明定，自不適用民法第120條第2項之規定（始日不算入）。

（大法官陳世榮、姚瑞光、鄭玉波提出不同意見書）

☆司法院解釋憲法有拘束全國各機關及人民之效力；對以違憲判例爲裁判依據之裁判得提救濟（釋185）73.1.27

爭　點：司法院解釋之效力？對以違憲判例爲裁判依據之裁判得提救濟？

解釋文：司法院解釋憲法，並有統一解釋法律及命令之權，爲憲法第78條所明定，其所爲之解釋，自有拘束全國各機關及人民之效力，各機關處理有關事項，應依解釋意旨爲之，**違背解釋之判例，當然失其效力。確定終局裁判所適用之法律或命令，或其適用法律、命令所表示之見解，經本院依人民聲請解釋認爲與憲法意旨不符，其受不利確定終局裁判者，得以該解釋爲再審或非常上訴之理由**，已非法律見解歧異問題。行政法院62年判字第610號判例，與此不合部分應不予援用。

☆解釋爲違背法令者，是項解釋得爲再審或非常上訴之理由（釋188）73.8.3

爭　點：解釋之生效日？解釋得爲再審、非常上訴理由？

解釋文：中央或地方機關就其職權上適用同一法律或命令發

生見解歧異，本院依其聲請所爲之統一解釋，除解釋
文內另有明定者外，應自公布當日起發生效力。各機
關處理引起歧見之案件及其同類案件，適用是項法令
時，亦有其適用。惟引起歧見之該案件，如經確定終
局裁判，而其適用法令所表示之見解，經本院解釋爲
違背法令之本旨時，是項解釋自得據爲再審或非常上
訴之理由。

（大法官陳世榮提出不同意見書）

☆行政釋示前後不一致時，於後釋示發布前，行政處分已確
　定者，除前釋示確有違法，應不受後釋示之影響（釋287）
　80.12.13

爭　　點：財政部釋示函示前及函示後徵稅原則違憲？

解釋理由書：（摘錄1）行政機關基於法定職權，就行政法規所
　　　　　　爲之釋示，係闡明法規之原意，性質上並非獨立之行
　　　　　　政命令，固應自法規生效之日起有其適用。惟對同一
　　　　　　法規條文，先後之釋示不一致時，非謂前釋示當然錯
　　　　　　誤，於後釋示發布前，主管機關依前釋示所爲之行政
　　　　　　處分，其經行政訴訟判決而確定者，僅得於具有法定
　　　　　　再審原因時依再審程序辦理；其未經訴訟程序而確定
　　　　　　者，除前釋示確屬違法，致原處分損害人民權益，由
　　　　　　主管機關予以變更外，爲維持法律秩序之安定，應不
　　　　　　受後釋示之影響。

（大法官劉鐵錚提出不同意見書）

☆對人民科處罰鍰之處罰構成要件及數額，應由法律定之（釋
　313）82.2.12.

爭　　點：民航業管理規則罰則之法律授權依據違憲？

解釋文：對人民違反行政法上義務之行爲科處罰鍰，涉及人
　　　　民權利之限制，其處罰之構成要件及數額，應由法律

定之。若法律就其構成要件，授權以命令為補充規定者，授權之內容及範圍應具體明確，然後據以發布命令，始符憲法第23條以法律限制人民權利之意旨。民用航空運輸業管理規則雖係依據民用航空法第92條而訂定，惟其中因違反該規則第29條第1項規定，而依同規則第46條適用民用航空法第87條第7款規定處罰部分，法律授權之依據，有欠明確，與前述意旨不符，應自本解釋公布日起，至遲於屆滿1年時，失其效力。

☆**對人民之自由權利限制，必須符必要之程度，並以法律定之或經立法授權**（釋443）86.12.26

　爭　點：以役男出境處理辦法限制役男出境違憲？

　解釋文：（摘錄）憲法第10條規定人民有居住及遷徙之自由，旨在保障人民有任意移居或旅行各地之權利。**若欲對人民之自由權利加以限制，必須符合憲法第23條所定必要之程度，並以法律定之或經立法機關明確授權由行政機關以命令訂定。**

　解釋理由書：（摘錄1）按憲法所定人民之自由及權利範圍甚廣，凡不妨害社會秩序公共利益者，均受保障。惟並非一切自由及權利均無分軒輊受憲法毫無差別之保障：關於人民身體之自由，憲法第八條規定即較為詳盡，其中內容屬於憲法保留之事項者，縱令立法機關，亦不得制定法律加以限制（參照本院釋字第392號解釋理由書），而憲法第7條、第9條至第18條、第21條及第22條之各種自由及權利，則於符合憲法第23條之條件下，得以法律限制之。至何種事項應以法律直接規範或得委由命令予以規定，與所謂規範密度有關，應視規範對象、內容或法益本身及其所受限制之輕重而容許合理之差異：諸如**剝奪人民生命或限制人民身體自由者，必須遵守罪刑法定主義，以制定**

法律之方式爲之；涉及人民其他自由權利之限制者，亦應由法律加以規定，如以法律授權主管機關發布命令爲補充規定時，其授權應符合具體明確之原則；若僅屬與執行法律之細節性、技術性次要事項，則得由主管機關發布命令爲必要之規範，雖因而對人民產生不便或輕微影響，尚非憲法所不許。又關於給付行政措施，其受法律規範之密度，自較限制人民權益者寬鬆，倘涉及公共利益之重大事項者，應有法律或法律授權之命令爲依據之必要，乃屬當然。

☆立法機關基於憲法之價值體系及立法目的，斟酌規範事物性質之差異而爲合理之區別對待，無違平等原則（釋485）88.5.28

爭　點：眷村改建條例等法規就原眷戶之優惠規定違憲？

解釋文：憲法第7條平等原則並非指絕對、機械之形式上平等，而係保障人民在法律上地位之實質平等，立法機關基於憲法之價值體系及立法目的，自得斟酌規範事物性質之差異而爲合理之區別對待。促進民生福祉乃憲法基本原則之一，此觀憲法前言、第1條、基本國策及憲法增修條文第10條之規定自明。立法者基於社會政策考量，尚非不得制定法律，將福利資源爲限定性之分配。國軍老舊眷村改建條例及其施行細則分別規定，原眷戶享有承購依同條例興建之住宅及領取由政府給與輔助購宅款之優惠，就自備款部分得辦理優惠利率貸款，對有照顧必要之原眷戶提供適當之扶助，其立法意旨與憲法第7條平等原則尚無牴觸。

惟鑒於國家資源有限，有關社會政策之立法，必須考量國家之經濟及財政狀況，依資源有效利用之原則，注意與一般國民間之平等關係，就福利資源爲妥善之分配，並應斟酌受益人之財力、收入、家計負擔及須

照顧之必要性妥為規定，不得僅以受益人之特定職位或身分作為區別對待之唯一依據；關於給付方式及額度之規定，亦應力求與受益人之基本生活需求相當，不得超過達成目的所需必要限度而給予明顯過度之照顧。立法機關就上開條例與本解釋意旨未盡相符之部分，應通盤檢討改進。

（大法官陳計男提出不同意見書）

☆**對公務人員所為免職處分，屬於懲戒處分，其構成要件應由法律定之**（釋491）88.10.15

爭　點：公務人員考績法免職處分要件之授權規定違憲？

解釋理由書：（摘錄1）憲法第18條規定人民有服公職之權利，旨在保障人民有依法令從事於公務之權利，其範圍不惟涉及人民之工作權及平等權，**國家應制定有關任用、銓敘、紀律、退休及撫卹等保障公務人員權益之法律，用以規範執行公權力及履行國家職責之行為。**公務人員之懲戒乃國家對其違法、失職行為之制裁，此項懲戒為維持長官監督權所必要，自得視懲戒處分之性質，於合理範圍內，以法律規定由長官為之。中央或地方機關依公務人員考績法或相關法規之規定，對公務人員所為**免職之懲處處分，為限制其服公職之權利，實質上屬於懲戒處分。其構成要件應由法律定之**，方符憲法第23條規定之意旨。關於限制憲法第18條所定人民服公職之權利，法律固得授權主管機關發布命令為補充規定（參照本院釋字第443號解釋理由書），其授權之目的、範圍及內容則應具體明確而後可。

（大法官吳庚提出協同意見書；大法官董翔飛、劉鐵錚提出不同意見書）

☆行政法規之廢止或變更，依信賴保護原則，應採取合理之補
救措施，或訂定過渡期間條款（釋525）90.5.4

　爭　點：銓敘部就後備軍人轉任公職停止優待之函釋違憲？

　解釋文：（摘錄1）**信賴保護原則攸關憲法上人民權利之保障，
公權力行使涉及人民信賴利益而有保護之必要者，不
限於授益行政處分之撤銷或廢止**（行政程序法第119
條、第120條及第126條參照），**即行政法規之廢止或
變更亦有其適用**。行政法規公布施行後，制定或發布
法規之機關依法定程序予以修改或廢止時，應兼顧規
範對象信賴利益之保護。除法規預先定有施行期間或
因情事變遷而停止適用，不生信賴保護問題外，其因
**公益之必要廢止法規或修改內容致人民客觀上具體表
現其因信賴而生之實體法上利益受損害，應採取合理
之補救措施，或訂定過渡期間之條款，俾減輕損害，
方符憲法保障人民權利之意旨**。至經廢止或變更之法
規有重大明顯違反上位規範情形，或法規（如解釋
性、裁量性之行政規則）係因主張權益受害者以不正
當方法或提供不正確資料而發布者，其信賴即不值得
保護；又純屬願望、期待而未有表現其已生信賴之事
實者，則欠缺信賴要件，不在保護範圍。

　　　　　（大法官劉鐵錚提出不同意見書）

☆雖以不確定法律概念規範，惟其涵義於個案中足以認定及判
斷，並由司法審查確認者，無違法律明確性原則（釋545）
91.5.17

　爭　點：75年修正之醫師法處罰業務上違法行為之規定違憲？

　解釋文：（摘錄）醫師法第25條就「業務上之違法行為」或不
正當行為無從鉅細靡遺悉加規定，因以不確定法律概
念予以規範，惟其涵義於個案中並非不能經由適當組
成之機構依其專業知識及社會通念加以認定及判斷，

並可由司法審查予以確認，則與法律明確性原則尚無
不合，於憲法保障人民權利之意旨亦無牴觸。

解釋理由書：（摘錄1）專門職業人員違背其職業上應遵守之
義務，而依法應受懲戒處分者，對於該處分之構成要
件，立法者衡酌法律所規範生活事實之複雜性及適用
於個案之妥當性，使用不確定法律概念或概括條款而
為相應之規定者，苟其意義非難以理解，且為受規範
者所能預見其何種作為或不作為構成義務之違反及所
應受之懲戒，並可由司法審查加以確認，即不得謂與
法律明確性原則相違（本院釋字第432號解釋參照）。

☆公務人員在現行公務員法制上，乃指常業文官而言，不含武
職人員在內（釋555）92.1.10

爭　　點：受損權利回復條例細則就「公務人員」之界定違憲？

解釋文：戒嚴時期人民受損權利回復條例第3條規定之適用範
圍，其中關於公務人員涵義之界定，涉及我國法制上
對依法令從事公務之人員使用不同名稱之解釋問題。
**依憲法第86條及公務人員任用法規定觀之，稱公務人
員者，係指依法考選銓定取得任用資格，並在法定機
關擔任有職稱及官等之人員。是公務人員在現行公務
員法制上，乃指常業文官而言，不含武職人員在內。**
戒嚴時期人民受損權利回復條例施行細則第3條第1項
規定：「本條例第三條第一項第二款所稱公務人員，
指各機關組織法規中，除政務官、民選人員及聘僱人
員外，受有俸（薪）給之文職人員」，係對該條例第3
條第1項第2款所稱「任公務人員、教育人員及公職人
員之資格」中有關公務人員涵義之界定，不包括武職
人員，乃基於事物本質之差異，於平等原則無違，亦
未逾越母法之授權，與憲法規定尚無牴觸。至任武職
人員之資格應否回復，為立法機關裁量形成範圍，併

此敘明。

☆法律本身已就人身之處置為明文之規定者，得以法律具體明確之授權委由主管機關執行（釋559）92.5.2

　　爭　點：家暴法對非金錢給付保護令執行之程序授權規定違憲？

　解釋文：（摘錄1）基於法治國家之基本原則，凡涉及人身自由之限制事項，應以法律定之；涉及財產權者，則得依其限制之程度，以法律或法律明確授權之命令予以規範。惟法律本身若已就人身之處置為明文之規定者，應非不得以法律具體明確之授權委由主管機關執行之。至主管機關依法律概括授權所發布之命令若僅屬細節性、技術性之次要事項者，並非法所不許。家庭暴力防治法第20條第1項規定保護令之執行機關及金錢給付保護令之強制執行程序，對警察機關執行非金錢給付保護令之程序及方法則未加規定，僅以同法第52條為概括授權：「警察機關執行保護令及處理家庭暴力案件辦法，由中央主管機關定之。」雖不生牴觸憲法問題，然對警察機關執行上開保護令得適用之程序及方法均未加規定，且未對辦法內容為具體明確之授權，保護令既有涉及人身之處置或財產之強制執行者（參照家庭暴力防治法第13條及第15條），揆諸前開解釋意旨，應分別情形以法律或法律具體明確授權之命令定之，有關機關應從速修訂相關法律，以符憲法保障人民權利之本旨。

☆主管機關依法定程序予以修改或廢止時，應兼顧規範對象信賴利益之保護及其原欲實現之公益目的（釋589）94.1.28

　　爭　點：政務人員退撫條例就受任期保障者無月退金規定違憲？

解釋文：（摘錄1.2）按法治國原則為憲法之基本原則，首重人民權利之維護、法秩序之安定及信賴保護原則之遵守。行政法規公布施行後，**制定或發布法規之機關依法定程序予以修改或廢止時，應兼顧規範對象信賴利益之保護。受規範對象如已在因法規施行而產生信賴基礎之存續期間內，對構成信賴要件之事實，有客觀上具體表現之行為，且有值得保護之利益者，即應受信賴保護原則之保障。**至於如何保障其信賴利益，究係採取減輕或避免其損害，或避免影響其依法所取得法律上地位等方法，則須衡酌法秩序變動所追求之政策目的、國家財政負擔能力等公益因素及信賴利益之輕重、信賴利益所依據之基礎法規所表現之意義與價值等為合理之規定。如信賴利益所依據之基礎法規，其作用不僅在保障私人利益之法律地位而已，更具有藉該法律地位之保障以實現公益之目的者，則因該基礎法規之變動所涉及信賴利益之保護，即應予強化以避免其受損害，俾使該基礎法規所欲實現之公益目的，亦得確保。

憲法對特定職位為維護其獨立行使職權而定有任期保障者，其職務之性質與應隨政黨更迭或政策變更而進退之政務人員不同，此不僅在確保個人職位之安定而已，其重要意義，乃藉任期保障，以確保其依法獨立行使職權之目的而具有公益價值。**故為貫徹任期保障之功能，對於因任期保障所取得之法律上地位及所生之信賴利益，即須充分加以保護，避免其受損害，俾該等人員得無所瞻顧，獨立行使職權，始不違背憲法對該職位特設任期保障之意旨，並與憲法上信賴保護原則相符。**

☆勞基法是否增訂勞工請領退休金之權利不得讓與、扣押、抵銷或供擔保規定,屬立法者自由形成之範圍(596釋)94.5.13

　　爭　　點:勞基法未禁退休金請求權讓與、抵銷、扣押或供擔保,違憲?

　　解釋文:憲法第7條規定,中華民國人民在法律上一律平等,其內涵並非指絕對、機械之形式上平等,而係保障人民在法律上地位之實質平等;立法機關基於憲法之價值體系及立法目的,自得斟酌規範事物性質之差異而為合理之差別對待。**國家對勞工與公務人員退休生活所為之保護**,方法上未盡相同;其間差異是否牴觸憲法平等原則,應就公務人員與勞工之工作性質、權利義務關係及各種保護措施為整體之觀察,未可執其一端,遽下論斷。**勞動基準法未如公務人員退休法規定請領退休金之權利不得扣押、讓與或供擔保**,係立法者衡量上開性質之差異及其他相關因素所為之不同規定,屬立法自由形成之範疇,與憲法第**7**條平等原則並無牴觸。

☆基於合理之區別對待而以法律對人民基本權利所為之限制,亦應符合比例原則(釋618)95.11.3

　　爭　　點:兩岸關係條例第21條第1項前段規定違憲?

　　解釋文:按中華民國人民,無分男女、宗教、種族、階級、黨派,在法律上一律平等,為憲法第7條所明定。其依同法第18條應考試服公職之權,在法律上自亦應一律平等。惟此所謂平等,係指實質上之平等而言,立法機關基於憲法之價值體系,自得斟酌規範事物性質之差異而為合理之區別對待,本院釋字第205號解釋理由書足資參照。且其基於合理之區別對待而以法律對人民基本權利所為之限制,亦應符合憲法第**23**條規定比例

原則之要求。中華民國80年5月1日制定公布之憲法增修條文第10條（86年7月21日修正公布改列為第11條）規定：「自由地區與大陸地區間人民權利義務關係及其他事務之處理，得以法律為特別之規定。」臺灣地區與大陸地區人民關係條例（以下簡稱兩岸關係條例），即為國家統一前規範臺灣地區與大陸地區間人民權利義務關係及其他事務處理之特別立法。

89年12月20日修正公布之兩岸關係條例第21條第1項前段規定，大陸地區人民經許可進入臺灣地區者，非在臺灣地區設有戶籍滿10年，不得擔任公務人員部分，乃係基於公務人員經國家任用後，即與國家發生公法上職務關係及忠誠義務，其職務之行使，涉及國家之公權力，不僅應遵守法令，更應積極考量國家整體利益，採取一切有利於國家之行為與決策；並**鑑於兩岸目前仍處於分治與對立之狀態，且政治、經濟與社會等體制具有重大之本質差異，為確保臺灣地區安全、民眾福祉暨維護自由民主之憲政秩序，所為之特別規定，其目的洵屬合理正當**。基於原設籍大陸地區人民設籍臺灣地區未滿10年者，對自由民主憲政體制認識與其他臺灣地區人民容有差異，故對其擔任公務人員之資格與其他臺灣地區人民予以區別對待，亦屬合理，與憲法第7條之平等原則及憲法增修條文第11條之意旨尚無違背。又系爭規定限制原設籍大陸地區人民，須在臺灣地區設有戶籍滿10年，作為擔任公務人員之要件，實乃考量原設籍大陸地區人民對自由民主憲政體制認識之差異，及融入臺灣社會需經過適應期間，且為使原設籍大陸地區人民於擔任公務人員時普遍獲得人民對其所行使公權力之信賴，尤需有長時間之培養，系爭規定以10年為期，其手段仍在必要及合理之範圍內，立法者就此所為之斟酌判斷，尚無明

顯而重大之瑕疵，難謂違反憲法第23條規定之比例原則。

☆公務員服務法公務員離職後就業限制之規定並未違憲（釋637）97.2.22

爭　點：公務員服務法第14條之1違憲？

解釋文：公務員服務法第14條之1規定：「公務員於其離職後三年內，不得擔任與其離職前五年內之職務直接相關之營利事業董事、監察人、經理、執行業務之股東或顧問。」旨在維護公務員公正廉明之重要公益，而對離職公務員選擇職業自由予以限制，其目的洵屬正當；其所採取之限制手段與目的達成間具實質關聯性，乃為保護重要公益所必要，並未牴觸憲法第23條之規定，與憲法保障人民工作權之意旨尚無違背。

解釋理由書：（摘錄1）憲法第15條規定人民之工作權應予保障，人民有從事工作及選擇職業之自由，迭經本院釋字第404號、第510號、第584號、第612號與第634號解釋在案。國家與公務員間具公法上職務關係，公務員依法享有身分保障權利，並對國家負有特別義務，其憲法上所保障之權利即因此受有相當之限制，本院釋字第433號、第596號與第618號解釋足資參照。公務員離職後與國家間公法上職務關係雖已終止，惟因其職務之行使攸關公共利益，國家為保護重要公益，於符合憲法第23條規定之限度內，以法律課予特定離職公務員於一定條件下履行特別義務，從而對其選擇職業自由予以限制，尚非憲法所不許。

（大法官李震山、許玉秀提出部分協同意見書）

☆ **已領退休或資遣給與者再任公務人員退休，其退休金基數或百分比上限之規定，應有法律明確授權**（釋658）98.4.10

爭　　點：公務人員退休法施行細則第13條第2項違憲？

解釋文：公務人員退休法施行細則第13條第2項有關已領退休（職、伍）給與或資遣給與者再任公務人員，其退休金基數或百分比連同以前退休（職、伍）金基數或百分比或資遣給與合併計算，以不超過公務人員退休法第6條及第16條之1第1項所定最高標準為限之規定，欠缺法律具體明確授權；且其規定內容，並非僅係執行公務人員退休法之細節性、技術性事項，而係就再任公務人員退休年資採計及其採計上限等屬法律保留之事項為規定，進而對再任公務人員之退休金請求權增加法律所無之限制，與憲法第23條法律保留原則有違，應自本解釋公布之日起至遲於屆滿2年時失其效力。

（大法官葉百修、徐璧湖共同提出不同意見書）

☆ **公立學校高中以下教師敘薪，未以待遇相關法律或其明確授權之法規命令定之，有違法律保留原則**（釋707）101.12.28

爭　　點：公立學校高中以下教師敘薪，未以待遇相關法律或其明確授權之法規命令定之，違憲？

解釋文：教育部於中華民國93年12月22日修正發布之公立學校教職員敘薪辦法（含附表及其所附說明），關於公立高級中等以下學校教師部分之規定，與憲法上法律保留原則有違，應自本解釋公布之日起，至遲於屆滿3年時失其效力。

（大法官蘇永欽、黃茂榮、葉百修、陳新民、羅昌發提出協同意見書；大法官湯德宗提出部分不同意見書）

☆**降低公保養老給付優惠存款金額案，未違反信賴保護原則及
比例原則**（釋717）103.2.19

爭　　點：限定公教人員退休所得上限，減少原得辦優惠存款金
額之規定，違憲？

解釋文：銓敘部中華民國95年1月17日增訂發布、同年2月16日
施行之退休公務人員公保養老給付金額優惠存款要點
（已廢止）第3點之1第1項至第3項、第7項及第8項、
教育部95年1月27日增訂發布、同年2月16日施行之學
校退休教職員公保養老給付金額優惠存款要點（已廢
止）第3點之1第1項至第3項、第7項及第8項，有關以
**支領月退休金人員之每月退休所得，不得超過依最後
在職同等級人員現職待遇計算之退休所得上限一定百
分比之方式，減少其公保養老給付得辦理優惠存款金
額之規定，尚無涉禁止法律溯及既往之原則。**上開規
定生效前退休或在職之公務人員及學校教職員對於原
定之優惠存款利息，固有值得保護之信賴利益，惟上
開規定之變動確有公益之考量，且衡酌其所欲達成之
公益及退休或在職公教人員應受保護之信賴利益，上
開規定所採措施尚未逾越必要合理之程度，未違反信
賴保護原則及比例原則。

解釋理由書：（摘錄2）**授予人民經濟利益之法規預先定有施
行期間者，在該期間內即應予較高程度之信賴保護，
非有極為重要之公益，不得加以限制；若於期間屆滿
後發布新規定，則不生信賴保護之問題。**其未定有施
行期間者，如客觀上可使規範對象預期將繼續施行，
並通常可據為生活或經營之安排，且其信賴值得保護
時，須基於公益之必要始得變動。凡因公益之必要而
變動法規者，仍應與規範對象應受保護之信賴利益相
權衡，除應避免將全部給付遽予終止外，於審酌減少
給付程度時，並應考量是否分階段實施及規範對象承

受能力之差異，俾避免其可得預期之利益遭受過度之減損。

（大法官蘇永欽、林錫堯、黃茂榮、陳春生、陳新民、陳碧玉、羅昌發、湯德宗提出協同意見書；大法官黃璽君提出部分不同意見書）

☆ 再任公立學校教職員重行退休年資計算案，應經法律具體明確授權始得定之（釋730）104.6.18

爭　點：學校教職員退休條例施行細則第19條第2項規定，違憲？

解釋文：**學校教職員退休條例施行細則第19條第2項有關已領退休（職、伍）給與或資遣給與者再任或轉任公立學校教職員重行退休時，其退休金基數或百分比連同以前退休（職、伍）基數或百分比或資遣給與合併計算，以不超過同條例第5條及第21條之1第1項所定最高標準為限之規定，欠缺法律具體明確之授權，對上開人員依同條例請領退休金之權利，增加法律所無之限制，侵害其受憲法第15條保障之財產權，與憲法第23條法律保留原則有違，應自本解釋公布之日起，至遲於屆滿1年時失其效力。**

（大法官李震山、黃茂榮、羅昌發提出協同意見書；大法官蘇永欽、陳新民提出部分協同部分不同意見書）

☆ 直轄市、縣（市）於自治範圍，得於不牴觸中央法規之範圍內，以自治條例為因地制宜之規範（釋738）105.6.24

爭　點：有關電子遊戲場業設置的自治條例對於營業場所距離的嚴格規定，有沒有違反憲法中央與地方權限劃分的規定，及限制基本權時應恪遵的法律保留原則和比例原則？

解釋文：電子遊戲場業申請核發電子遊戲場業營業級別證作業

要點第2點第1款第1目規定電子遊戲場業之營業場所應符合自治條例之規定，尚無牴觸法律保留原則。臺北市電子遊戲場業設置管理自治條例第5條第1項第2款規定：「電子遊戲場業之營業場所應符合下列規定：……二　限制級：……應距離幼稚園、國民中、小學、高中、職校、醫院、圖書館一千公尺以上。」臺北縣電子遊戲場業設置自治條例第4條第1項規定：「前條營業場所（按指電子遊戲場業營業場所，包括普通級與限制級），應距離國民中、小學、高中、職校、醫院九百九十公尺以上。」（已失效）及桃園縣電子遊戲場業設置自治條例（於中華民國103年12月25日公告自同日起繼續適用）第4條第1項規定：「電子遊戲場業之營業場所，應距離國民中、小學、高中、職校、醫院八百公尺以上。」皆未違反憲法中央與地方權限劃分原則、法律保留原則及比例原則。惟各地方自治團體就電子遊戲場業營業場所距離限制之規定，允宜配合客觀環境及規範效果之變遷，隨時檢討而爲合理之調整，以免產生實質阻絕之效果，併此指明。

解釋理由書：（摘錄1）人民營業之自由爲憲法第15條工作權及財產權所保障之內涵。人民如以從事一定之營業爲其職業，關於營業場所之選定亦受營業自由保障，僅得以法律或法律明確授權之命令，爲必要之限制，惟若僅屬執行法律之細節性、技術性次要事項，得由主管機關發布命令爲必要之規範，而無違於憲法第23條法律保留原則之要求，迭經本院解釋在案（本院釋字第443號、第716號及第719號解釋參照）。又憲法規定我國實施地方自治。依憲法第118條及憲法增修條文第9條第1項規定制定公布之地方制度法，爲實施地方自治之依據。依地方制度法第25條及第28條第2款規定，**地**

　　方自治團體得就其自治事項或依法律及上級法規之授
　　權，以自治條例規範居民之權利義務，惟其內容仍不
　　得牴觸憲法有關中央與地方權限劃分之規定、法律保
　　留原則及比例原則。

　　（大法官蘇永欽提出，陳春生加入協同意見書；大法官
　　黃茂榮、林俊益提出協同意見書；大法官葉百修、羅昌
　　發提出部分不同意見書；大法官蔡明誠提出，黃虹霞加
　　入部分不同意見書；大法官陳新民、黃虹霞提出不同意
　　見書；大法官湯德宗提出，黃虹霞加入不同意見書）

☆**市地重劃辦法之規定不得超出平均地權條例之授權目的與範圍**（釋739）105.7.29

爭　　點：獎勵土地所有權人辦理市地重劃辦法（下稱獎勵重
　　　　　劃辦法）第8條第1項發起人申請核定成立籌備會之要
　　　　　件，是否合憲？同辦法第9條第3款、第20條第1項由籌
　　　　　備會申請核定擬辦重劃範圍、第9條第6款、第26條第
　　　　　1項由籌備會為重劃計畫書之申請核定及公告，並通知
　　　　　土地所有權人等規定，是否合憲？同辦法關於主管機
　　　　　關核定擬辦重劃範圍及核准實施重劃計畫之程序，是
　　　　　否合憲？平均地權條例第58條第3項規定之同意比率，
　　　　　是否合憲？

解釋文：申請獎勵土地所有權人辦理市地重劃辦法第8條第1項
　　　　　發起人申請核定成立籌備會之要件，未就發起人於擬
　　　　　辦重劃範圍內所有土地面積之總和應占擬辦重劃範圍
　　　　　內土地總面積比率為規定；於以土地所有權人7人以上
　　　　　為發起人時，復未就該人數與所有擬辦重劃範圍內土
　　　　　地所有權人總數之比率為規定，與憲法要求之正當行
　　　　　政程序不符。同辦法第9條第3款、第20條第1項規定由
　　　　　籌備會申請核定擬辦重劃範圍，以及同辦法第9條第6
　　　　　款、第26條第1項規定由籌備會為重劃計畫書之申請核

定及公告，並通知土地所有權人等，均屬重劃會之職
權，卻交由籌備會爲之，與平均地權條例第58條第1項
規定意旨不符，且超出同條第2項規定之授權目的與範
圍，違反法律保留原則。同辦法關於主管機關核定擬
辦重劃範圍之程序，未要求主管機關應設置適當組織
爲審議、於核定前予利害關係人陳述意見之機會，以
及分別送達核定處分於重劃範圍內申請人以外之其他
土地所有權人；同辦法關於主管機關核准實施重劃計
畫之程序，未要求主管機關應設置適當組織爲審議、
將重劃計畫相關資訊分別送達重劃範圍內申請人以外
之其他土地所有權人，及以公開方式舉辦聽證，使利
害關係人得到場以言詞爲意見之陳述及論辯後，斟酌
全部聽證紀錄，說明採納及不採納之理由作成核定，
連同已核准之市地重劃計畫，分別送達重劃範圍內各
土地所有權人及他項權利人等，均不符憲法要求之正
當行政程序。上開規定，均有違憲法保障人民財產權
與居住自由之意旨。相關機關應依本解釋意旨就上開
違憲部分，於本解釋公布之日起1年內檢討修正，逾期
未完成者，該部分規定失其效力。
　　平均地權條例第58條第3項規定，尚難遽謂違反比例原
則、平等原則。

解釋理由書：（摘錄2）憲法第15條規定人民財產權應予保障，
旨在確保個人依財產之存續狀態行使其自由使用、收
益及處分之權能，並免於遭受公權力或第三人之侵
害，俾能實現個人自由、發展人格及維護尊嚴（本院
釋字第400號解釋參照）。又憲法第十條規定人民有居
住之自由，旨在保障人民有選擇其居住處所，營私人
生活不受干預之自由（本院釋字第443號解釋參照）。
國家爲增進公共利益，固得以法律或法律明確授權之
法規命令對於人民之財產權或居住自由予以限制，惟

依法律授權訂定之法規命令，仍不得牴觸其授權之目的、內容及範圍，方符憲法第23條法律保留原則。又憲法上正當法律程序原則之內涵，應視所涉基本權之種類、限制之強度及範圍、所欲追求之公共利益、決定機關之功能合適性、有無替代程序或各項可能程序之成本等因素綜合考量，由立法者制定相應之法定程序（本院釋字第689號、第709號解釋參照）。

（大法官湯德宗提出，黃虹霞、蔡明誠、林俊益加入部分協同意見書；大法官黃茂榮提出協同意見書；大法官蘇永欽、葉百修提出、陳碧玉提出，吳陳鐶加入、羅昌發提出，黃虹霞加入、黃虹霞提出，羅昌發加入部分協同部分不同意見書；大法官黃璽君提出、陳新民提出，黃虹霞加入部分不同意見書）

☆**大法官會議解釋宣告聲請人據以聲請之確定終局裁判所適用之法令，於一定期限後失效者，其適用範圍（釋741）**
105.11.11

爭　點：凡司法院曾就人民聲請解釋憲法，宣告聲請人據以聲請之確定終局裁判所適用之法令，於一定期限後失效者，各該解釋之聲請人是否均得就其原因案件據以請求再審或其他救濟？檢察總長是否亦得據以提起非常上訴？

解釋文：凡本院曾就人民聲請解釋憲法，宣告聲請人據以聲請之確定終局裁判所適用之法令，於一定期限後失效者，各該解釋之聲請人均得就其原因案件據以請求再審或其他救濟，檢察總長亦得據以提起非常上訴，以保障釋憲聲請人之權益。本院釋字第725號解釋前所為定期失效解釋之原因案件亦有其適用。本院釋字第725號解釋應予補充。

解釋理由書：（摘錄3）……本院曾宣告確定終局裁判所適用之

法令於一定期限後失效之解釋原因案件，均應予再審等個案救濟之機會。且系爭解釋係針對本院為法令定期失效宣告之解釋，應係制度性之通案規範，其適用範圍自應包括凡本院曾宣告違憲法令定期失效之解釋（含本院釋字第725號前之宣告違憲法令定期失效之解釋），各該解釋之聲請人均得就其原因案件循求個案救濟，以保障釋憲聲請人之權益，而非僅限於系爭解釋之聲請人始得就其據以聲請該號解釋之原因案件請求救濟，俾使系爭解釋以外其他聲請本院解釋之聲請人，於本院宣告確定終局裁判所適用之法令違憲並定期失效後，皆能獲得應有之救濟，以符合憲法保障人民訴訟權之意旨，並肯定其維護憲法之貢獻。

（大法官蔡明誠提出，吳陳鐶加入部分協同意見書；大法官羅昌發、黃虹霞、林俊益提出、湯德宗提出，陳碧玉、林俊益加入協同意見書；大法官黃璽君提出不同意見書）

☆**都市計畫定期通盤檢討所作變更，如經認定為個案變更而有行政處分之性質者，基於有權利即有救濟之憲法原則，應許其就該部分提起訴願或行政訴訟以資救濟（釋742）105.12.9**

爭　　點：都市計畫定期通盤檢討變更，如其中具體項目有直接限制一定區域內特定人或可得確定多數人之權益或增加其負擔者，得否其就該部分提起訴願或行政訴訟？

解釋文：就都市計畫擬定計畫機關依規定所為定期通盤檢討，對原都市計畫作必要之變更，屬法規性質，並非行政處分。惟如其中具體項目有直接限制一定區域內特定人或可得確定多數人之權益或增加其負擔者，基於有權利即有救濟之憲法原則，應許其就該部分提起訴願或行政訴訟以資救濟，始符憲法第16條保障人民訴願權與訴訟權之意旨。本院釋字第156號解釋應予補充。

都市計畫之訂定（含定期通盤檢討之變更），影響人民權益甚鉅。立法機關應於本解釋公布之日起2年內增訂相關規定，使人民得就違法之都市計畫，認為損害其權利或法律上利益者，提起訴訟以資救濟。如逾期未增訂，自本解釋公布之日起2年後發布之都市計畫（含定期通盤檢討之變更），其救濟應準用訴願法及行政訴訟法有關違法行政處分之救濟規定。

解釋理由書：（摘錄4）又都市計畫（含定期通盤檢討之變更；下同），因屬法規性質，並非行政處分，依現行法制，人民縱認其違法且損害其權利或法律上利益，仍須俟後續行政處分作成後，始得依行政訴訟法提起撤銷訴訟（行政訴訟法第4條第1項參照）。然都市計畫核定發布後，都市計畫範圍內土地之使用將受限制（都市計畫法第6條及第三章至第六章等相關限制規定參照），影響區內人民權益甚鉅，且其內容與行政處分往往難以明確區隔。為使人民財產權及訴訟權受及時、有效、完整之保障，於其財產權因都市計畫而受有侵害時，得及時提起訴訟請求救濟，並藉以督促主管機關擬定、核定與發布都市計畫時，遵守法律規範，立法機關應於本解釋公布之日起2年內增訂相關規定，使人民得就違法之都市計畫，認為損害其權利或法律上利益者，提起訴訟以資救濟。如逾期未增訂，自本解釋公布之日起2年後發布之都市計畫之救濟，應準用訴願法及行政訴訟法有關違法行政處分之救濟規定。

（大法官湯德宗提出、蔡明誠提出，陳碧玉、張瓊文加入部分協同意見書；大法官許宗力、羅昌發、林俊益、許志雄提出、黃瑞明提出，詹森林加入協同意見書；大法官黃璽君提出部分不同意見書；大法官吳陳鐶提出部分不同意見書）

☆大眾捷運法第六條徵收之土地，應有法律明確規定得將之移轉予第三人所有，主管機關始得為之（釋743）105.12.30

爭　點：徵收之捷運用地得否用於聯合開發案？

解釋文：主管機關依中華民國77年7月1日制定公布之大眾捷運法第6條，按相關法律所徵收大眾捷運系統需用之土地，不得用於同一計畫中依同法第7條第1項規定核定辦理之聯合開發。

依大眾捷運法第6條徵收之土地，應有法律明確規定得將之移轉予第三人所有，主管機關始得為之，以符憲法保障人民財產權之意旨。

解釋理由書：（摘錄3）……按相關法律徵收人民土地，雖因而取得土地所有權人之地位，然其與一般土地所有權人得自由使用、收益、處分及行使其他土地權利者並不全然相同。其徵收既係基於興建捷運系統之特定目的，主管機關自不得於同一計畫，持該徵收之土地，依系爭規定二辦理聯合開發，而為經濟利用，故自亦無由主管機關將該徵收之土地所有權移轉予第三人之餘地。如因情事變更，主管機關擬依後續計畫辦理聯合開發，應依其時相關法律辦理。……（第4段末）……主管機關為公用或公益之目的而以徵收方式剝奪人民財產權後，如續將原屬人民之財產移轉為第三人所有，易使徵收權力遭濫用及使人民產生圖利特定第三人之疑慮。是如因情事變更，主管機關有依其時相關法律規定，將循系爭規定一所徵收大眾捷運系統需用之土地，納入後續計畫，辦理聯合開發之情形，仍應有法律明確規定主管機關得將之移轉予第三人所有，始得為之，以符憲法保障人民財產權之意旨。

（大法官蔡烱燉、羅昌發、黃虹霞、許志雄提出、黃瑞明提出，詹森林加入協同意見書；大法官吳陳鐶提出部

分協同部分不同意見書；大法官林俊益提出部分不同部
分協同意見書；大法官蔡明誠提出，林俊益、張瓊文加
入部分不同意見書；大法官陳碧玉、黃璽君提出不同意
見書）

☆非爲保護特別重要之公共利益目的，且與目的達成間具直接
　及絕對必要之關聯，不能規定採事前審查方式以限制化粧品
　廠商廣告之言論自由（釋744）106.1.6

　　爭　點：化粧品衛生管理條例第24條第2項及第30條第1項就違
　　　　　　反同條例第24條第2項爲處罰之部分，是否違憲？

　　解釋文：化粧品衛生管理條例第24條第2項規定：「化粧品之
　　　　　　廠商登載或宣播廣告時，應於事前……申請中央或直
　　　　　　轄市衛生主管機關核准……。」同條例第30條第1項
　　　　　　規定：「違反第二十四條……第二項規定者，處新臺
　　　　　　幣五萬元以下罰鍰……。」係就化粧品廣告所爲之事
　　　　　　前審查，限制化粧品廠商之言論自由，已逾越必要程
　　　　　　度，不符憲法第23條之比例原則，與憲法第11條保障
　　　　　　人民言論自由之意旨有違，應自本解釋公布之日起失
　　　　　　其效力。

　　　　　　（大法官湯德宗、林俊益提出部分協同意見書；大法官
　　　　　　許宗力、羅昌發、黃虹霞、蔡明誠、許志雄、黃瑞明，
　　　　　　詹森林、黃昭元提出協同意見書；大法官吳陳鐶提出，
　　　　　　陳碧玉加入部分不同意見書）

☆被徵收土地所有權人基於土地徵收關係所衍生之公法上請求
　權，應受憲法財產權之保障。爲確保收回權之實現，國家於
　徵收後仍負有一定之程序保障義務（釋763）107.5.4

　　爭　點：土地法第219條第1項未規定主管機關就其徵收之土
　　　　　　地，應定期通知原土地所有權人土地之後續使用情
　　　　　　形，致其無從於充分資訊下，行使收回權，是否不符

憲法要求之正當行政程序,而有違憲法第15條保障人民財產權之意旨?

解釋文:土地法第219條第1項規定逕以「徵收補償發給完竣屆滿一年之次日」爲收回權之時效起算點,並未規定該管直轄市或縣(市)主管機關就被徵收土地之後續使用情形,應定期通知原土地所有權人或依法公告,致其無從及時獲知充分資訊,俾判斷是否行使收回權,不符憲法要求之正當行政程序,於此範圍內,有違憲法第15條保障人民財產權之意旨,應自本解釋公布之日起2年內檢討修正。於本解釋公布之日,原土地所有權人之收回權時效尚未完成者,時效停止進行;於該管直轄市或縣(市)主管機關主動依本解釋意旨通知或公告後,未完成之時效繼續進行;修法完成公布後,依新法規定。

解釋理由書:(摘錄2)憲法第15條規定人民之財產權應予保障,旨在使財產所有人得依財產之存續狀態行使其自由使用、收益及處分之權能,免於遭受公權力或第三人之侵害,以確保人民所賴以維繫個人生存及自由發展其人格之生活資源(本院釋字第596號、第709號及第732號解釋參照)。人民依法取得之土地所有權,應受法律之保障與限制,並爲憲法第143條第1項所明定。國家因公用或其他公益目的之必要,固得經由法定程序徵收人民之土地,惟徵收人民土地,屬對人民財產權最嚴重之侵害手段,基於憲法正當程序之要求,國家自應踐行最嚴謹之程序。此程序保障不僅及於徵收前(例如於徵收計畫確定前,國家應聽取土地所有權人及利害關係人之意見,本院釋字第409號解釋參照),並及於徵收時(例如辦理徵收時,應嚴格要求國家踐行公告及書面通知之程序,以確保土地或土地改良物所有權人及他項權利人知悉相關資訊,俾

適時行使其權利；徵收之補償應儘速發給，否則徵收土地核准案即應失其效力，本院釋字第516號及第731號解釋參照）。第3段：至土地徵收完成後，是否亦有正當程序之適用，則須視徵收完成後，原土地所有權人是否仍能主張憲法財產權之保障而定。按土地徵收後，國家負有確保徵收土地持續符合公用或其他公益目的之義務，以貫徹徵收必要性之嚴格要求，且需用土地人應於一定期限內，依照核准計畫實行使用，以防止徵收權之濫用，而保障人民私有土地權益（本院釋字第236號解釋參照）。是徵收後，如未依照核准計畫之目的或期限實行使用，徵收即喪失其正當性，人民因公共利益而忍受特別犧牲之原因亦已不存在，基於憲法財產權保障之意旨，原土地所有權人原則上即得申請收回其被徵收之土地，以保障其權益。此項收回權，係憲法財產權保障之延伸，乃原土地所有權人基於土地徵收關係所衍生之公法上請求權，應受憲法財產權之保障。為確保收回權之實現，國家於徵收後仍負有一定之程序保障義務。

（大法官湯德宗提出部分協同意見書；大法官陳碧玉、羅昌發、許志雄、黃瑞明提出、詹森林提出，林俊益加入協同意見書；大法官蔡明誠提出，張瓊文加入二及三部分部分協同部分不同意見書；大法官黃虹霞、吳陳鐶提出不同意見書）

☆土地徵收條例施行細則規定區段徵收範圍內新設自來水管線工程費用分擔，應依據法律或有法律明確授權之法規命令，始得為之（釋765）107.6.15

　　爭　　點：內政部中華民國91年4月17日訂定發布之土地徵收條例施行細則第52條第1項第8款規定是否違反法律保留原則？

解釋文：內政部中華民國91年4月17日訂定發布之土地徵收條例施行細則第52條第1項第8款規定：「區段徵收範圍內必要之管線工程所需工程費用……，由需用土地人與管線事業機關（構）依下列分擔原則辦理：……八、新設自來水管線之工程費用，由需用土地人與管線事業機關（構）各負擔二分之一。」（95年12月8日修正發布爲同細則第52條第1項第5款規定：「五、新設自來水管線之工程費用，由需用土地人全數負擔。」於適用於需用土地人爲地方自治團體之範圍內）無法律明確授權，逕就攸關需用土地人之財政自主權及具私法人地位之公營自來水事業受憲法保障之財產權事項而爲規範，與法律保留原則有違，應自本解釋公布之日起，至遲於屆滿2年時，不再適用。

解釋理由書：（摘錄3）按憲法保障之人民各項權利，除屬於憲法保留之事項者外，於符合憲法第23條之條件下，得以法律限制之。至何種事項應以法律直接規範或得委由命令予以規定，與規範密度有關，應視規範對象、內容或法益本身及其所受限制之輕重而容許合理之差異。如剝奪人民生命或限制人民身體自由者，必須遵守罪刑法定主義，以制定法律之方式爲之。至涉及人民其他自由權利之限制者，亦應由法律加以規定；如以法律授權主管機關發布命令爲補充規定時，其授權應符合具體明確之原則。若僅屬執行法律之細節性、技術性事項，始得由主管機關發布命令爲必要之規範（本院釋字第443號解釋參照）。具私法人地位之公營事業，雖受公益目的較大制約，並受國家指揮監督，然其既有獨立之私法人地位，享有憲法財產權之保障，則國家對其財產權所爲之限制，亦應由法律或法律明確授權之命令予以規範。（第4段）中央與地方固同屬國家組織，然地方自治團體仍具有獨立之公法人

　　地位，受憲法保障，並享有財政自主權。故中央使地
　　方負擔經費，除不得侵害其財政自主權核心領域外，並
　　應依據法律或有法律明確授權之法規命令，始得為之。
　　（大法官羅昌發、許志雄、黃瑞明、詹森林、黃昭元提
　　出協同意見書；大法官黃虹霞提出部分不同意見書；大
　　法官蔡明誠提出，黃璽君加入二部分、湯德宗加入一及
　　二3.部分、林俊益、張瓊文加入不同意見書）

☆ 累犯加重本刑應符合憲法罪刑相當原則及比例原則（釋
　775）108.2.22
　爭　點：一、刑法第47條第1項有關累犯加重本刑部分，是否違
　　　　　反憲法一行為不二罰原則？又其一律加重本刑，是否
　　　　　違反憲法罪刑相當原則？二、刑法第48條前段及刑事
　　　　　訴訟法第477條第1項有關累犯更定其刑部分，是否違
　　　　　反憲法一事不再理原則？
　解釋文：刑法第47條第1項規定：「受徒刑之執行完畢，或一
　　　　　部之執行而赦免後，五年以內故意再犯有期徒刑以上
　　　　　之罪者，為累犯，加重本刑至二分之一。」有關累犯
　　　　　加重本刑部分，不生違反憲法一行為不二罰原則之問
　　　　　題。惟其不分情節，基於累犯者有其特別惡性及對刑
　　　　　罰反應力薄弱等立法理由，一律加重最低本刑，於不
　　　　　符合刑法第59條所定要件之情形下，致生行為人所受
　　　　　之刑罰超過其所應負擔罪責之個案，其人身自由因此
　　　　　遭受過苛之侵害部分，對人民受憲法第8條保障之人身
　　　　　自由所為限制，不符憲法罪刑相當原則，牴觸憲法第
　　　　　23條比例原則。於此範圍內，有關機關應自本解釋公
　　　　　布之日起2年內，依本解釋意旨修正之。於修正前，為
　　　　　避免發生上述罪刑不相當之情形，法院就該個案應依
　　　　　本解釋意旨，裁量是否加重最低本刑。
　　　　　刑法第48條前段規定：「裁判確定後，發覺為累犯

者,依前條之規定更定其刑。」與憲法一事不再理原則有違,應自本解釋公布之日起失其效力。刑法第48條前段規定既經本解釋宣告失其效力,刑事訴訟法第477條第1項規定:「依刑法第四十八條應更定其刑者……由該案犯罪事實最後判決之法院之檢察官,聲請該法院裁定之。」應即併同失效。

(大法官蔡明誠提出部分協同意見書;大法官羅昌發、黃虹霞、黃瑞明提出、林俊益提出,蔡烱燉加入、許志雄提出,黃昭元加入、黃昭元提出,許志雄加入協同意見書;大法官黃璽君提出,陳碧玉加入「一、」部分不同意見書;大法官湯德宗提出,陳碧玉加入「二、」部分不同意見書;大法官吳陳鐶、詹森林提出部分不同意見書)

☆刑罰設計之構成要件應符合法律明確性,刑度應符合罪刑相當,犯罪情節輕微不以過苛之處罰(釋777)108.5.31

爭　點:刑法第185條之4之構成要件是否違反法律明確性原則?其刑度是否違反比例原則?

解釋文:中華民國88年4月21日增訂公布之刑法第185條之4規定:「駕駛動力交通工具肇事,致人死傷而逃逸者,處六月以上五年以下有期徒刑。」(102年6月11日修正公布同條規定,提高刑度為1年以上7年以下有期徒刑,構成要件均相同)其中有關「肇事」部分,可能語意所及之範圍,包括「因駕駛人之故意或過失」或「非因駕駛人之故意或過失」(因不可抗力、被害人或第三人之故意或過失)所致之事故,除因駕駛人之故意或過失所致之事故為該條所涵蓋,而無不明確外,其餘非因駕駛人之故意或過失所致事故之情形是否構成「肇事」,尚非一般受規範者所得理解或預見,於此範圍內,其文義有違法律明確性原則,此違

反部分，應自本解釋公布之日起失其效力。

88年上開規定有關刑度部分，與憲法罪刑相當原則尚無不符，未違反比例原則。102年修正公布之上開規定，一律以1年以上7年以下有期徒刑為其法定刑，致對犯罪情節輕微者無從為易科罰金之宣告，對此等情節輕微個案構成顯然過苛之處罰，於此範圍內，不符憲法罪刑相當原則，與憲法第23條比例原則有違。此違反部分，應自本解釋公布之日起，至遲於屆滿2年時，失其效力。

解釋理由書：（摘錄8）基於法治國原則，以法律限制人民權利，其構成要件應符合法律明確性原則，使受規範者可能預見其行為之法律效果，以確保法律預先告知之功能，並使執法之準據明確，以保障規範目的之實現。依本院歷來解釋，法律規定所使用之概念，其意義依法條文義、立法目的及法體系整體關聯性，須為受規範者可得理解，且為其所得預見，並可經由司法審查加以確認，始與法律明確性原則無違（本院釋字第432號、第521號、第594號、第617號、第623號、第636號及第690號解釋參照）。惟涉及拘束人民身體自由之刑罰規定，其構成要件是否符合法律明確性原則，應受較為嚴格之審查（本院釋字第636號解釋參照）。（第18段）為因應交通工具與時俱進之發展，並兼顧現代社會生活型態、人民運用交通工具之狀況及整體法律制度之體系正義，相關機關允宜通盤檢討102年系爭規定之要件及效果，俾使人民足以預見其行為是否構成犯罪，並使其所受之刑罰更符合憲法罪刑相當原則。例如：（一）關於構成要件部分，就行為與事故之發生間有因果關係之駕駛人，明定其主觀責任要件，亦即，除肇事者有過失外，是否排除故意或包括無過失之情形。倘立法政策欲包括駕駛人無過失

之情形，有關機關併應廣為宣導，建立全民於交通事故發生時，共同參與維護道路交通安全及救護死傷者之共識。（二）關於停留現場之作為義務部分，參酌所欲保護之法益，訂定發生事故後之作為義務範圍，例如應停留在現場，並應通知警察機關處理、協助傷者就醫、對事故現場為必要之處置、向傷者或警察等有關機關表明身分等。（三）關於法律效果部分，依違反作為義務之情節輕重及對法益侵害之程度等不同情形，訂定不同刑度之處罰，以符憲法罪刑相當原則。

（大法官許宗力提出，黃虹霞加入部分協同意見書；大法官蔡烱燉、黃虹霞、許志雄、黃瑞明、黃昭元提出、蔡明誠提出，黃虹霞加入協同意見書；大法官羅昌發提出，黃虹霞加入、湯德宗提出，林俊益加入〔5〕部分、林俊益提出，黃璽君加入、詹森林提出，黃虹霞加入部分協同暨部分不同意見書；大法官陳碧玉、吳陳鐶提出、黃璽君提出，林俊益加入部分不同意見書）

☆ **依法律授權訂定之施行細則，或依職權頒布之解釋函令，涉及對人民權利之限制，須依一般法律解釋方法，並符合相關憲法原則及母法意旨（釋778）108.6.14**

爭　點：一、藥事法第102條第2項限制醫師藥品調劑權，是否牴觸憲法第15條保障人民工作權之意旨？二、藥事法施行細則第50條及行政院衛生署食品藥物管理局100年4月12日FDA藥字第1000017608號函對於藥事法第102條第2項「醫療急迫情形」之解釋，是否逾越母法之授權、增加法律所無之限制而違反憲法第23條法律保留原則？

解釋文：藥事法第102條第2項規定：「全民健康保險實施二年後，前項規定以在中央或直轄市衛生主管機關公告無

藥事人員執業之偏遠地區或醫療急迫情形為限。」限制醫師藥品調劑權，尚未牴觸憲法第23條比例原則，與憲法第15條保障人民工作權之意旨，尚無違背。

藥事法施行細則第50條及行政院衛生署食品藥物管理局（現已改制為衛生福利部食品藥物管理署）中華民國100年4月12日FDA藥字第1000017608號函說明三對於藥事法第102條第2項醫療急迫情形之解釋部分，均為增加法律所無之限制，逾越母法之規定，與憲法第23條法律保留原則之意旨不符。上開施行細則規定應自本解釋公布之日起，失其效力；上開函應自本解釋公布之日起，不再援用。

解釋理由書：（摘錄11）對人民自由權利之限制，應以法律或法律明確授權之命令為之（本院釋字第394號、第443號、第559號、第710號及第711號解釋參照）。主管機關依法律授權訂定之施行細則，或依職權頒布之解釋函令，如涉及對人民權利之限制，須依一般法律解釋方法，並符合相關憲法原則及母法意旨，始與法律保留原則無違（本院釋字第566號、第611號及第751號解釋參照）。

（大法官羅昌發、許志雄、詹森林提出協同意見書；大法官黃虹霞提出部分不同部分協同意見書；大法官黃璽君提出，吳陳鐶加入一至三部分，林俊益加入部分不同意見書；大法官蔡明誠、黃昭元提出部分不同意見書）

第七章

立法院職權相關大法官解釋

7-1 立法院議事原則

☆國會議事應行公開透明原則（釋499）89.3.24

爭　點：88年9月15日修正公布之憲法增修條文，其修憲程序是否符合公開透明原則？

解釋文：（摘錄）國民大會依憲法第25條、第27條第1項第3款及中華民國86年7月21日修正公布之憲法增修條文第1條第3項第4款規定，係代表全國國民行使修改憲法權限之唯一機關。其依修改憲法程序制定或修正憲法增修條文須符合公開透明原則，並應遵守憲法第174條及國民大會議事規則有關之規定，俾副全國國民之合理期待與信賴。

（大法官林永謀、孫森焱提出部分協同意見書；大法官蘇俊雄、賴英照提出協同意見書；大法官陳計男提出協同意見書暨部分不同意見書；大法官曾華松提出不同意見書）

☆審議程序除明顯違憲外屬國會自律（釋342）83.4.8

爭　點：國家安全會議、國家安全局及人事行政局之組織法律，曾否經立法院議決通過？前開爭議是否為釋憲機關審查對象？

解釋文：立法院審議法律案，須在不牴觸憲法之範圍內，依其自行訂定之議事規範為之。**法律案經立法院移送總統公布者，曾否踐行其議事應遵循之程序，除明顯牴觸憲法者外，乃其內部事項，屬於議會依自律原則應自行認定之範圍，並非釋憲機關審查之對象。**是以總統依憲法第72條規定，因立法院移送而公布之法律，縱有與其議事規範不符之情形，然在形式上既已

存在，仍應依中央法規標準法第13條之規定，發生效力。**法律案之立法程序有不待調查事實即可認定為牴觸憲法，亦即有違反法律成立基本規定之明顯重大瑕疵者，則釋憲機關仍得宣告其為無效。惟其瑕疵是否已達足以影響法律成立之重大程度，如尚有爭議，並有待調查者，即非明顯，依現行體制，釋憲機關對於此種事實之調查受有限制，仍應依議會自律原則，謀求解決。**關於依憲法增修條文第九條授權設置之國家安全會議、國家安全局及行政院人事行政局之組織法律，立法院於中華民國82年12月30日移送總統公布施行，其通過各該法律之議事錄，雖未經確定，但尚不涉及憲法關於法律成立之基本規定。除此之外，其曾否經議決通過，因尚有爭議，非經調查，無從確認。依前開意旨，仍應由立法院自行認定，並於相當期間內議決補救之。若議決之結果與已公布之法律有異時，仍應更依憲法第72條之規定，移送總統公布施行。

（大法官馬漢寶提出協同意見書；大法官楊建華提出不同意見書）

☆**個別性法律制定的原則禁止**（釋520）90.1.15

　爭　　點：國會就個別事件所為之立法，是否違憲法所不許？

　解釋理由書：（摘錄）立法院通過興建電廠之相關法案，此種法律內容縱然包括對具體個案而制定之條款，亦屬特殊類型法律之一種，即所謂個別性法律，並非憲法所不許。究應採取何種途徑，則屬各有關機關應抉擇之問題，非本院所能越俎代庖予以解釋之事項。

（大法官陳計男提出部分協同意見書；大法官孫森焱、蘇俊雄、戴東雄、黃越欽、王澤鑑提出協同意見書；大法官施文森、董翔飛提出部分不同意見書；大法官劉鐵

錚提出不同意見書）

7-2 法律案提案權

☆監察院提案權（釋3）41.5.21

　爭　點：監察院關於所掌事項得否提出法律案？

　解釋理由書：（摘錄）我國憲法依據　孫中山先生創立中華
　　　　　　　民國之遺教而制定，載在前言，依憲法第53條（行
　　　　　　　政）、第62條（立法）、第77條（司法）、第83條
　　　　　　　（考試）、第90條（監察）等規定建置五院。本憲法
　　　　　　　原始賦與之職權各於所掌範圍內，為國家最高機關獨
　　　　　　　立行使職權，相互平等，初無軒輊。以職務需要言，
　　　　　　　監察、司法兩院，各就所掌事項，需向立法院提案，
　　　　　　　與考試院同。考試院對於所掌事項，既得向立法院提
　　　　　　　出法律案，憲法對於司法、監察兩院，就其所掌事項
　　　　　　　之提案，亦初無有意省略或故予排除之理由。法律案
　　　　　　　之議決雖為專屬立法院之職權，而其他各院關於所掌
　　　　　　　事項知之較稔，得各向立法院提出法律案以為立法意
　　　　　　　見之提供者，於理於法均無不合。

☆司法院提案權（釋175）71.5.25

　爭　點：司法院對所掌事項有提案權？

　解釋理由書：司法院為國家最高司法機關，基於五權分治彼此
　　　　　　　相維之憲政體制，就其所掌有關司法機關之組織及司
　　　　　　　法權行使之事項，得向立法院提出法律案。

7-3 預算案

☆預算案不得爲增加支出之提議（釋264）79.7.27

　　爭　　點：立法院就預算案爲增加支出之提議違憲？

　解釋文：憲法第70條規定：「立法院對於行政院所提預算案，不得爲增加支出之提議」，旨在防止政府預算膨脹，致增人民之負擔。立法院第84會期第26次會議決議：「請行政院在本（七十九）年度再加發半個月公教人員年終工作獎金，以激勵士氣，其預算再行追加」，係就預算案爲增加支出之提議，與上述憲法規定牴觸，自不生效力。

　解釋理由書：按憲法規定，行政院應提出預算案，由立法院議決之，旨在劃分預算案之提案權與議決權，使行政院在編製政府預算時能兼顧全國財政、經濟狀況與年度施政計畫之需要，並爲謀求政府用度合理，避免浪費起見，委由代表人民之立法院議決之，以發揮其監督政府財政之功能。

☆預算審查不得要求項目移動增減（釋391）84.12.8

　　爭　　點：立委審議中央政府總預算時，移動或增減原預算項目，應否受憲法第70條規定之限制？

　解釋文：立法院依憲法第63條之規定有審議預算案之權，立法委員於審議中央政府總預算案時，應受憲法第70條「立法院對於行政院所提預算案，不得爲增加支出之提議」之限制及本院相關解釋之拘束，雖得爲合理之刪減，惟基於預算案與法律案性質不同，尚不得比照審議法律案之方式逐條逐句增刪修改，而對各機關所編列預算之數額，在款項目節間移動增減並追加或削

減原預算之項目。蓋就被移動增加或追加原預算之項目言，要難謂非上開憲法所指增加支出提議之一種，復涉及施政計畫內容之變動與調整，易導致政策成敗無所歸屬，責任政治難以建立，有違行政權與立法權分立，各本所司之制衡原理，應為憲法所不許。

（大法官城仲模提出部分不同意見書；大法官劉鐵錚提出不同意見書）

☆停止執行核四預算案有無違法、違憲（釋520）90.1.15

爭　點：政院停建核四廠應向立院報告？

解釋理由書：（摘錄）預算案經立法院通過及公布手續為法定預算，其形式上與法律相當，因其內容、規範對象及審議方式與一般法律案不同，本院釋字第391號解釋曾引學術名詞稱之為措施性法律。**主管機關依職權停止法定預算中部分支出項目之執行，是否當然構成違憲或違法，應分別情況而定。諸如維持法定機關正常運作及其執行法定職務之經費**，倘停止執行致影響機關存續者，即非法之所許；**若非屬國家重要政策之變更且符合預算法所定要件，主管機關依其合義務之裁量，自得裁減經費或變動執行。至於因施政方針或重要政策變更涉及法定預算之停止執行時**，則應本行政院對立法院負責之憲法意旨暨尊重立法院對國家重要事項之參與決策權，依照憲法增修條文第3條及立法院職權行使法第17條規定，由行政院院長或有關部會首長**適時向立法院提出報告並備質詢。**

（大法官陳計男提出部分協同意見書；大法官孫森焱、蘇俊雄、戴東雄、黃越欽、王澤鑑提出協同意見書；大法官施文森、董翔飛提出部分不同意見書；大法官劉鐵錚提出不同意見書）

7-4 立法院決議的效力

☆**決議逾越憲法所定之職權，僅屬建議性質**（釋419）85.12.31
　　爭　點：副總統兼任行政院院長違憲？
　　解釋文：一、副總統得否兼任行政院院長憲法並無明文規定，
　　　　　　　　副總統與行政院院長二者職務性質亦非顯不相
　　　　　　　　容，惟此項兼任如遇總統缺位或不能視事時，將
　　　　　　　　影響憲法所規定繼任或代行職權之設計，與憲法
　　　　　　　　設置副總統及行政院院長職位分由不同之人擔任
　　　　　　　　之本旨未盡相符。引發本件解釋之事實，應依上
　　　　　　　　開解釋意旨為適當之處理。
　　　　　　二、行政院院長於新任總統就職時提出總辭，係基於
　　　　　　　　尊重國家元首所為之禮貌性辭職，並非其憲法上
　　　　　　　　之義務。對於行政院院長非憲法上義務之辭職應
　　　　　　　　如何處理，乃總統之裁量權限，為學理上所稱統
　　　　　　　　治行為之一種，非本院應作合憲性審查之事項。
　　　　　　三、依憲法之規定，向立法院負責者為行政院，立法
　　　　　　　　院除憲法所規定之事項外，並無決議要求總統為
　　　　　　　　一定行為或不為一定行為之權限。故立法院於中
　　　　　　　　華民國85年6月11日所為「咨請總統儘速重新提名
　　　　　　　　行政院院長，並咨請立法院同意」之決議，逾越
　　　　　　　　憲法所定立法院之職權，僅屬建議性質，對總統
　　　　　　　　並無憲法上之拘束力。
　　　　　　（大法官董翔飛提出有關「副總統可否兼任行政院院
　　　　　　　長」部分不同意見書）

☆**對國家重要事項的決議效力**（釋520）90.1.15
　　爭　點：行政院會議決議停止執行核能四廠興建之法定預算，

是否屬重要政策變更？行政院應否向立法院提出報告並備質詢？

解釋文：**預算案經立法院通過及公布手續為法定預算，其形式上與法律相當，因其內容、規範對象及審議方式與一般法律案不同，本院釋字第391號解釋曾引學術名詞稱之為措施性法律。**主管機關依職權停止法定預算中部分支出項目之執行，是否當然構成違憲或違法，應分別情況而定。諸如維持法定機關正常運作及其執行法定職務之經費，倘停止執行致影響機關存續者，即非法之所許；若非屬國家重要政策之變更且符合預算法所定要件，主管機關依其合義務之裁量，自得裁減經費或變動執行。至於**因施政方針或重要政策變更涉及法定預算之停止執行時，則應本行政院對立法院負責之憲法意旨暨尊重立法院對國家重要事項之參與決策權，依照憲法增修條文第3條及立法院職權行使法第17條規定，由行政院院長或有關部會首長適時向立法院提出報告並備質詢。**本件經行政院會議決議停止執行之法定預算項目，基於其對儲備能源、環境生態、產業關連之影響，並考量歷次決策過程以及一旦停止執行善後處理之複雜性，自屬國家重要政策之變更，仍須儘速補行上開程序。其由行政院提議為上述報告者，立法院有聽取之義務。行政院提出前述報告後，其政策變更若獲得多數立法委員之支持，先前停止相關預算之執行，即可貫徹實施。倘立法院作成反對或其他決議，則應視決議之內容，由各有關機關依本解釋意旨，協商解決方案或根據憲法現有機制選擇適當途徑解決僵局，併此指明。

解釋理由書：（摘錄）行政院院長或有關部會首長依前述憲法增修條文第3條及立法院職權行使法第17條向立法院提出報告之後，若獲多數立法委員之支持，基於代議民

主之憲政原理，自可貫徹其政策之實施。若立法院於聽取報告後作成反對或其他決議，此一決議固屬對政策變更之異議，實具有確認法定預算效力之作用，與不具有拘束力僅屬建議性質之決議有間，應視其決議內容，由各有關機關選擇適當途徑解決：行政院同意接受立法院多數意見繼續執行法定預算，或由行政院與立法院朝野黨團協商達成解決方案。於不能協商達成解決方案時，各有關機關應循憲法現有機制為適當之處理。

（大法官陳計男提出部分協同意見書；大法官孫森焱、蘇俊雄、戴東雄、黃越欽、王澤鑑提出協同意見書；大法官施文森、董翔飛提出部分不同意見書；大法官劉鐵錚提出不同意見書）

7-5 議決條約權

☆條約位階同於法律（釋329）82.12.24

　爭　點：憲法上「條約」之意涵？何者應送立法院審議？

　解釋文：憲法所稱之條約係指中華民國與其他國家或國際組織所締結之國際書面協定，包括用條約或公約之名稱，或用協定等名稱而其內容直接涉及國家重要事項或人民之權利義務且具有法律上效力者而言。其中名稱為條約或公約或用協定等名稱而附有批准條款者，當然應送立法院審議，其餘國際書面協定，除經法律授權或事先經立法院同意簽訂，或其內容與國內法律相同者外，亦應送立法院審議。

解釋理由書：（摘錄）依上述規定所締結之條約，其位階同於法律。

（大法官張特生提出一部不同意見書；大法官楊與齡、
李志鵬、李鐘聲提出不同意見書）

7-6 質詢權

☆質詢主要對象是院長及部會首長（釋461）87.7.24
　爭　點：參謀總長應受立委質詢？得拒絕至各委員會備詢？
　解釋文：中華民國86年7月21日公布施行之憲法增修條文第3條
　　　　第2項第1款規定行政院有向立法院提出施政方針及施
　　　　政報告之責，立法委員在開會時，有向行政院院長及
　　　　行政院各部會首長質詢之權，此為憲法基於民意政治
　　　　及責任政治之原理所為制度性之設計。國防部主管全
　　　　國國防事務，立法委員就行政院提出施政方針及施政
　　　　報告關於國防事務方面，自得向行政院院長及國防部
　　　　部長質詢之。至**參謀總長在行政系統為國防部部長之
　　　　幕僚長，直接對國防部部長負責，自非憲法規定之部
　　　　會首長，無上開條文之適用。**
　　　　立法院為國家最高立法機關，有議決法律、預算等議
　　　　案及國家重要事項之權。立法院為行使憲法所賦予上
　　　　開職權，得依憲法第67條規定，設各種委員會，邀請
　　　　政府人員及社會上有關係人員到會備詢。鑑諸行政院
　　　　應依憲法規定對立法院負責，故凡行政院各部會首長
　　　　及其所屬公務員，除依法獨立行使職權，不受外部干
　　　　涉之人員外，於立法院各種委員會依憲法第67條第2項
　　　　規定邀請到會備詢時，有應邀說明之義務。**參謀總長
　　　　為國防部部長之幕僚長，負責國防之重要事項，包括
　　　　預算之擬編及執行，與立法院之權限密切相關，自屬
　　　　憲法第67條第2項所指政府人員，除非因執行關係國家**

安全之軍事業務而有正當理由外，不得拒絕應邀到會
備詢，惟詢問內容涉及重要國防機密事項者，免予答
覆。至司法、考試、監察三院院長，本於五院間相互
尊重之立場，並依循憲政慣例，得不受邀請備詢。三
院所屬非獨立行使職權而負行政職務之人員，於其提
出之法律案及有關預算案涉及之事項，亦有上開憲法
規定之適用。

（大法官林永謀提出部分不同意見書）

☆ **地方行政機關不負到委員會備詢之義務**（釋498）88.12.31

爭　點：地方自治行政機關公務員對立法院各委員會到會備詢
　　　　之邀請，有無到會義務？

解釋文：**地方自治為憲法所保障之制度。基於住民自治之理
　　　　念與垂直分權之功能，地方自治團體設有地方行政機
　　　　關及立法機關，其首長與民意代表均由自治區域內之
　　　　人民依法選舉產生，分別綜理地方自治團體之地方事
　　　　務，或行使地方立法機關之職權，地方行政機關與地
　　　　方立法機關間依法並有權責制衡之關係。**中央政府或
　　　　其他上級政府對地方自治團體辦理自治事項、委辦事
　　　　項，依法僅得按事項之性質，為適法或適當與否之監
　　　　督。**地方自治團體在憲法及法律保障之範圍內，享有
　　　　自主與獨立之地位，國家機關自應予以尊重。**立法院
　　　　所設各種委員會，依憲法第67條第2項規定，雖得邀請
　　　　地方自治團體行政機關有關人員到會備詢，但基於地
　　　　方自治團體具有自主、獨立之地位，以及中央與地方
　　　　各設有立法機關之層級體制，地方自治團體行政機關
　　　　公務員，除法律明定應到會備詢者外，得衡酌到會說
　　　　明之必要性，決定是否到會。於此情形，地方自治團
　　　　體行政機關之公務員未到會備詢時，立法院不得因此
　　　　據以為刪減或擱置中央機關對地方自治團體補助款預

算之理由，以確保地方自治之有效運作，及符合憲法
所定中央與地方權限劃分之均權原則。

7-7 人事同意權

☆立法院消極不行使監察委員人事同意權違憲（釋632）
96.8.15

爭　點：立法院遲未行使監察委員人事同意權是否違憲？

解釋文：「監察院為國家最高監察機關，行使彈劾、糾舉及審
計權」，「監察院設監察委員二十九人，並以其中一
人為院長、一人為副院長，任期六年，由總統提名，
經立法院同意任命之」，為憲法增修條文第7條第1
項、第2項所明定。是監察院係憲法所設置並賦予特
定職權之國家憲法機關，為維繫國家整體憲政體制正
常運行不可或缺之一環，其院長、副院長與監察委員
皆係憲法保留之法定職位，故確保監察院實質存續與
正常運行，應屬所有憲法機關無可旁貸之職責。為使
監察院之職權得以不間斷行使，總統於當屆監察院院
長、副院長及監察委員任期屆滿前，應適時提名繼任
人選咨請立法院同意，立法院亦應適時行使同意權，
以維繫監察院之正常運行。總統如消極不為提名，或
立法院消極不行使同意權，致監察院無從行使職權、
發揮功能，國家憲政制度之完整因而遭受破壞，自為
憲法所不許。引發本件解釋之疑義，應依上開解釋意
旨為適當之處理。

（大法官廖義男、許玉秀、許宗力提出協同意見書；大
法官余雪明提出部分不同意見書；大法官彭鳳至、余雪
明共同提出部分不同意見書）

☆**不信任案得否於爲其他特定事項召開之立法院臨時會提出（釋735）105.2.4**

爭　　點：中華民國憲法增修條文第3條第2項第3款規定之不信任案得否於爲其他特定事項召開之立法院臨時會提出？

解釋文：中華民國憲法增修條文第3條第2項第3款規定：「行政院依左列規定，對立法院負責，……三、立法院得經全體立法委員三分之一以上連署，對行政院院長提出不信任案。不信任案提出七十二小時後，應於四十八小時內以記名投票表決之。……」旨在規範不信任案應於上開規定之時限內，完成記名投票表決，避免懸宕影響政局安定，**未限制不信任案須於立法院常會提出**。憲法第69條規定：「立法院遇有左列情事之一時，得開臨時會：一、總統之咨請。二、立法委員四分之一以上之請求。」僅規範立法院臨時會召開之程序，未限制臨時會得審議之事項。是立法院於臨時會中審議不信任案，非憲法所不許。立法院組織法第6條第1項規定：「立法院臨時會，依憲法第六十九條規定行之，並以決議召集臨時會之特定事項爲限。」與上開憲法規定意旨不符部分，應不再適用。**如於立法院休會期間提出不信任案，立法院應即召開臨時會審議之。**

（理由書末段：立法院職權行使法第37條乃關於不信任案提出、進行審議程序之規定，固屬立法院國會自律事項，惟仍應注意符合系爭憲法規定所示，不信任案提出72小時後，應於48小時內完成記名投票程序之意旨，自屬當然，併此指明。）

（大法官蘇永欽、黃茂榮、陳春生、黃碧玉、林俊益提出協同意見書；大法官羅昌發、黃虹霞、蔡明誠共同提出協同意見書；大法官陳敏提出部分協同部分不同意見書；大法官葉百修、陳新民提出不同意見書）

7-8 國會調查權

☆立法院得經院會決議調閱文件（釋325）82.7.23

爭　點：81年憲法增修後，監院仍為國會？仍專有調查權？立院文件調閱權要件？

解釋文：本院釋字第76號解釋認監察院與其他中央民意機構共同相當於民主國家之國會，於憲法增修條文第15條規定施行後，監察院已非中央民意機構，其地位及職權亦有所變更，上開解釋自不再適用於監察院。惟憲法之五院體制並未改變，原屬於監察院職權中之彈劾、糾舉、糾正權及為行使此等職權，依憲法第95條、第96條具有之調查權，憲法增修條文亦未修改，此項調查權仍應專由監察院行使。立法院為行使憲法所賦予之職權，除依憲法第57條第1款及第67條第2項辦理外，得經院會或委員會之決議，要求有關機關就議案涉及事項提供參考資料，必要時並得經院會決議調閱文件原本，受要求之機關非依法律規定或其他正當理由不得拒絕。但國家機關獨立行使職權受憲法之保障者，如司法機關審理案件所表示之法律見解、考試機關對於應考人成績之評定、監察委員為糾彈或糾正與否之判斷，以及訴訟案件在裁判確定前就偵查、審判所為之處置及其卷證等，監察院對之行使調查權，本受有限制，基於同一理由，立法院之調閱文件，亦同受限制。

☆為輔助憲法職權所必須之輔助性權力（釋585）93.12.15

爭　點：真調會條例違憲？

解釋文：（摘錄1）立法院為有效行使憲法所賦予之立法職權，

本其固有之權能自得享有一定之調查權，主動獲取行使職權所需之相關資訊，俾能充分思辯，審慎決定，以善盡民意機關之職責，發揮權力分立與制衡之機能。**立法院調查權乃立法院行使其憲法職權所必要之輔助性權力，基於權力分立與制衡原則，立法院調查權所得調查之對象或事項，並非毫無限制**。除所欲調查之事項必須與其行使憲法所賦予之職權有重大關聯者外，凡國家機關獨立行使職權受憲法之保障者，即非立法院所得調查之事物範圍。又如行政首長依其行政權固有之權能，對於可能影響或干預行政部門有效運作之資訊，均有決定不予公開之權力，乃屬行政權本質所具有之行政特權。立法院行使調查權如涉及此類事項，即應予以適當之尊重。如於具體案件，就所調查事項是否屬於國家機關獨立行使職權或行政特權之範疇，或就屬於行政特權之資訊應否接受調查或公開而有爭執時，立法院與其他國家機關宜循合理之途徑協商解決，或以法律明定相關要件與程序，由司法機關審理解決之。

（大法官許玉秀提出一部協同一部不同意見書；大法官許宗力提出部分不同意見書）

☆行使主體分為對物（文件）調查及對人調查（釋585）

93.12.15

爭　點：對物（文件）調查及對人調查的行使與決議條件是否相同？

解釋文：（摘錄2）立法院調查權行使之方式，並不以要求有關機關就立法院行使職權所涉及事項提供參考資料或向有關機關調閱文件原本之文件調閱權為限，**必要時並得經院會決議，要求與調查事項相關之人民或政府人員，陳述證言或表示意見，並得對違反協助調查義務**

者，於科處罰鍰之範圍內，施以合理之強制手段，本院釋字第325號解釋應予補充。惟其程序，如調查權之發動及行使調查權之組織、個案調查事項之範圍、各項調查方法所應遵守之程序與司法救濟程序等，應以法律為適當之規範。於特殊例外情形，就特定事項之調查有委任非立法委員之人士協助調查之必要時，則須制定特別法，就委任之目的、委任調查之範圍、受委任人之資格、選任、任期等人事組織事項、特別調查權限、方法與程序等妥為詳細之規定，並藉以為監督之基礎。各該法律規定之組織及議事程序，必須符合民主原則。其個案調查事項之範圍，不能違反權力分立與制衡原則，亦不得侵害其他憲法機關之權力核心範圍，或對其他憲法機關權力之行使造成實質妨礙。如就各項調查方法所規定之程序，有涉及限制人民權利者，必須符合憲法上比例原則、法律明確性原則及正當法律程序之要求。

（大法官許玉秀提出一部協同一部不同意見書；大法官許宗力提出部分不同意見書）

☆國會調查權應受限制之內容（釋585）93.12.15

爭　點：國會調查權內在限制與外在限制為何？

解釋理由書：（摘錄23）基於權力分立與制衡原則，立法院行使調查權所得調查之對象、事項並非毫無限制。關於專屬管轄、移交卷證之規定，與涉及國家機關獨立行使職權而受憲法保障者，未予明文排除於調查權範圍之外，已逾越立法院調查權所得行使之範圍，此部分與憲法前述意旨尚有未符。另涉及國家機密或偵查保密事項，行政首長具有決定是否公開之行政特權，亦已述之如前，立法院行使調查權若涉及此類事項，自應予以適當尊重，而不宜逕自強制行政部門必須公

開此類資訊或提供相關文書。如於具體案件就所調查
事項是否屬於國家機關獨立行使職權或行政特權之範
疇，或就屬於行政特權之資訊應否接受調查或公開而
有爭執時，立法院與其他國家機關宜循合理之途徑協
商解決，或以法律明定相關要件與程序由司法機關審
理解決之。是上開規定關於調查事項涉及國家機密或
偵查保密者，相關機關一概不得拒絕之部分，不盡妥
適，應予以適當之修正，以符上開意旨。

☆調查權行使程序要以法律定之（釋585）93.12.15
　　爭　　點：行使程序應符和正當法律程序及法律明確性原則之要
　　　　　　　求？
　　解釋理由書：（摘錄25）國家機關行使權力均須受法之節制，
　　　　　　　立法院行使憲法所賦予之權力，亦無例外，此乃法治
　　　　　　　原則之基本要求。立法院調查權之行使，依調查事項
　　　　　　　及強制方式之不同，可能分別涉及限制多種受憲法保
　　　　　　　障之人民基本權利，如憲法第8條保障之人身自由、憲
　　　　　　　法第11條保障之消極不表意自由（本院釋字第577號
　　　　　　　解釋參照）、憲法第12條保障之秘密通訊之自由、憲
　　　　　　　法第15條所保障之營業秘密、隱私權……等等。其中
　　　　　　　隱私權雖非憲法明文列舉之權利，惟基於人性尊嚴與
　　　　　　　個人主體性之維護及人格發展之完整，並為保障個人
　　　　　　　生活秘密空間免於他人侵擾及個人資料之自主控制，
　　　　　　　隱私權乃為不可或缺之基本權利，而受憲法第22條所
　　　　　　　保障（本院釋字第509號、第535號解釋參照）。立法
　　　　　　　院行使調查權如涉及限制憲法所保障之人民基本權利
　　　　　　　者，不僅應有法律之依據，該法律之內容必須明確，
　　　　　　　且應符合比例原則與正當法律程序。

☆罰鍰強制手段之賦予恐違體系正義（釋585許不同意見）

93.12.15

爭　點：罰鍰強制手段之賦予是否有為違體系正義？

解釋理由書：（摘錄26）立法院為有效行使調查權，固得以法律由立法院院會決議依法對違反協助調查義務者科處適當之罰鍰，此乃立法院調查權之附屬權力。惟對違反協助調查義務者課以罰鍰之法律規定，除採用裁罰手段應為達成調查目的所必要者外，其裁罰要件及標準均需具體明確，俾使受規範者得預見其行為之可罰，且其規定得經司法審查加以確認，以符憲法第23條之比例原則及法律明確性原則之要求。至立法院行使調查權所附屬之強制權力，應以科處罰鍰為限，真調會條例第8條第9項規定「本會或本會委員行使職權，認有必要時，得禁止被調查人或與其有關人員出境」，賦予真調會或其委員得依其裁量為限制相關人員出境之強制處分權，已逾越立法院調查權行使強制權力之必要範圍。

大法官許宗力不同意見書（摘錄）：此外，進一步賦予立院國會調查權處以罰鍰之強制權限，亦與憲法意旨有違。**蓋現行法下無論是監察院的調查權，或是立法院的文件調閱權，均未配置罰鍰之強制處分權，而今多數意見同意立院調查權得配備罰鍰之強制處分權，有違反體系正義之嫌。**固然在有重大公益理由支持時，立法者悖離體系並不必然違憲，且讓國會調查權能有效行使，非不能視為足以正當化體系悖離之重大公益理由。問題是，**憲法第67條第2項已明定，對政府人員與社會上有關係人員只能「邀請」其到會備詢，表示制憲者有意不讓質詢權之行使配置強制處分權，今既然受邀質詢不到都不能處以罰鍰了，則僅具工具權性質之調查權又有何理由配置罰鍰權？**

☆立法、監察調查權無重疊扞格（釋585）93.12.15

　爭　點：立法院調查權與監察院權限之關係為何？

　解釋理由書：（摘錄21）監察院為國家最高監察機關，其為行使憲法所賦予之彈劾、糾舉、糾正、審計權，依憲法第95條、第96條具有之調查權，仍應專由監察院行使。其與立法院於憲法之職能各有所司，**各自所行使之調查權在權力性質、功能與目的上並不相同，亦無重疊扞格之處。**真調會既為隸屬於立法院下行使立法院調查權之特別委員會，自無須向監察院負責，亦不受監察院之監督。而其行使之調查權亦與監察院之調查權有別，且其調查權之行使及調查之結果亦不能影響監察院調查權之行使。

　　大法官許宗力不同意見書（摘錄）：多數意見雖也指出，監察院為行使彈劾、糾舉、糾正、審計權，依憲法第95條、第96條具有之調查權，仍應專由監察院行使，「其與立法院於憲法之職能各有所司，各自所行使之調查權在權力性質、功能與目的上並不相同，亦無重疊扞格之處」，且「真調會調查槍擊真相，並不排除或干預監察院就同一事件，本於職權進行調查之權力」，惟由於任何弊端之調查，立法院都可以輕易以助成立院主要職權（立法、預算或議決「其他國家重要事項」等）為理由發動之，日後可以想見的情況是，**同一事件，立法院與監察院同時競相調查，其程序不經濟的結果，不僅是國家支出的浪費，更使機關與人民疲於應付調查權之重複行使。且如兩院調查結果矛盾（例如立法院調查後認為行政院有弊端，監察院則決定彈劾或糾正案不成立，或正好相反），豈不更治絲益棼，不利憲政秩序之安定？**至於，平行競爭調查的結果，監察院調查權會否因監察院本身不是民意機關，不似立法院有堅強而直接的民意後盾，以致

功能與地位可能日益萎縮，已是另一問題了。

7-9 言論免責權

☆**地方議會行使職務的言論免責權**（釋165）69.9.12

爭　點：地方議會議員在會議時，就無關會議事項之言論免責權？

解釋理由書：（摘錄2）憲法第32條、第73條及第101條，對於國民大會代表、立法委員及監察委員在會議時或院內所爲之言論及表決，分別特設對外不負責任之規定，旨在保障中央民意代表在會議時之言論及表決之自由，俾能善盡言責。**關於地方民意代表言論之保障，我國憲法未設規定，各國憲法亦多如此。未設規定之國家，有不予保障者，如日本是（參考日本最高裁判所昭和42年5月24日大法庭判決）**，有以法規保障者，如我國是。地方議會爲發揮其功能，在其法定職掌範圍內具有自治、自律之權責，對於議員在會議時所爲之言論，並宜在憲法保障中央民意代表言論之精神下，依法予以適當之保障，俾得善盡表達公意及監督地方政府之職責。惟上項保障，既在使地方議會議員順利執行職務，自應以與議案之討論、質詢等有關會議事項所爲之言論爲限，始有免責之權，如與會議事項無關，而爲妨害名譽或其他顯然違法之言論，則係濫用言論免責權；而權利不得濫用，乃法治國家公法與私法之共同原則，即不應再予保障。故地方議會議員在會議時就有關會議事項所爲之言論，應受保障，對外不負責任。但就無關會議事項所爲顯然違法之言論，仍難免責。

（大法官陳世榮提出不同意見書）

☆立委言論免責權之範疇（釋435）86.8.1

爭　　點：立委言論免責權範圍？

解釋文：憲法第73條規定立法委員在院內所為之言論及表決，對院外不負責任，旨在保障立法委員受人民付託之職務地位，並避免國家最高立法機關之功能遭致其他國家機關之干擾而受影響。**為確保立法委員行使職權無所瞻顧，此項言論免責權之保障範圍，應作最大程度之界定，舉凡在院會或委員會之發言、質詢、提案、表決以及與此直接相關之附隨行為，如院內黨團協商、公聽會之發言等均屬應予保障之事項。**越此範圍與行使職權無關之行為，諸如蓄意之肢體動作等，顯然不符意見表達之適當情節致侵害他人法益者，自不在憲法上開條文保障之列。**至於具體個案中，立法委員之行為是否已逾越保障之範圍，於維持議事運作之限度，固應尊重議會自律之原則，**惟司法機關為維護社會秩序及被害人權益，於必要時亦非不得依法行使偵審之權限。

☆言論免責權不免除政治責任（釋401）85.4.26

爭　　點：選民得因國大代表暨立委之言論及表決不當而予罷免？

解釋文：憲法第32條及第73條規定國民大會代表及立法委員言論及表決之免責權，係指國民大會代表在會議時所為之言論及表決，立法委員在立法院內所為之言論及表決，不受刑事訴追，亦不負民事賠償責任，除因違反其內部所訂自律之規則而受懲戒外，並不負行政責任之意。又罷免權乃人民參政權之一種，憲法第133條規定被選舉人得由原選舉區依法罷免之。則國民大會代表及立法委員因行使職權所為言論及表決，自**應對其原選舉區之選舉人負政治上責任。**從而國民大會代表

及立法委員經國內選舉區選出者，其原選舉區選舉人
得以國民大會代表及立法委員所爲言論及表決不當爲
理由，依法罷免之，不受憲法第32條及第73條規定之
限制。

7-10 國會自律

☆行使立法權程序屬國會自律（釋342）83.4.8
　爭　點：國安會議、國家安全局及人事行政局之組織法律，曾
　　　　　否經立法院議決通過？前開爭議是否爲釋憲機關審查
　　　　　對象？
　解釋文：立法院審議法律案，須在不牴觸憲法之範圍內，依其
　　　　　自行訂定之議事規範爲之。法律案經立法院移送總統
　　　　　公布者，曾否踐行其議事應遵循之程序，除明顯牴觸
　　　　　憲法者外，乃其內部事項，屬於議會依自律原則應自
　　　　　行認定之範圍，並非釋憲機關審查之對象。是以總統
　　　　　依憲法第72條規定，因立法院移送而公布之法律，縱
　　　　　有與其議事規範不符之情形，然在形式上既已存在，
　　　　　仍應依中央法規標準法第13條之規定，發生效力。
　　　　　法律案之立法程序有不待調查事實即可認定爲牴觸憲
　　　　　法，亦即有違反法律成立基本規定之明顯重大瑕疵
　　　　　者，則釋憲機關仍得宣告其爲無效。惟其瑕疵是否已
　　　　　達足以影響法律成立之重大程度，如尚有爭議，並有
　　　　　待調查者，即非明顯，依現行體制，釋憲機關對於此
　　　　　種事實之調查受有限制，仍應依議會自律原則，謀求
　　　　　解決。關於依憲法增修條文第9條授權設置之國家安全
　　　　　會議、國家安全局及行政院人事行政局之組織法律，
　　　　　立法院於中華民國82年12月30日移送總統公布施行，
　　　　　其通過各該法律之議事錄，雖未經確定，但尚不涉及

憲法關於法律成立之基本規定。除此之外,其曾否經議決通過,因尚有爭議,非經調查,無從確認。依前開意旨,仍應由立法院自行認定,並於相當期間內議決補救之。若議決之結果與已公布之法律有異時,仍應更依憲法第72條之規定,移送總統公布施行。

(大法官馬漢寶提出協同意見書;大法官楊建華提出不同意見書)

☆國民大會開議人數標準屬議會自律(釋381)84.6.9

爭　點:國大修憲一讀會開議人數標準,是否為司法審查對象?

解釋文:憲法第174條第1款關於憲法之修改,由國民大會代表總額2/3之出席及出席代表3/4之決議之規定,係指**國民大會通過憲法修改案時,必須之出席及贊成之人數。至於憲法修改案應經何種讀會暨各次讀會之出席及議決人數,憲法及法律皆未規定。**修改憲法所進行之一讀會程序,並非通過憲法修改案,其開議出席人數究採國民大會組織法第8條代表總額1/3,或採憲法第174條第1款所定2/3之出席人數,抑或參照一般會議規範所定出席人數為之,**係屬議會自律之事項**,均與憲法無違。至自律事項之決定,應符合自由民主憲政秩序之原則,乃屬當然,併此指明。

(大法官孫森焱所提出不同意見書)

7-11 立委兼職之限制

☆聯合國韓國委員會副代表是官吏(釋4)41.6.20

爭　點:聯合國韓國委員會我國副代表為官吏?

解釋文:聯合國韓國委員會我國副代表,既係由政府派充,且定有1年任期,不問其機構為臨時抑屬常設性質,應認

其係憲法第75條所稱之官吏。

☆立委不能兼事業機構有給職（釋24）42.9.3

爭　點：監委、立委得兼受有俸給之文武職公務員？

解釋文：公營事業機關之董事、監察人及總經理，與受有俸給之文武職公務員，均適用公務員服務法之規定，應屬於憲法第103條、第75條所稱公職及官吏範圍之內。監察委員、立法委員均不得兼任。

☆立委不得兼任與其職務不相容職務（釋30）43.1.15

爭　點：立法委員得否兼任國民大會代表？

解釋文：**憲法第75條雖僅限制立法委員不得兼任官吏，但並非謂官吏以外任何職務即得兼任，仍須視其職務之性質，與立法委員職務是否相容。**同法第27條規定國民大會複決立法院所提之憲法修正案，並制定辦法行使創制、複決兩權，若立法委員得兼國民大會代表，是以一人而兼具提案與複決兩種性質不相容之職務，且立法委員既行使立法權，復可參與中央法律之創制與複決，亦顯與憲法第25條及第62條規定之精神不符，故立法委員不得兼任國民大會代表。

☆立委就任官吏視為辭職（釋1）38.1.6

爭　點：立委就任官吏時仍保有立委職位？

解釋文：立法委員依憲法第75條之規定不得兼任官吏，如願就任官吏，即應辭去立法委員。其未經辭職而就任官吏者，亦顯有不繼續任立法委員之意思，應於其就任官吏之時視為辭職。

7-12 其他

☆**立法委員非監察權行使之對象**（釋14）42.3.21

爭　點：對立委、監委、國大代表、省縣議員，得行使監察權？

解釋文：查憲法與本問題有關之第97條、第98條、第99條，係由憲法草案第102條、第103條、第104條而來。第102條原稱監察院對於行政院或其各部會人員認爲有違法失職情事，得提出彈劾案。第103條則爲中央及地方行政人員之彈劾。第104條則爲法官及考試院人員之彈劾。在制憲會議中，若干代表認爲監察院彈劾權行使之對象應包括立法委員、監察委員在內。曾經提出修正案數起，主張將第102條行政院或其各部會人員改爲各院及其各部會人員，包括立法院、監察院人員在內，並將第104條有關法官及考試院人員之條文刪去。討論結果，對此毫無疑義之修正文均未通過，即所以表示立監委員係屬除外。若謂同時，復以中央公務人員字樣可藉解釋之途徑，使立監委員包括在內，殊難自圓其說。在制憲者之意，當以**監委員爲直接或間接之民意代表，均不認其爲監察權行使之對象**。至立監兩院其他人員與國民大會職員，總統府及其所屬機關職員，自應屬監察權行使範圍。故憲法除規定行政、司法、考試三院外，復於第97條第2項及第98條，另有中央公務人員之規定。

國民大會代表爲**民意代表，其非監察權行使對象**更不待言。憲法草案及各修正案，對於國大代表均無可以彈劾之擬議，與立、監委員包括在內之各修正案不予

採納者，實爲制憲時一貫之意思。

自治人員之屬於議事機關者，如省縣議會議員，亦爲民意代表，依上述理由，自亦非監察權行使之對象。

☆緊急命令不得再授權爲補充規定（釋543）91.5.3

爭　點：緊急命令得再授權爲補充規定？

解釋文：憲法增修條文第2條第3項規定：「總統爲避免國家或人民遭遇緊急危難或應付財政經濟上重大變故，得經行政院會議之決議發布緊急命令，爲必要之處置，不受憲法第四十三條之限制。但須於發布命令後十日內提交立法院追認，如立法院不同意時，該緊急命令立即失效。」由此可知，緊急命令係總統爲應付緊急危難或重大變故，直接依憲法授權所發布，具有暫時替代或變更法律效力之命令，其內容應力求周延，以不得再授權爲補充規定即可逕予執行爲原則。若因事起倉促，一時之間不能就相關細節性、技術性事項鉅細靡遺悉加規範，而有待執行機關以命令補充，方能有效達成緊急命令之目的者，則應於緊急命令中明文規定其意旨，於立法院完成追認程序後，再行發布。此種補充規定應依行政命令之審查程序送交立法院審查，以符憲政秩序。又補充規定應隨緊急命令有效期限屆滿而失其效力，乃屬當然。

（大法官董翔飛提出不同意見書）

☆行政院對通傳會委員之人事權，立法院僅可爲限制（釋613）95.7.21

爭　點：通傳會組織法第4條、第16條規定是否違憲？

解釋文：行政院爲國家最高行政機關，憲法第53條定有明文，基於行政一體，須爲包括國家通訊傳播委員會（以下簡稱通傳會）在內之所有行政院所屬機關之整體施政

表現負責，並因通傳會施政之良窳，與通傳會委員之人選有密切關係，因而應擁有對通傳會委員之人事決定權。**基於權力分立原則，行使立法權之立法院對行政院有關通傳會委員之人事決定權固非不能施以一定限制，以為制衡，惟制衡仍有其界限，除不能牴觸憲法明白規定外，亦不能將人事決定權予以實質剝奪或逕行取而代之。**國家通訊傳播委員會組織法（以下簡稱通傳會組織法）第4條第2項通傳會委員「由各政黨（團）接受各界舉薦，並依其在立法院所占席次比例共推薦十五名、行政院院長推薦三名，交由提名審查委員會（以下簡稱審查會）審查。各政黨（團）應於本法施行日起十五日內完成推薦」之規定、同條第3項「審查會應於本法施行日起十日內，由各政黨（團）依其在立法院所占席次比例推薦十一名學者、專家組成。審查會應於接受推薦名單後，二十日內完成審查，本項審查應以聽證會程序公開為之，並以記名投票表決。審查會先以審查會委員總額五分之三以上為可否之同意，如同意者未達十三名時，其缺額隨即以審查會委員總額二分之一以上為可否之同意」及同條第4項「前二項之推薦，各政黨（團）未於期限內完成者，視為放棄」關於委員選任程序部分之規定，及同條第6項「委員任滿三個月前，應依第二項、第三項程序提名新任委員；委員出缺過半時，其缺額依第二項、第三項程序辦理，繼任委員任期至原任期屆滿為止」關於委員任滿提名及出缺提名之規定，實質上幾近完全剝奪行政院之人事決定權，逾越立法機關對行政院人事決定權制衡之界限，違反責任政治暨權力分立原則。又上開規定等將剝奪自行政院之人事決定權，實質上移轉由立法院各政黨（團）與由各政黨（團）依其在立法院所占席次比例推薦組成之審查會

　　共同行使，影響人民對通傳會應超越政治之公正性信
賴，違背通傳會設計為獨立機關之建制目的，與憲法
所保障通訊傳播自由之意旨亦有不符。是上開規定應
自本解釋公布之日起，至遲於中華民國97年12月31日
失其效力。失去效力之前，通傳會所作成之行為，並
不因前開規定經本院宣告違憲而影響其適法性，人員
與業務之移撥，亦不受影響。

（大法官許宗力、余雪明提出協同意見書；大法官許玉
秀、林子儀提出部分協同意見書；大法官王和雄、謝在
全共同提出部分不同意見書）

☆立法機關應於刑訴增訂總統豁免權等相關特權規範（釋
627）96.6.15

爭　點：總統豁免權之範圍？總統享有國家機密特權？其範圍
　　　　如何？

解釋文：一、總統之刑事豁免權

　　　　憲法第52條規定，總統除犯內亂或外患罪外，非
經罷免或解職，不受刑事上之訴究。此係憲法基
於總統為國家元首，對內肩負統率全國陸海空軍
等重要職責，對外代表中華民國之特殊身分所為
之尊崇與保障，業經本院釋字第388號解釋在案。
依本院釋字第388號解釋意旨，總統不受刑事上
之訴究，乃在使總統涉犯內亂或外患罪以外之罪
者，暫時不能為刑事上訴究，並非完全不適用刑
法或相關法律之刑罰規定，故為一種暫時性之程
序障礙，而非總統就其犯罪行為享有實體之免責
權。是憲法第52條規定「不受刑事上之訴究」，
係指刑事偵查及審判機關，於總統任職期間，就
總統涉犯內亂或外患罪以外之罪者，暫時不得以
總統為犯罪嫌疑人或被告而進行偵查、起訴與審

判程序而言。但對總統身分之尊崇與職權之行使無直接關涉之措施，或對犯罪現場之即時勘察，不在此限。

總統之刑事豁免權，不及於因他人刑事案件而對總統所為之證據調查與證據保全。惟如因而發現總統有犯罪嫌疑者，雖不得開始以總統為犯罪嫌疑人或被告之偵查程序，但得依本解釋意旨，為必要之證據保全，即基於憲法第52條對總統特殊身分尊崇及對其行使職權保障之意旨，上開因不屬於總統刑事豁免權範圍所得進行之措施及保全證據之處分，均不得限制總統之人身自由，例如拘提或對其身體之搜索、勘驗與鑑定等，亦不得妨礙總統職權之正常行使。其有搜索與總統有關之特定處所以逮捕特定人、扣押特定物件或電磁紀錄之必要者，立法機關應就搜索處所之限制、總統得拒絕搜索或扣押之事由，及特別之司法審查與聲明不服等程序，增訂適用於總統之特別規定。於該法律公布施行前，除經總統同意者外，無論上開特定處所、物件或電磁紀錄是否涉及國家機密，均應由該管檢察官聲請高等法院或其分院以資深庭長為審判長之法官五人組成特別合議庭審查相關搜索、扣押之適當性與必要性，非經該特別合議庭裁定准許，不得為之，但搜索之處所應避免總統執行職務及居住之處所。其抗告程序，適用刑事訴訟法相關規定。

總統之刑事豁免權，亦不及於總統於他人刑事案件為證人之義務。惟以他人為被告之刑事程序，刑事偵查或審判機關以總統為證人時，應準用民事訴訟法第304條：「元首為證人者，應就其所在詢問之」之規定，以示對總統之尊崇。

總統不受刑事訴究之特權或豁免權，乃針對總統之職位而設，故僅擔任總統一職者，享有此一特權；擔任總統職位之個人，原則上不得拋棄此一特權。

二、總統之國家機密特權

總統依憲法及憲法增修條文所賦予之行政權範圍內，就有關國家安全、國防及外交之資訊，認為其公開可能影響國家安全與國家利益而應屬國家機密者，有決定不予公開之權力，此為總統之國家機密特權。其他國家機關行使職權如涉及此類資訊，應予以適當之尊重。

總統依其國家機密特權，就國家機密事項於刑事訴訟程序應享有拒絕證言權，並於拒絕證言權範圍內，有拒絕提交相關證物之權。立法機關應就其得拒絕證言、拒絕提交相關證物之要件及相關程序，增訂適用於總統之特別規定。於該法律公布施行前，就涉及總統國家機密特權範圍內國家機密事項之訊問、陳述，或該等證物之提出、交付，是否妨害國家之利益，由總統釋明之。其未能合理釋明者，該管檢察官或受訴法院應審酌具體個案情形，依刑事訴訟法第134條第2項、第179條第2項及第183條第2項規定為處分或裁定。總統對檢察官或受訴法院駁回其上開拒絕證言或拒絕提交相關證物之處分或裁定如有不服，得依本解釋意旨聲明異議或抗告，並由前述高等法院或其分院以資深庭長為審判長之法官五人組成之特別合議庭審理之。特別合議庭裁定前，原處分或裁定應停止執行。其餘異議或抗告程序，適用刑事訴訟法相關規定。**總統如以書面合理釋明，相關證言之陳述或證物之提交，有妨害國家利益之虞**

者，檢察官及法院應予以尊重。**總統陳述相關證言或提交相關證物是否有妨害國家利益之虞，應僅由承辦檢察官或審判庭法官依保密程序為之。**總統所陳述相關證言或提交相關證物，縱經保密程序進行，惟檢察官或法院若以之作為終結偵查之處分或裁判之基礎，仍有造成國家安全危險之合理顧慮者，應認為有妨害國家利益之虞。

法院審理個案，涉及總統已提出之資訊者，是否應適用國家機密保護法及「法院辦理涉及國家機密案件保密作業辦法」相關規定進行其審理程序，應視總統是否已依國家機密保護法第2條、第4條、第11條及第12條規定核定相關資訊之機密等級及保密期限而定；如尚未依法核定為國家機密者，無從適用上開規定之相關程序審理。惟訴訟程序進行中，總統如將系爭資訊依法改核定為國家機密，或另行提出其他已核定之國家機密者，法院即應改依上開規定之相關程序續行其審理程序。其已進行之程序，並不因而違反國家機密保護法及「法院辦理涉及國家機密案件保密作業辦法」相關之程序規定。至於審理總統核定之國家機密資訊作為證言或證物，是否妨害國家之利益，應依前述原則辦理。又檢察官之偵查程序，亦應本此意旨為之。

三、暫時處分部分

本件暫時處分之聲請，因本案業經作成解釋，已無須予以審酌，併予指明。

☆**眞調會查處罰緩、調用人員之修法違憲**（釋633）96.9.28

爭　點：修正公布之眞調會條例部分條文違憲？

解釋文：一、中華民國95年5月1日修正公布之三一九槍擊事

件真相調查特別委員會條例（以下簡稱真調會條
例）第4條第2項、第8條、第8條之1、第8條之2
第1項、第2項、第3項關於報告並公布部分、第5
項、第6項、第8條之3、第11條第2項關於調用行
政機關人員部分、第4項、第15條第1項規定，與
憲法及本院釋字第585號解釋意旨並無不符。

二、同條例第8條之2第3項關於罰鍰部分、第四項規
定，與本院釋字第585號解釋意旨不符；第11條第
3項規定與憲法所要求之權力分立制衡原則不符，
均應自本解釋公布之日起失其效力。

三、本件暫時處分之聲請，關於同條例上開規定部分
因本案業經作成解釋，已無須予以審酌；同條例
其他條文部分之釋憲聲請既應不受理，則該部分
暫時處分之聲請亦失所附麗，併予指明。

（大法官許玉秀提出部分協同意見書）

☆立法院就重大政策之爭議，交付公民投票，並不違憲（釋
645）97.7.11

　爭　　點：公投法中立法院有公投提案權違憲？公投審議委員的
任命規定違憲？

解釋文：一、公民投票法第16條第1項規定：「立法院對於第二
條第二項第三款之事項，認有進行公民投票之必
要者，得附具主文、理由書，經立法院院會通過
後，交由中央選舉委員會辦理公民投票。」旨在
使立法院就重大政策之爭議，而有由人民直接決
定之必要者，得交付公民投票，由人民直接決定
之，並不違反我國憲政體制為代議民主之原則，
亦符合憲法主權在民與人民有創制、複決權之意
旨；此一規定於立法院行使憲法所賦予之權限範
圍內，且不違反憲法權力分立之基本原則下，與

憲法尚無牴觸。

二、公民投票法第35條第1項規定：「行政院公民投票審議委員會，置委員二十一人，任期三年，由各政黨依立法院各黨團席次比例推荐，送交主管機關提請總統任命之。」**關於委員之任命，實質上完全剝奪行政院依憲法應享有之人事任命決定權，顯已逾越憲法上權力相互制衡之界限，自屬牴觸權力分立原則，應自本解釋公布之日起，至遲於屆滿1年時，失其效力。**

（大法官許玉秀提出一部協同、一部不同意見書；大法官彭鳳至提出部分不同意見書）

☆立委選舉採單一選區兩票並立制及所設政黨比例席次與5%政黨門檻之規定，不違憲（釋721）103.6.6

爭　點：立委選舉採單一選區兩票並立制及所設政黨比例席次與5%政黨門檻之規定，違憲？

解釋文：憲法增修條文第4條第1項及第2項關於單一選區兩票制之並立制、政黨比例代表席次及政黨門檻規定部分，並未違反現行憲法賴以存立之自由民主憲政秩序。公職人員選舉罷免法第67條第2項關於並立制及政黨門檻規定部分，與上開增修條文規定內容相同，亦不生牴觸憲法之疑義。

（大法官蘇永欽、李震山、陳春生、陳新民、羅昌發提出協同意見書；大法官湯德宗提出部分協同部分不同意見書；大法官黃茂榮提出不同意見書）

☆立法院不得調閱檢察機關之偵查卷證（釋729）104.5.1

爭　點：立法院得否調閱檢察機關之偵查卷證？

解釋文：檢察機關代表國家進行犯罪之偵查與追訴，基於權力分立與制衡原則，且為保障檢察機關獨立行使職權，

對於偵查中之案件，立法院自不得向其調閱相關卷
證。立法院向檢察機關調閱已偵查終結而不起訴處分
確定或未經起訴而以其他方式結案之案件卷證，須基
於目的與範圍均屬明確之特定議案，並與其行使憲法
上職權有重大關聯，且非屬法律所禁止者為限。如因
調閱而有妨害另案偵查之虞，檢察機關得延至該另案
偵查終結後，再行提供調閱之卷證資料。其調閱偵查
卷證之文件原本或與原本內容相同之影本者，應經立
法院院會決議；要求提供參考資料者，由院會或其委
員會決議為之。因調閱卷證而知悉之資訊，其使用應
限於行使憲法上職權所必要，並注意維護關係人之權
益（如名譽、隱私、營業秘密等）。本院釋字第325號
解釋應予補充。

（大法官蘇永欽、李震山、陳春生提出協同意見書；大
法官林錫堯、蔡清遊、陳新民、羅昌發、湯德宗提出部
分協同部分部分不同意見書；大法官陳碧玉提出部分不同
意見書；大法官黃茂榮提出不同意見書）

☆地方制度法規定縣（市）議會正副議長選舉罷免採記名投
　票，並非憲法第129條所規範應採無記名投票之選舉，不違
　憲（釋769）107.11.9
　爭　　點：地方制度法第44條及第46條有關縣（市）議會正副議
　　　　　　長選舉及罷免記名投票之規定，是否與憲法第129條及
　　　　　　憲法增修條文第9條第1項之規範意旨相符？
　解釋文：地方制度法第44條第1項前段規定：「……縣（市）議
　　　　　　會置議長、副議長……由……縣（市）議員……以記
　　　　　　名投票分別互選或罷免之。」及第46條第1項第3款規
　　　　　　定：「……縣（市）議會議長、副議長……之罷免，
　　　　　　依下列之規定：……三、……由出席議員……就同意
　　　　　　罷免或不同意罷免，以記名投票表決之。」其中有關

記名投票規定之部分，符合憲法增修條文第9條第1項所定由中央「以法律定之」之規範意旨。

縣（市）議會議長及副議長之選舉及罷免，非憲法第129條所規範，前開地方制度法有關記名投票規定之部分，自不生違背憲法第129條之問題。

（大法官羅昌發、許志雄、張瓊文、黃瑞明、黃昭元提出協同意見書；大法官林俊益提出部分不同部分協同意見書；大法官蔡明誠、詹森林提出部分不同意見書；大法官湯德宗提出，吳陳鐶加入不同意見書）

主要參考書目

司法院參事室，司法院法制作業參考手冊，臺北市：司法院，2015年。

朱力宇、葉傳興，立法學（四版），北京：中國人民大學出版社，2015年。

行政院法規委員會，行政機關法制作業實務（五版），臺北市：行政院秘書處，2011年。

李建聰，立法技術與法制作業，臺北市：三民書局，2000年。

李惠宗，案例式法學方法論，臺北市：新學林出版社，2014年。

李惠宗，憲法要義，臺北市：元照出版社，2012年。

李震山，行政法導論，臺北市：三民書局，2009年。

吳庚，行政法之理論與實用，臺北市：三民書局，2012年。

施茂林、劉清景，法律精解大辭典，臺南市：世一出版社，2010年。

許劍英，立法審查理論與實務（第4版），臺北市：五南圖書出版公司，2004年。

陳銘祥，法政策學，臺北市：元照出版社，2014年。

游至宏，人事行政法制作業錦囊（二版），臺北市：行政院人事行政總處，2016年。

黃守高，我國現行法制用字用語及格式之研究，法務通訊，1993年。

管歐等，法律類似語辨異（三版），臺北市：五南圖書出版公司，1997年。

銓敘部，銓敘法制作業手冊（101年），臺北市：銓敘部出版，2012年。

羅成典，立法技術論（修訂四版），臺北市：文笙書局，1983年。

羅傳賢，立法程序與技術（六版），臺北市：五南圖書出版公司，2016年。

羅傳賢，立法學實用辭典，臺北市：五南圖書出版公司，2014年。

國家圖書館出版品預行編目資料

立法技術關鍵指引／劉厚連編著. -- 初
版. -- 臺北市：五南，2020.03
　　面；　公分.
　ISBN 978-957-763-827-4（平裝）

1.立法　2.法制

573.664　　　　　　　108022213

1QB7

立法技術關鍵指引

編 著 者 ─ 劉厚連（344.4）

發 行 人 ─ 楊榮川

總 經 理 ─ 楊士清

總 編 輯 ─ 楊秀麗

副總編輯 ─ 劉靜芬

責任編輯 ─ 黃郁婷、許珍珍

封面設計 ─ 王麗娟

出 版 者 ─ 五南圖書出版股份有限公司

地　　址：106台北市大安區和平東路二段339號4樓

電　　話：(02)2705-5066　　傳　真：(02)2706-61●

網　　址：http://www.wunan.com.tw

電子郵件：wunan@wunan.com.tw

劃撥帳號：01068953

戶　　名：五南圖書出版股份有限公司

法律顧問　林勝安律師事務所　林勝安律師

出版日期　2020年3月初版一刷

定　　價　新臺幣450元

經典永恆・名著常在

五十週年的獻禮 —— 經典名著文庫

五南,五十年了,半個世紀,人生旅程的一大半,走過來了。

思索著,邁向百年的未來歷程,能為知識界、文化學術界作些什麼?

在速食文化的生態下,有什麼值得讓人雋永品味的?

歷代經典・當今名著,經過時間的洗禮,千錘百鍊,流傳至今,光芒耀人;

不僅使我們能領悟前人的智慧,同時也增深加廣我們思考的深度與視野。

我們決心投入巨資,有計畫的系統梳選,成立「經典名著文庫」,

希望收入古今中外思想性的、充滿睿智與獨見的經典、名著。

這是一項理想性的、永續性的巨大出版工程。

不在意讀者的眾寡,只考慮它的學術價值,力求完整展現先哲思想的軌跡;

為知識界開啟一片智慧之窗,營造一座百花綻放的世界文明公園,

任君遨遊、取菁吸蜜、嘉惠學子!